DERECHOS DE LA INFANCIA Y EDUCACIÓN INCLUSIVA EN AMÉRICA LATINA

DIRECTORA DE LA COLECCIÓN:
Silvina Gvirtz

COORDINACIÓN EDITORIAL:
Débora Feely

DISEÑO DE TAPA:
Estudio Manela y asociados

En la edicón de este libro han colaborado

Organización
de las Naciones Unidas
para la Educación,
la Ciencia y la Cultura

Oficina Internacional
de Educación

Organización
de Estados
Iberoamericanos

Para la Educación,
la Ciencia
y la Cultura

eman ta zabal zazu

Universidad
del País Vasco

Euskal Herriko
Unibertsitatea

kutxa

PAULÍ DÁVILA Y LUIS M. NAYA
(Compiladores)
MASSIMO AMADIO, LUIS MIGUEL LÁZARO,
ASIER LAUZURIKA, RENATO OPERTTI
e IÑAKI ZABALETA

DERECHOS DE LA INFANCIA Y EDUCACIÓN INCLUSIVA EN AMÉRICA LATINA

GRANICA

BUENOS AIRES - MÉXICO - SANTIAGO - MONTEVIDEO

© 2011 by Ediciones Granica S.A.
1a. edición: junio de 2011

BUENOS AIRES   Ediciones Granica S.A.
Lavalle 1634 - 3° G
C1048AAN Buenos Aires, Argentina
Tel.: +5411-4374-1456
Fax: +5411-4373-0669
E-mail: granica.ar@granicaeditor.com

MÉXICO   Ediciones Granica México S.A. de C.V.
Valle de Bravo N° 21
Col. El Mirador
53050 Naucalpan de Juárez, México
Tel.: +5255-5360-1010
Fax: +5255-5360-1100
E-mail: granica.mx@granicaeditor.com

SANTIAGO   Ediciones Granica de Chile S.A.
Padre Alonso Ovalle 748
Santiago, Chile
E-mail: granica.cl@granicaeditor.com

MONTEVIDEO   Ediciones Granica S.A.
Scoseria 2639 Bis
11300 Montevideo, Uruguay
Tel: +5982-712-4857 / +5982-712-4858
E-mail: granica.uy@granicaeditor.com

www.granica.com

ISBN 978-950-641-603-4

Queda hecho el depósito que marca la ley 11.723

Impreso en Argentina - *Printed in Argentina*

Naya Garmendia, Luis María
   Derechos de la infancia y educación inclusiva en América Latina / compilado por Paulí Dávila y Luis M. Naya. - 1a ed. - Buenos Aires : Granica, 2011.
   320 p. ; 22x15 cm.

   ISBN 978-950-641-603-4

   1. Infancia. 2. Derechos del Niño. I. Dávila, Paulí , comp. II. Naya, Luis M., comp.
   CDD 305.232

A Cecilia Braslavsky y Katarina Tomaševski ,
por su defensa y compromiso con el derecho
a la educación.

ÍNDICE

PRESENTACIÓN

En mi condición de directora de la Oficina Internacional de Educación (OIE) de la UNESCO, me llena de satisfacción y de esperanza la presentación de este noble emprendimiento que reconoce en la educación un derecho básico universal, integrador y facilitador del goce de todos los derechos humanos. No hay políticas sostenibles en derechos humanos sin la educación como soporte y garante.

El conjunto de los trabajos que recoge este libro abriga una visión comparada que permite identificar tendencias de larga duración y desafíos que pueden informar las agendas educativas nacionales e internacionales, y más específicamente, una reflexión amplia y comprensiva sobre contenidos y alcances de los objetivos de la Educación para Todos (EPT).

En un contexto mundial actual signado, entre otras cosas, por la imperiosa necesidad de jerarquizar el rol de la educación como instrumento central para el logro de sociedades más inclusivas, cohesivas y desarrolladas, reflexionar sobre la educación como derecho y como bien público adquiere las características de un imperativo ético insoslayable. La educación es a la vez política cultural, económica y social para atender las diversidades de expectativas y necesidades de niños, niñas y jóvenes que buscan democratizar las oportunidades de formación en la sociedad.

El estudio de la educación como derecho tiene una larga, rica y compleja historia de avances jalonados, entre otros aspectos fundamentales, por la adopción de marcos normativos internacionales y por el trabajo comprometido de instituciones y personas. Sin la pretensión de ser exhaustivos, cabe recordar, en primer término, la relevancia de la Convención sobre los Derechos del Niño, que festejó veintiún años de existencia el 20 de noviembre de 2010, y que se ha constituido en un instrumento clave para apoyar la expansión y la democratización de las oportunidades educativas en el marco de una visión integrada de política social.

Segundo, recordar calurosamente a dos gladiadoras de la educación, Cecilia Braslavsky y Katarina Tomaševski, cuya pasión y compromiso con la educación como derecho, bien público e instrumento de cambio social contribuyeron a marcar una agenda educativa internacional que prioriza las interfaces y complementariedades entre la equidad y la calidad. A ellas se les dedica este libro, referentes siempre de una sensibilidad social y educativa que nos debe alentar a hacer efectivamente de la educación un tema prioritario en los niveles nacional e internacional. Sin una educación fortalecida, el presente se vive de forma angustiosa, y el futuro está comprometido.

En tercer lugar, la discusión sobre la educación como derecho implica poner en marcha, entre otras cosas, estrategias y procesos educativos que incluyan a todas y todos, garantizando ya no solo accesibilidad, sino también relevancia y pertinencia de los aprendizajes para la progresiva adquisición de competencias básicas de vida y ciudadanas.

Precisamente, tal cual se señala en las Conclusiones y Recomendaciones de la 48ª reunión de la Conferencia Internacional de Educación (CIE, 25-28 de noviembre de 2008, Ginebra, Suiza), titulada "Educación inclusiva: el camino del futuro", organizada por la UNESCO a través de la OIE, la educación inclusiva se puede concebir como "un principio rector general para reforzar la educación para el desarrollo sostenible, el aprendizaje a lo largo de toda la vida para todos y un acceso a las oportunidades de aprendizaje en condiciones de igualdad para todos los niveles de la sociedad, de modo que se apliquen los principios de la educación inclusiva"[1]. Una educación inclusiva pensada e implementada para todas y todos es una herramienta poderosa para efectivizar el derecho a la educación.

La 48ª reunión de la CIE marcó un hito histórico en el avance de la discusión en torno a un concepto amplio de educación inclusiva, al jerarquizarla como un principio orientador para el logro de una educación de calidad para todos. El debate sobre su desarrollo deja de ser visto únicamente a través de ejes duales de política, como son educación especial/integración o integración/inclusión, para transformarse en discusiones conceptuales y en caminos operativos acerca de cómo los sistemas educativos conciben y gestan inclusión en diversos niveles, desde las visiones a las prácticas. Se trata de entender la pertinencia y relevancia de la complementariedad entre diversos modelos educativos, formales, no formales e informales, a la luz de la democratización de las oportunidades de formación para justamente atender la diversidad de expectativas y necesidades de todas y todos.

En cuarto lugar, en el marco de un concepto amplio de educación inclusiva, una de las prioridades es fortalecer los programas de Atención y Educación de la Primera Infancia (AEPI), sobre todo entre los grupos sociales más carenciados, como pilar del desarrollo psicosocial de niñas y niños, y cimiento en el logro de aprendizajes relevantes y pertinentes en la educación básica y media. La educación inicial, enmarcada en una política social de infancia, constituye una de las principales políticas económicas y sociales para el desarrollo de estrategias preventivas frente a la pobreza y la marginalidad.

Por último, en quinto lugar, la OIE como instituto de la UNESCO especializado en los temas vinculados al currículo, entiende a este

---

[1] Las Conclusiones y Recomendaciones fueron adoptadas por representantes de 153 Estados miembros de la UNESCO, y pueden ser consultadas en el sitio de Internet de la UNESCO-OIE (www.ibe.unesco.org).

como reflejo de la sociedad que se aspira construir, y más específicamente como un instrumento fundamental para concretizar objetivos y metas educativas en el marco de la educación inclusiva. La reflexión y la acción curricular, comprendiendo lo que se busca enseñar, lo que efectivamente sucede en los centros educativos y en las aulas, y los resultados obtenidos, informa decisivamente el desarrollo de la educación como derecho a una educación equitativa de calidad.

CLEMENTINA ACEDO
Directora de la Oficina Internacional
de Educación - UNESCO

PRÓLOGO

Este libro ve la luz al tiempo que los jefes de Estado y de gobierno de los países iberoamericanos adoptan una agenda educativa común para desarrollar en el conjunto de la región durante la próxima década. El proyecto Metas Educativas 2021: la educación que queremos para la generación de los Bicentenarios pretende mejorar la calidad y la equidad en la educación iberoamericana para hacer frente a la pobreza y a la desigualdad y, de esta forma, favorecer la inclusión social.

Como planteaba la Conferencia Iberoamericana de Ministros de Educación, reunida en 2008 en Sonsonate (El Salvador) para dar los primeros pasos en la construcción de esa agenda común, se trata de abordar con decisión, y de una vez y para siempre, algunos retos aún no resueltos en el ámbito de la educación de nuestros pueblos: analfabetismo, abandono escolar temprano, trabajo infantil, bajo rendimiento de los alumnos y escasa calidad de la oferta educativa pública. Y se pretende hacerlo con la voluntad de enfrentarse, al mismo tiempo, a las demandas exigentes de la sociedad de la información y del conocimiento: incorporación de las TIC en la enseñanza y en el aprendizaje, apuesta por la innovación y la creatividad, y desarrollo de la investigación y del progreso científico. Dicho de otro modo, los países de la región se enfrentan a la necesidad de caminar deprisa y con valentía para estar en los primeros vagones del tren de la historia del siglo XXI, superando al mismo tiempo el retraso acumulado a lo largo del siglo XX.

Esta nueva agenda educativa, construida de manera colaborativa y en el marco de un proceso cuidadoso de debate y búsqueda de acuerdos, sigue la senda de iniciativas anteriores, entre las que cabe destacar la Declaración Mundial de una Educación para Todos y los Objetivos del Milenio. Y si nos remontamos algo más atrás en el tiempo, no cabe duda de que bebe en fuentes tan relevantes y siempre tan influyentes como la Convención de los Derechos del Niño.

Las Metas Educativas 2021 comparten los objetivos que la Convención planteó hace ya veintiún años, pero adecuando los programas de actuación a la situación presente y contextualizándolas en función de las características de la región iberoamericana. En este sentido, realizan una apuesta decidida por la escuela inclusiva, por una escuela democrática y plural capaz de acoger a todas las personas, sin aplicar mecanismos de selección o discriminación de ningún tipo, y capaz de transformar su cultura, su organización y su proyecto educativo para que todos los jóvenes participen y tengan éxito en su aprendizaje.

La educación inclusiva es uno de los principales objetivos a conseguir en la próxima década. Y que todos los niños aprendan juntos debe ser el propósito que guíe el camino hacia la escuela inclusiva. Al mismo tiempo, es preciso reconocer las diferentes necesidades de los alumnos, y darles una respuesta adecuada, adaptarse a los distintos estilos y ritmos de aprendizaje, y garantizar una enseñanza de calidad por medio de un currículo apropiado, una buena organización escolar, una utilización acertada de los recursos y una asociación con sus comunidades educativas. Todo ello requiere contar con un profesorado preparado y capaz de atender las necesidades de todo el alumnado.

La tarea es tan importante como urgente. Se trata en última instancia de dar el paso que va de declarar unos derechos de la infancia a hacerlos efectivos para todos. Esta exigencia tiene varias implicaciones a las que las Metas Educativas 2021 pretenden dar respuesta.

En primer lugar, hay que cumplir el objetivo básico de extender y mejorar la protección y educación integral de la primera infancia, especialmente para los niños más vulnerables y desprotegidos, como ya se planteó en el marco de la Cumbre Mundial de Educación para Todos, de Dakar (Senegal), en el año 2000. Ello supone integrar la dimensión social y la educativa de los programas de atención a la infancia, incluir la participación de la familia en los proyectos orientados a la mejora de su situación y diseñar programas que se adapten al contexto social, cultural y lingüístico de los niños y de sus familias.

En segundo lugar, se requiere hacer efectivo el acceso de todos a la educación. Si en otros momentos históricos dicho acceso ha podido restringirse a las etapas más elementales, como la educación primaria o la educación secundaria básica, en la actualidad el desafío es más ambicioso y consiste en asegurar doce años de educación para todos. Para conseguirlo son necesarias algunas condiciones, sin las cuales es muy difícil que todos los jóvenes continúen sus estudios: escuelas cercanas y con puestos escolares suficientes, con servicios sanitarios y electricidad, con la posibilidad de atender la salud y la alimentación de los alumnos, y con profesores preparados.

En tercer lugar, es necesario que todos reciban una atención educativa de calidad, que les permita iniciar un proceso formativo que se extenderá a lo largo de toda la vida. Recibir una enseñanza relevante y de buena calidad, que fomente el desarrollo de los valores cívicos y asiente el pleno desenvolvimiento de la propia personalidad no son ya simples declaraciones de intenciones, sino verdaderas exigencias de la educación inclusiva, democrática e integral que deseamos para nuestras generaciones jóvenes.

Es por tanto una satisfacción asociar el nombre de la Organización de Estados Iberoamericanos para la Educación, la Ciencia y la Cultura (OEI) a esta publicación, cuya voluntad no es otra que la de asentar la concepción de la educación como derecho humano fundamental y analizar sus implicaciones.

El hecho de que instituciones como la UNESCO y la OEI marchemos juntas en esta tarea, poniéndonos al servicio de los países a los que servimos, constituye una demostración de esa voluntad de trabajar conjuntamente en un panorama mundial cada vez más complejo e interrelacionado.

Madrid, 12 de noviembre de 2010

ALEJANDRO TIANA FERRER
Director del Centro de Altos Estudios Universitarios
de la OEI

INTRODUCCIÓN

Recientemente se han conmemorado los veintiún años de la aprobación de la Convención sobre los Derechos del Niño en la sede de Naciones Unidas, que fue inmediatamente firmada y ratificada por la gran mayoría de los países. De hecho, su aprobación es universal, con la excepción de los dos casos ya conocidos de los Estados Unidos de América y de Somalia que, previsiblemente, la ratificarán en fechas próximas. De cumplirse este último requisito, podremos estar hablando del único tratado internacional ratificado por todos los países con representación en Naciones Unidas. Como no escapa a ningún observador de derecho internacional, esta situación es única y confirma el interés por homologar los derechos del niño a escala mundial.

Si echamos la vista atrás, y con el fondo musical del conocido tango *Volver*, podremos decir que "veinte años no es nada", pero en este caso, contradiciendo la letra de la canción, veinte años han sido mucho por lo que respecta a la defensa de los derechos de los niños, niñas y adolescentes. Han sido muchos los retos que se han superado y, también, muchas las energías positivas que se han puesto en marcha para garantizar, al menos sobre el papel, el reconocimiento de una serie de derechos que, por primera vez, han mostrado en los tratados internacionales que el niño es un sujeto de derecho. Si repasamos la historia de la protección infantil, de sus instituciones y la defensa de sus derechos a lo largo del siglo XX, podremos percatarnos de que en los dos últimos decenios el avance ha sido espectacular; aunque, por ello, no podemos olvidar que todavía, a diario y en muchos lugares del mundo, asistimos a la violación de esos derechos.

La Convención ha tenido la capacidad de concitar no solamente acciones llevadas a cabo por personas particulares, organizaciones no gubernamentales, organismos públicos e instituciones internacionales, sino que ha favorecido un discurso que ha puesto en primer plano las necesidades de la población menor de dieciocho años. De ahí que se hable tan a menudo de la visibilidad de la infancia en los medios de comunicación y en las agendas internacionales. En definitiva, se está recuperando un concepto que ya estaba presente en la Declaración de los Derechos del Niño de 1959 y que se convirtió en un principio general que atraviesa la Convención de 1989: el "interés superior del niño". A partir de esta concepción básica, y de los artículos que se recogen en este tratado internacional, podemos hablar de un cambio de paradigma en la concepción de la infancia. Esta transformación se ha producido, sobre todo, en el campo del derecho y de las políticas públicas sobre la infancia. A pesar de ello, y en un análisis minucioso de las prácticas reales y de la situación de la infancia en tantas partes del mundo, permanece en el imaginario colectivo de los adultos la concepción proteccionista y tutelar que se tiene sobre la infancia. Esta razón es suficiente para que todavía, veintiún años más tarde, consideremos pertinente insistir en las potencialidades que tiene la Convención para el desarrollo y la aplicación de los derechos de la infancia.

Este es el motivo principal por el que esta clase de libros tiene sentido. Hay que insistir en hacer llegar a la mayoría de la población, en este caso a un nivel académico y universitario y a profesionales de la educación, las potencialidades de la Convención, pero también analizar, de manera crítica, las limitaciones que se han ido observando durante su período de vigencia. En este sentido, queremos señalar un par de cuestiones que nos parecen importantes, aunque no son las únicas: por una parte, habría que revisar las reservas y observaciones que tantos países hicieron, en su momento, a la ratificación de la Convención y que, en algunos casos, llegan a desvirtuar su espíritu, y, por otra, promover, de una manera efectiva, los mecanismos de denuncia ante el Comité de los Derechos del Niño, como ocurre en otros tratados internacionales sobre derechos humanos.

Si es cierto que la Convención se nos presenta como un horizonte en el cual se dibuja un cuadro adecuado para la defensa de los derechos del niño, también lo es que después de estos años ese horizonte tiene que estar cada vez más cercano. No se trata de un texto utópico, sino de una herramienta útil para promover, defender, proteger, ayudar, etc., a todos los niños, niñas y adolescentes, vivan donde vivan y se encuentren en la situación que sea; no solo en las que presenten mayor vulnerabilidad, sino en todas en las que se violen los derechos reconocidos. Los principios básicos de la Convención son, a nuestro entender, los instrumentos a través de los cuales debe encauzarse todo tipo de acción y el medio para analizar las políticas y prácticas sociales alrededor de la infancia.

En este libro pretendemos dar cuenta de los derechos del niño, haciendo hincapié en el contexto de América Latina y resaltando, en diversos capítulos, la importancia de una educación inclusiva. Una característica que atraviesa todo el libro es la mirada con la que se han elaborado todos sus capítulos; están escritos por educadores que valoran que los derechos de los niños no son patrimonio exclusivo de una visión particular del campo disciplinario del derecho, sino que tienen un profundo contenido educativo que consideramos importante rescatar para ver de manera diferente nuestra intervención pedagógica y también nuestra lectura de los derechos de los niños, niñas y adolescentes. Con esta postura se toma distancia de ciertas perspectivas al uso en el estudio de los derechos de la infancia, aunque rescata para sí visiones útiles para entender el valor educativo que tiene la Convención.

El primer capítulo nos introduce, desde la perspectiva histórica, en los antecedentes a la Convención sobre los Derechos del Niño de 1989, haciendo referencia a la evolución de estos derechos desde una visión internacional. La tesis que se sostiene es que a partir de la celebración de congresos de protección a la infancia, a finales del siglo XIX y en el primer tercio del siglo XX, se fraguaron las condiciones para que tuviese lugar la aprobación de la Declaración de Ginebra de 1924 y los diferentes tratados sucesivos. Para completar este capítulo hacemos una reseña a la situación historiográfica de la infancia en América Latina. Una vez planteada esta cuestión, el segundo capítulo se centra, de una manera pormenorizada, en las características principales de la Convención sobre los Derechos del Niño de 1989, señalando sus avances y los retos a los que tiene que responder. Si hasta este momento hemos resaltado la importancia de la Convención y los derechos del niño, el tercer capítulo está centrado concretamente en el derecho a la educación, que se analiza desde tres perspectivas: la primera trata de ubicar, someramente, el derecho a la educación en el marco de los derechos humanos; la segunda analiza el derecho a la educación dentro del conjunto de los derechos del niño, y la tercera plantea la importancia del derecho a la educación con sus implicaciones y consecuencias. Estos tres primeros capítulos se configuran como un marco para poder contextualizar el resto de la obra.

Los capítulos restantes se centran en el estudio de la situación de los derechos del niño en América Latina, abordando diferentes ámbitos. Se trata de ofrecer una visión caleidoscópica de esta situación, siempre con la perspectiva de la educación. Para ello se observará que se trata de un conjunto de estudios que abordan, en su complejidad, los países del área, sin centrarse en ninguno en concreto. Por lo tanto, es una visión general que nos permite ver, en su globalidad, la situación de los diferentes ámbitos que se tratan en cada uno de los capítulos, bien con respecto a la situación legal a través de los códigos de la niñez, bien desde las propuestas de educación inclusiva, de los avances sobre la educación preescolar o de las personas con discapacidad.

El cuarto capítulo trata de analizar la implementación de la
Convención sobre los Derechos del Niño a través de los denominados códigos de la niñez, de larga tradición en los países de
América Latina. Para ello se contextualiza el desarrollo de este
tratado internacional en los países de la región, abordando, de
una manera pormenorizada, los citados códigos. La primera
apreciación que se tiene es que la Convención fue un punto de
ruptura en esta tradición al adoptar sus principios rectores, a partir del enfoque de los derechos del niño. De esta manera, y a
través de un análisis comparado, se analizan una serie de elementos definitorios de ellos: la mención de la Convención, la
definición de niño, la presencia de los principios generales de
la Convención, el derecho a la educación, los niños en situación
de riesgo social y medidas protectoras, el derecho al trabajo, las
minorías étnicas, los sistemas de justicia juvenil y las instituciones de protección a la infancia, para concluir que los citados códigos son la expresión más efectiva en la implementación de la
Convención.

La educación inclusiva en América Latina es el objeto del
quinto capítulo. Los autores presentan, en primer lugar, sus
temas y desafíos con una perspectiva comparada, analizando las
aportaciones recibidas en las trece reuniones que sirvieron para
preparar la 48ª Conferencia Internacional de Educación que organizó la Oficina Internacional de Educación en noviembre de
2008 en Ginebra; los principales temas y desafíos que fueron analizados a lo largo de dicha Conferencia, y la agenda de cuestiones a las que hay que hacer frente a partir de ella. La educación
inclusiva ofrece la posibilidad de repensar la exigencia de democratizar las oportunidades de formación para contribuir a la construcción de sociedades más justas y equitativas y puede, así, convertirse en América Latina en una de las claves que contribuyan
a hacer efectivo un cambio de paradigma real en la educación de
los países de la región.

Los avances conseguidos en educación preescolar, inicial o
primera infancia, u otra denominación al uso, en algunos países

de la región, son objeto del sexto capítulo. Este nivel inicial de la educación es, junto con la enseñanza secundaria, el que refleja con mayor relevancia la desigualdad en el acceso a la educación de calidad. Las investigaciones sobre este tema están demostrando que un acceso temprano a la educación incide en el éxito escolar y en otros indicadores de calidad educativa. Garantizar, por lo tanto, el acceso a este nivel es una demanda de los organismos internacionales y de las propias políticas de los países de la región que diferentes gobiernos de América Latina han ido introduciendo, sobre todo en el último decenio. Los compromisos con la primera infancia han incluido en la agenda de las políticas gubernamentales latinoamericanas programas y planes para facilitar el acceso a los niveles iniciales de la educación.

En el último capítulo se analiza el derecho a la educación de las personas con discapacidad. Para ello se ha procedido a contextualizar su situación en el plano internacional, resaltando los aportes de la Convención Interamericana para la Eliminación de todas las Formas de Discriminación contra las Personas con Discapacidad, como muestra del interés de la región por atender a este colectivo. A partir de este marco se relaciona el derecho a la educación con los derechos de las personas con discapacidad, sobre todo en sus aspectos más centrales: la no discriminación, los derechos de la infancia y adolescencia con discapacidad y, de forma más específica, el derecho a la educación. En una panorámica general se puede observar la diversidad de realidades y la presencia, todavía, de situaciones discriminatorias que afectan al efectivo derecho a la educación de las personas con discapacidad.

La mayoría de los capítulos de esta obra son fruto de un proyecto de investigación financiado por el Ministerio de Educación y Ciencia de España, número SEJ2007-66225, del que forman parte como miembros del equipo: Paulí Dávila, Luis M. Naya, Iñaki Zabaleta, Asier Lauzurika y Luis Miguel Lázaro, los tres primeros son, además, miembros del Grupo de Investigación de Estudios Históricos y Comparados en Educación, reconocido dentro del Sistema Universitario Vasco con el número IT 298/10. El investigador principal de ambos proyectos es el primero de los firmantes de esta introducción. Asimismo, en esta obra, han participado los miembros de la Oficina Internacional de la Educación de la UNESCO Massimo Amadio y Renato Opertti. A todos ellos queremos agradecer por su colaboración.

Como podrá observarse, los artículos intentan superar el carácter divulgativo y se ofrecen como una reflexión y análisis de los temas objeto de estudio, aunque también pueden contribuir a la docencia de materias relacionadas con los derechos humanos, derechos del niño y derecho a la educación. De esta manera, proponemos su carácter útil, tanto en el aspecto general de la infancia y los derechos como en un estudio concreto, que siempre ofrece mayores posibilidades de ver el funcionamiento, la implementación y las políticas públicas con respecto a la aplicación de los derechos de los niños, niñas y adolescentes en el caso de América Latina.

Queremos agradecer también la colaboración en este libro de la Oficina Internacional de Educación de la UNESCO que, siguiendo una larga trayectoria, ha defendido siempre el derecho a la educación y que, en esta ocasión, ha atendido la demanda de los editores para participar e impulsar este proyecto. De la misma manera, la Organización de Estados Iberoamericanos contribuye a la publicación de esta obra y esperamos que ella sea una aportación a las tareas que se encuadran en las Metas 2021, cuyo objetivo es mejorar el campo de la educación en América Latina. Asimismo queremos agradecer al vicerrectorado de Campus de Gipuzkoa de la Universidad del País Vasco, junto con la Fundación Kutxa, que acogieron la propuesta de publicación de este libro con gran interés y la apoyaron desde el primer momento.

Finalmente, hemos querido dedicar este libro a dos personas con las que nos unían profundos vínculos personales y que han defendido el derecho a la educación tanto en su trayectoria vital como desde los ámbitos institucionales en los que desarrollaron su labor profesional: Cecilia Braslavsky y Katarina Tomaševski. Ellas han sido y son dos ejemplos de constancia, coraje y convicción respecto a que el derecho a la educación es la base sobre la que se sustenta el resto de los derechos humanos.

PAULÍ DÁVILA y LUIS M. NAYA
San Sebastián, 20 de noviembre de 2010
21° aniversario de la aprobación de la Convención
sobre los Derechos del Niño

CAPÍTULO 1

EVOLUCIÓN DE LOS DERECHOS DE LA INFANCIA Y AMÉRICA LATINA

PAULÍ DÁVILA
LUIS M. NAYA
IÑAKI ZABALETA
Universidad del País Vasco/Euskal Herriko Unibertsitatea

El siglo xx ha pasado a la historia como el siglo en el que se han reconocido los derechos a los niños, niñas y adolescentes. Conocer los antecedentes del proceso por el cual los niños han pasado a ser sujetos de derecho tiene su interés, pues se ponen en juego una serie de políticas nacionales e internacionales, cuyo producto final va a ser la aprobación de un tratado internacional que, con el tiempo, se está transformando en una referencia capital dentro de los derechos humanos. También hablar de los derechos de los niños y las niñas, en la actualidad, no es nada extraño. Es más, existe cierta familiarización con el tema debido a los casos, cada vez más visibles, de violación de estos derechos. Hace un siglo referirse a este tipo de derechos era prácticamente imposible, lo cual no significa que no se protegiese a la infancia de la situación de desamparo en la que vivía, o no se legislara para mejorar su situación. Uno de los hechos que ha contribuido a ello es que, a finales del siglo xx, la Asamblea General de las Naciones Unidas aprobó la Convención sobre los Derechos del Niño, recogiendo una tradición existente sobre esos derechos de protección y que está teniendo amplia repercusión en las políticas públicas sobre la infancia.

En este capítulo, vamos a tratar de analizar el paulatino proceso de reconocimiento de los derechos del niño, la niña y los adolescentes. En primer lugar, estudiaremos el proceso de internacionalización por el que, en un momento determinado, se comenzó a reconocer a los niños como seres humanos con derechos, a partir de una serie de congresos sobre protección a la infancia que tuvieron lugar durante el primer tercio del siglo XX. Estos congresos sentaron las bases para las posteriores políticas internacionales. En segundo lugar, daremos cuenta de la articulación de los diferentes tratados internacionales, sobre todo, las declaraciones de Ginebra de 1924 y de los Derechos del Niño de 1959. Hemos dejado para el segundo capítulo el análisis de la Convención sobre los Derechos del Niño de 1989, dada su importancia. Finalmente, queremos hacer una referencia a la situación actual sobre la Historia de la Infancia en América Latina; para ello hemos realizado una revisión bibliográfica de tres importantes obras en este ámbito. De esta manera, tratamos de acercarnos a los antecedentes históricos de los derechos del niño y su situación en la región.

Queremos resaltar, también, la importancia que los derechos de la infancia han ido obteniendo en un corto período (no más de 25 años), en el que estamos viendo una transformación importante de la concepción de la infancia. Se trata de un proceso, discutido en muchos aspectos, sobre la consideración de los niños y niñas, que pasa de *objeto* de protección a *sujeto* de derechos. Esta relevancia debemos considerarla como un cambio de paradigma, dentro de la historia de las mentalidades, tanto del concepto de infancia y de sus representaciones sociales, como desde el punto de vista de las prácticas sociales y las obligaciones gubernamentales, no solamente en el campo de la protección a la infancia, sino también en el del derecho. Todo ello con una salvedad importante, y es que si hasta fechas recientes la infancia en Occidente gozaba de ciertas políticas protectoras, en la actualidad podemos apreciar que existe una universalización de dichas políticas y también del reconocimiento de sus derechos. Pero esta imagen puede ser engañosa cuando analizamos la realidad de las niñas y niños en el mundo... ¡Tantas veces tan lejos de los principios acordados en lejanos tratados internacionales!

Nos interesa subrayar lo siguiente: primero, que a lo largo de los siglos XIX y XX existe una serie de políticas nacionales de protección a la infancia en los países de Europa Occidental y América; segundo, que se da un progresivo proceso de internacionalización de estas políticas, a partir de la creación de asociaciones y congresos sobre protección a la infancia; tercero, que la asunción por parte de organismos internacionales de los derechos de la infancia, a través de diferentes tratados desde 1924 a 1989, ha supuesto un fenómeno expansivo, con propuestas de modelos de aplicación en los países en desarrollo, y cuarto, que el discurso que sostienen los tratados y documentos sobre los derechos de la infancia no ha variado sustancialmente hasta la Convención de 1989, cuando, por primera vez, se reconocen unos derechos civiles a los niños, niñas y adolescentes, además de los clásicos de protección y ayuda. Este último tratado supone una ruptura del paradigma tradicional sobre la concepción de la infancia.

Desde la perspectiva actual, nos interesa resaltar que esas políticas nacionales, al igual que su internacionalización, se basan en el reconocimiento de los derechos de los niños, niñas y adolescentes fraguados a lo largo del siglo XX, que suponen un cambio en su consideración jurídica. Los niños han pasado a ser sujetos de derecho, como cualquier adulto, en contra de la consideración tradicional de los niños como objetos de derecho[1]. Esta situación permite hablar de una evolución en cuanto a la consideración autónoma del niño y, por lo tanto, añade algo nuevo a la tradicional postura sobre la protección a la infancia. El desarrollo internacional de los derechos del niño muestra que "desde las declaraciones de 1924 y 1959 hasta el Convenio (*sic*) de los

---

[1] Hierro, L. L.: "Los derechos humanos del niño". En Marzal, A.: *Los derechos humanos del niño, de los trabajadores, de las minorías y complejidad del sujeto.* Bosch-Esade, Barcelona,1999, pp. 15-32.

Derechos del Niño de 1989, las concepciones sobre el fundamento de los derechos del menor y el papel del Estado han cambiado"[2]. De manera que este último tratado supone un punto de inflexión en el discurso sobre la infancia, al conjugar las diversas trayectorias políticas sobre la niñez, y lograr convertirse en un marco jurídico internacional sobre los derechos del niño.

1.1. Los congresos de protección a la infancia

Como se está poniendo de manifiesto, en la historiografía reciente sobre la infancia existen diferentes formas de acercarse al conocimiento de los niños y niñas desde la perspectiva histórica. Una de ellas es el estudio de la protección infantil, de forma que en la actualidad contamos con numerosas obras que abordan esta temática, sobre todo en los países industrializados de Europa y América. Se puede afirmar que cada Estado ha seguido sus propias dinámicas para desarrollar sus políticas de protección a la infancia, especialmente durante los siglos XIX y XX[3]. Hay que re-

---

[2] Calvo, M.: "Implementación de los Derechos del Niño". En Soroeta, J. (ed.): *Cursos de derechos humanos de Donostia-San Sebastián Vol. 4.* Servicio Editorial de la Universidad del País Vasco, Bilbao, 2003, p. 156.

[3] Para un conocimiento exhaustivo de ellas, puede consultarse el número dedicado a "Enfances" de la revista *Annales de Démographie Historique*, n° 2, 2001, pp. 5-100. Disponible en http://www.cairn.be/revue.php?ID_REVUE=ADH. En el comentario sobre el período contemporáneo, Catherine Rollet, demógrafa de prestigio internacional, se refiere a *"les droits de l'enfant"* para reseñar aquella bibliografía más directamente relacionada con los derechos del niño, huyendo de otras clasificaciones tradicionales. Por otra parte, no deja de ser curioso que una obra tan voluminosa como la de Fass, P. S.: *Encyclopedia of Children and Childhood in History and Society*, The Gale Group, Farmington Hill, MI: 2004 (4 vols.), dedique muy poco espacio a este tema. También puede consultarse Dávila, P. y Naya, L. M. (eds.): *La infancia en la historia: espacios y representaciones*, Erein, San Sebastián, 2005 (2 tomos), obra en la que se recogen las actas del XIII Coloquio de Historia de la Educación, con especial referencia al caso español y latinoamericano, o Dávila, P. y Naya, L. M.: "La evolución de los derechos de la infancia: una visión internacional". En *Encounters on Education*, n° 7, Faculty of Education, Queen's University, Kingston, 2006, pp. 71-93.

saltar que se trata de políticas protectoras llevadas a cabo por los diferentes países occidentales, que viven similares "problemas" y aplican parecidas soluciones. No obstante, podemos apreciar también que, a pesar de las tradiciones culturales, religiosas, económicas, sociales y educativas existe un cierto acuerdo en aplicar las mismas políticas, aunque con una cierta distancia temporal entre los diversos países. Que ello sea así se debe a los procesos de industrialización que se estaban llevando a cabo y a sus consecuencias sobre la infancia y las familias y, también, a los agentes sociales, religiosos y educativos que intervenían para paliar la situación de exclusión social de la infancia.

Pero, sin duda, uno de los elementos más llamativos, en cuanto a este tipo de prácticas, es la transición a los ámbitos internacionales de esas políticas protectoras llevadas a cabo por los diferentes Estados nacionales. La celebración de congresos, las relaciones gubernamentales y los tratados de carácter internacional van a favorecer este tipo de dinámica, debido a los nuevos contextos mundiales y, posteriormente, al surgimiento de organismos internacionales, a raíz de las dos guerras mundiales. Tanto la Sociedad de las Naciones como su sucesora, la Organización de las Naciones Unidas, se convirtieron en marcos donde, además de atender su objetivo principal —evitar una nueva guerra y trabajar por los objetivos de la paz internacional—, se elaboraron toda una serie de tratados en los que prevalecen los derechos humanos. En este proceso de transición, y también de interacción, se fragua, como indica Rollet[4], "una cultura común" a partir de los congresos internacionales. En ese período, muchos Estados participaron en los debates sobre la definición del niño, las formas de protegerlo, el trabajo infantil o el papel de la educación; lo mismo ocurre con tantas sociedades médicas, educativas o de higiene preocupadas por la existencia de un problema clave desde el siglo XIX como era la mortalidad infantil

---

[4] Rollet, C.: "La santé et la protection de l'enfant vues à travers les congrès internationaux (1880-1920)". En *Annales de Démographie Historique*, núm. 1, 2001, pp. 97-116.

y las condiciones económicas y sanitarias en las que vivían muchas familias. De forma que incluso la constitución del concepto moderno de menor, como señala Therborn, tiene estas fuentes de definición: "El derecho y las distintas formas de intervención del Estado jugaron un papel crucial en la constitución del concepto moderno de menor. Las dos fuentes fundamentales determinantes en el establecimiento del concepto de minoría de edad han sido las legislaciones relativas a la educación obligatoria y a las que regulan las condiciones de trabajo" [5].

Desde fines del siglo XIX, y a lo largo del primer tercio del XX, se produce un fenómeno que se irá consolidando, en relación con las políticas de protección infantil. Se trata del progresivo interés por parte de los reformadores sociales, médicos, pedagogos, educadores, pediatras, asociaciones de protección a la infancia y, en general, los gobiernos, de internacionalizar dichas políticas. Una de las vías de penetración será la celebración de congresos internacionales que, en la mayoría de los casos, están convocados por asociaciones de protección a la infancia, de pediatría, de higiene, de medicina, etc. y que cuentan con el patrocinio de gobiernos nacionales. Es cierto que la mayoría de estos congresos científico-sociales tiene un carácter propagandístico, planteándose la lucha contra enfermedades extendidas en la época o alertando sobre problemas sociales relacionados con las condiciones de la infancia; pero también su objetivo era extender estos temas a la sociedad para contribuir a crear una cierta presión ideológica que permitiera la intervención práctica. En este sentido, la presencia de autoridades políticas y de la elite científica permitía ciertas garantías de éxito, aunque solo fuese en las recomendaciones que, generalmente, se hacían para tomar medidas prácticas de intervención política.

---

5 Therborn, G.: "Los derechos de los niños desde la constitución del concepto moderno de menor: un estudio comparado de los países occidentales". En Moreno, L.: *Intercambio social y desarrollo del bienestar.* Consejo Superior de Investigaciones Científicas, Madrid, 1993, p. 87.

Las discusiones en los congresos sobre la infancia giraban alrededor de dos polos, uno "más jurídico y teórico y otro más pragmático"[6]. Es decir, el primero, con un planteamiento jurídico más preocupado por cuestiones relativas a las responsabilidades de los Estados o de las familias con respecto a los niños abandonados, la delincuencia o la tutela. En este ámbito los cambios de la legislación adquieren una gran importancia. Todas estas cuestiones, por ejemplo, se pueden observar ya en 1883 a raíz del primer Congreso Internacional de Protección a la Infancia, celebrado en París. O bien, el segundo polo, con un planteamiento médico-higienista más preocupado por la primera infancia y el cuidado de las enfermedades más comunes, además de la apertura al campo de la puericultura y a la introducción de la leche esterilizada, como puede observarse en los diferentes congresos sobre Higiene. En este segundo ámbito, más pragmático, es de resaltar la celebración de los tres Congresos Internacionales de Gotas de Leche (París, 1902; Bruselas, 1907, y Berlín, 1911), que tuvieron un éxito sin precedentes, tanto por el importante número de países que participaron, como por la presencia de pediatras de alto nivel científico. Los países que tuvieron mayor presencia en los tres congresos fueron Francia, Alemania, Bélgica, Reino Unido, España, Italia, Argentina, Holanda y Suiza. Las discusiones que se llevaron a cabo, por ejemplo en el primero de ellos, versaban sobre los depósitos de leche o la distribución de leche asociada a la visita médica, pero en el segundo y el tercero los tópicos se ampliaron, de manera que se abordaron temas que iban desde la educación hasta la legislación de protección a la infancia o la estadística sobre mortalidad infantil[7]. Por supuesto, estos congresos tuvieron sus consecuencias en los diferentes países con la creación de instituciones denominadas "Gotas de Leche".

Estos congresos, además de diseminar sus propuestas en las publicaciones, libros, folletos divulgativos y otro tipo de material,

---

[6] Rollet, C.: *op. cit.*, 2001, p. 99.
[7] *Id.*, pp. 104-106.

permitían dar cierta resonancia a determinados eventos más o menos científicos. En este sentido, un repaso por los congresos internacionales celebrados a finales del siglo XIX y en el primer tercio del XX nos permite observar los agentes implicados, los temas de interés, la resonancia social, las consecuencias políticas y, en cierta manera, la situación de la infancia en ese período. Además, la preocupación por que los congresos fuesen internacionales nos manifiesta también otra dimensión nueva: constatar que los problemas y las soluciones que parecen característicos de un determinado país no lo eran, que las causas de exclusión social en la que vivían tantas familias y niños en Europa y en el mundo eran un patrimonio compartido. A partir de la constatación de estas realidades, se irá fraguando una red de relaciones y asociaciones internacionales, con sus respectivos comités nacionales y organismos interdependientes que favorecerán, en cierta medida, una nueva consideración de la infancia y también, por primera vez, convertirán a la infancia en un objeto específico de diversos tratados internacionales.

En la mayoría de los casos, los temas objeto de análisis de estos congresos internacionales solían coincidir con las disposiciones legislativas que sobre la infancia se estaban desarrollando en diversos países europeos y americanos. La nómina de temas es amplia en cuanto que abarca todo tipo de congresos, no solo los relacionados con la protección específicamente, sino otros que tienen que ver con la higiene, la educación familiar, la pediatría, los tribunales para niños, las colonias de vacaciones, la asistencia pública, etcétera.

En esta amalgama de intereses es donde se construye esa "cultura común" de la que habla Rollet, y también donde se marcan los límites y posibilidades del discurso sobre la infancia. Entre los países con mayor capacidad de convocatoria figura en primer lugar, y de manera muy destacada, Francia, seguida de Bélgica –con un 50% de congresos–, Italia, España, Estados Unidos, Suiza, Alemania, Inglaterra, Argentina, Hungría, Suecia, Brasil, y otros países latinoamericanos debido a la celebración de los congresos panamericanos del niño[8]. También tendríamos que sumar todos los congresos nacionales celebrados en diversos países sobre tribunales tutelares de menores (Alemania, 1913), pornografía infantil (Francia, 1911), colonias de niños (Inglaterra, Francia, 1911), etcétera.

Al igual que ocurre con los congresos estudiados por Rollet, que corresponden al período comprendido entre 1883 y 1902, se constata que entre 1909 y 1930 los dos polos citados anteriormente continuaron manteniéndose[9]. Es decir, por una parte, los congresos centrados en el ámbito jurídico, o de enfoque más social (donde podemos incluir los relativos a diferentes aspectos educativos, a los tribunales tutelares de menores, a la justicia del menor, a la pornografía infantil, o al alcoholismo); y, por otra, los eventos más relacionados con aspectos más pragmáticos y médico-higiénicos (con temas sobre pediatría, medicina, higiene, eugenesia, salud o gotas de leche). Por lo tanto, una clasificación posible del contenido de estos congresos tendría que tener en cuenta estos dos grandes ámbitos de la protección infantil. No obstante, no resulta extraño que así sea y que, además, se haya

---

[8] Tenemos que tener presente, además, los congresos panamericanos del niño iniciados en Buenos Aires en 1916, que tuvieron su continuación en las capitales de los siguientes países: Uruguay (1919), Brasil (1922), Chile (1924), Cuba (1927), Perú (1930), México (1935), Estados Unidos (1942) y Venezuela (1948), y que han continuado celebrándose hasta la actualidad. Nuestro interés no es hacer un seguimiento de todos los congresos posibles, sino destacar su proyección internacional en un contexto donde no existía ningún organismo internacional de derechos humanos, de ahí que nos centremos en el primer tercio del siglo xx. Nunes, E. S. N.: "Os primeiros congresos panamericanos del niño (1916, 1919, 1922, 1924) e a participação do Brasil". En VV.AA.: *XIX Encontro Regional de História: Poder, Violência e Exclusão*. São Paulo, 8 a 12 de septiembre de 2008. Publicación en CD-ROM; Nathan, M.: *El Instituto Interamericano del Niño, la Niña y el Adolescente. Pasado y presente*, documento presentado al xx Congreso Panamericano del Niño, la Niña y el Adolescente, Lima (Perú), 2009, y Guy, D.: "The Pan American Child Congresses, 1916 to 1942, Child Reform and Welfare State in Latin America". En *Journal of Family History*, vol. 23, n° 3, 1998, pp. 272-291.

[9] Para llegar a esta conclusión hemos analizado la información contenida en la revista de mayor prestigio sobre el tema en España, *Pro-Infantia*, editada por el Consejo Superior de Protección a la Infancia.

mantenido durante más de un siglo, pues básicamente recoge los dos capítulos más sobresalientes del amparo: el derecho a la vida y el derecho a la protección y ayuda. Asimismo, a lo largo de todo el período estudiado se observa que existe una sustitución de modelos protectores de la infancia, de manera que en el último período se va imponiendo el modelo americano y anglosajón, donde la protección se relaciona con la situación de la madre, la educación y el rol de las mujeres; al contrario del modelo anterior, dominado por Francia y la Europa latina, más preocupado por el cuerpo de los niños, sus enfermedades y la atención a su salud. Aspectos que se pueden encontrar no solamente en los congresos, sino también en las políticas de protección.

De manera simultánea, las asociaciones internacionales también tendrán su parte importante en la organización de este tipo de congresos, que se irán celebrando con cierta periodicidad. Entre las asociaciones más prestigiosas, podemos destacar la Asociación Internacional para la Protección de la Infancia, la Unión Internacional para la Protección de la Infancia en la Primera Edad, la Unión Internacional de Socorros de Niños y la Liga de Sociedades de la Cruz Roja. Estas cuatro asociaciones lograron colaborar de manera conjunta en la celebración del Congreso Internacional de Protección a la Infancia, celebrado en julio de 1928 en París, y al cual asistieron más de 2.000 delegados extranjeros. La Unión Internacional para la Protección de la Infancia en la Primera Edad surgió a propuesta del doctor Eugenio Lust, promotor del primer Congreso de Gotas de Leche celebrado en París en 1902 y que conseguiría la participación económica de los Estados adheridos, además de la de una oficina internacional en Bruselas. Esta asociación reelaborará en 1948 la Declaración de Ginebra de 1924, a la que nos referiremos más adelante, y entre sus miembros se encontraban importantes personajes del mundo de la medicina. En su proyecto de estatuto, elaborado en 1914, se cita como objeto de la misma "servir de lazo de unión entre todos los que en diferentes países se interesan por la protección de la infancia" con la finalidad de favorecer el progreso de las legislaciones, "así como la conclusión de pactos internacionales sobre la materia". El Boletín Internacional de la Protección de la Infancia sería el órgano para intercambiar sus informaciones; la sede del comité internacional estaba en Bruselas[10].

Además de estas importantes asociaciones podemos observar, a través de la revista española *Pro-Infantia*, el surgimiento de otra serie de asociaciones, que sorprenden por su elevado número y el ámbito al que se dedican. Según una noticia recogida por la revista *Independent* de Estados Unidos, en este país, en 1911, existían 350 sociedades de protección a la infancia; la primera de ellas se había fundado en 1876[11]. Así, surgirán unas asociaciones dedicadas al humanitarismo (Obra de la Sociedad Humanitaria de Milán, en 1905), a la mortalidad infantil (Sociedad contra la Mortalidad Infantil en Estados Unidos), que ya existía en Francia a finales del siglo XIX, o sobre "niños anormales" [Asociación Suiza de los Institutores (*sic*) de Niños Anormales, creada en 1911]; Sociedad Nacional de Amigos de la Infancia; Instituto de Puericultura; Sociedades de Caridad Maternal en La Vendée, creadas en 1909; Liga Francesa de la Educación Moral; Sociedad Femenina de la Asistencia Pública, fundada en la Argentina en 1823; Sociedad Francesa de Eugénica, de 1913; Unión Francesa para la Corrección de la Infancia; Sociedad de Nueva York para la Protección de los Niños; Federación de Amigos y Protectores de la Infancia en Brasil, de 1924; Sociedad Alemana de Protección a la Infancia; Liga de Educación Familiar en Bélgica, 1913; Sociedad Pediátrica de Madrid; Asociación Matritense de Caridad, y Asociación de Estudios Penitenciarios y Rehabilitación del Delincuente, de Madrid. También surge la sorprendente Sociedad Protectora de Niños, Pájaros y Plantas de la Argentina, que en 1915 proponía "alejar a la niñez poco a poco del corruptor deletéreo cinematógrafo"[12]. En 1916, en plena Primera

---

[10] *Pro-Infantia*, tomo VI, 1914, p. 174.
[11] *Id.*, tomo III, 1911, p. 140.
[12] *Id.*, tomo X, 1915, p. 229.

Guerra Mundial, en Francia funcionaban las siguientes obras protectoras: la Liga Fraternal de los Hijos de Francia, el Patronato de la Infancia, la Obra del Recurso, la tutela, la Obra de Adopción y numerosos asilos gestionados por las Hijas de la Caridad; además del Orfanato de Huérfanos, la Asociación Nacional para la Protección de Viudas y Huérfanos de la Guerra, la Asociación Nacional Francesa para la Protección de las Familias de los Muertos por la Patria, la Asociación de Huérfanos de Guerra, los pupilos de la escuela y otras más[13]. En Rumania, en 1930, la princesa Alejandra Cantacuzène, vicepresidenta del Consejo Internacional de las Mujeres, presentó a la Asamblea de Higiene de la Liga de las Naciones el proyecto de un Instituto Internacional de la Infancia, encabezado por una "llamada a las mujeres de todas las naciones"[14]. Es decir, con toda esta información se puede elaborar un amplio inventario de este tipo de asociaciones nacionales, además de las internacionales, que en nada envidiarían a las actuales ONG. Entre ellas existían relaciones de diverso tipo, tanto personales como orgánicas.

En este contexto de interés internacional por la protección de los niños y niñas, y en plena Primera Guerra Mundial, en 1917, tenemos conocimiento de un proyecto de "carta magna internacional" propuesta por la Liga Internacional para la Protección a la Infancia en los Estados Unidos de América, con sede en Nueva York, cuyo objetivo era paliar la situación de los niños en Europa y cuyo trabajo fundamental sería "asegurar la cooperación de todas las naciones, por medio de sus legisladores y de sus hombres más eminentes, en la Iglesia, en el Estado, en el Ejército y en la Marina, para la gran obra de reconstrucción que ha de seguir a la paz en Europa". Para ello se propuso esta carta magna, donde de manera explícita se habla de reconocer "una amplia relación de derechos del niño, que debe nacer en buenas condiciones, que debe ser educado y protegido contra la

---

13 *Id.*, tomo XIII, 1917, p. 352.
14 *Id.*, año XXII, 1930, p. 280.

indiferencia y la ignorancia y la codicia", y cuyo código "de los derechos del niño debe exigirse como parte integral entre las condiciones del Tratado de Paz"[15].

Consecuencia de todo ello es la existencia, en el primer tercio del siglo XX, de una red internacional fraguada alrededor de congresos y asociaciones, sobre todo en Europa y América. El objetivo de esta red era atender la protección a la infancia abandonada física y moralmente, por utilizar una expresión muy extendida en una época donde los derechos de los niños y niñas eran desconocidos. Evidentemente, estas actividades continuarán hasta la actualidad. Nos ha interesado poner de manifiesto esta situación incipiente para comprender el surgimiento de los diferentes tratados sobre los derechos del niño, que estudiaremos a continuación, y el papel que todavía juegan este tipo de asociaciones, ahora caracterizadas como ONG, en la mayoría de los casos.

1.2. Los tratados internacionales sobre derechos del niño

A lo largo del siglo XX, tres han sido los tratados internacionales aprobados en los organismos internacionales. El primero, denominado Declaración de Ginebra de 1924, en la Sociedad de las Naciones, y los otros dos, la Declaración de 1959 y la Convención sobre los Derechos del Niño de 1989, en Naciones Unidas. El logro de este último tratado, con una aprobación universal, es que concluye, provisionalmente, un proceso de reconocimiento de los niños, niñas y adolescentes como sujetos de derecho, dentro de los derechos humanos.

Esta evolución positiva ha redundado en un proceso de adaptación de las legislaciones nacionales a la Convención, aunque, por desgracia, no ha logrado la eliminación de la violación de

---

15 *Id.*, tomo XIII, 1917, pp. 410-412.

sus derechos. Por otra parte, se observa la permanencia de un discurso demasiado "políticamente correcto", fruto de las influencias e intercambios internacionales de la globalización y que contrasta con la realidad en la que viven tantos niños y niñas, a pesar de las denuncias y de la existencia de tantos organismos y organizaciones que defienden a la infancia.

1.2.1. La Declaración de Ginebra de 1924: salvemos a los niños

A partir de los antecedentes y contextos recogidos en el apartado anterior, podemos entender la situación que precedió a la primera declaración sobre los derechos de los niños y niñas, que se aprobó por unanimidad en la Sociedad de las Naciones en 1924, la denominada "Declaración de Ginebra". Hay que señalar que el surgimiento de las primeras ONGS de infancia (Save the Children Fund en 1919 y Save the Children International Union en 1920) no es ajeno a ella.

En el contexto en el que se produce este hecho debemos tener presentes, dentro del ámbito del derecho internacional, unos factores internos, como el impulso de su fundadora (Eglentyne Jebb), la ayuda del papa Benedicto XV y el apoyo de políticos e intelectuales de todo signo, como Robert Cecil (uno de los constructores de la Sociedad de las Naciones, y premio Nobel de la Paz en 1957); y otros externos, como el Tratado de Versalles, después de la finalización de la Primera Guerra Mundial; la Carta de Lady Aberdeen, elaborada por el Consejo Nacional de la Mujer; la Carta socialista sobre el trabajo de los adolescentes, y las indicaciones de la Organización Internacional del Trabajo sobre el trabajo infantil. Con la perspectiva histórica, y a la vista de los impulsores y de los contenidos, esta declaración debería insertarse en una consideración de los derechos de los niños dentro de las políticas del filantropismo social cristiano, característico de la época. Personajes como Eglentyne Jebb o Janusz Korczak, pioneros en la defensa de los derechos de la infancia, están íntimamente relacionados en su biografía con la educación y la protección a la infancia.

Esta Declaración es muy sucinta y se recoge en cinco principios[16], observándose una serie de derechos dentro de la dimensión protectora: alimento, cuidado, ayuda, acogida y socorro; educación; reinserción del niño delincuente, y protección en caso de peligro. Todo lo cual supone un "esbozo" de la integridad de los derechos del niño, si bien no está recogido ni el derecho de los niños a unos padres, ni tampoco que sean considerados como sujetos de derecho. Su contenido ha sido criticado desde el punto de vista de la técnica jurídica[17], aunque se aprecia la fundamentación del derecho de los niños al desarrollo de su personalidad. Así, pues, estos derechos están planteados desde una nueva ética a favor de la infancia, que acoge todos los ámbitos de la vida infantil, desde el cuidado biológico y psicológico hasta el judicial y educativo, inspirándose todavía en una mentalidad de ayuda y protección más que en la consideración de los niños y niñas como sujetos de derecho. Se trata, por lo tanto, de un antecedente que sobrevivió a la propia Sociedad de las Naciones y que será referencia constante a la hora de redactar los sucesivos tratados internacionales. Incluso al elaborar la declaración de 1959, se quería optar por una reedición de aquella, aunque finalmente vencería el planteamiento de actualizarla, adecuándola a la Declaración Universal de los Derechos Humanos de 1948.

La Declaración de Ginebra fue traducida a cerca de cuarenta idiomas y recibió tanto adhesiones personales como institucionales, entre las que destacamos la del IV Congreso Panamericano de la Infancia, celebrado en Santiago de Chile en octubre de 1924. También tendría repercusión en las recomendaciones de la Sociedad de las Naciones a todos los Estados miembros. Así, en

---

[16] La Declaración de Ginebra se puede consultar en Monestier, M.: *Los niños esclavos. El infierno de trescientos millones de niños.* Alianza Editorial, Madrid, 1999, p. 14.

[17] Garibo, A. P.: *Los derechos de los niños: Una fundamentación.* Ministerio de Trabajo y Asuntos Sociales, Madrid, 2004, p. 85.

Francia, el Ministro de Instrucción Pública ordenó que en cada escuela estuviese colgada una copia de dicha declaración y en Austria, el texto fue firmado en una ceremonia a la que acudió Eglentyne Jebb. No obstante, el caso más significativo es el de España, que incorporó esta declaración en el artículo 43 de la Constitución republicana de 1931, donde al referirse a la familia y sus obligaciones para con los hijos, introdujo novedades sobre la investigación de la paternidad, etc., y que dice textualmente: "el Estado prestará asistencia a los enfermos y ancianos, protección a la maternidad y a la infancia, haciendo suya la 'Declaración de Ginebra, o tabla de los derechos del niño'". Por otra parte, una de las labores más importantes fue la confección de informes sobre el bienestar de los niños en todo el mundo, durante tres años; siendo un precedente de los que años más tarde llevará a cabo UNICEF y que sigue vigente en la actualidad[18].

Pero esta Declaración sería también el germen de otra serie de declaraciones, cartas, tablas, etc., que durante el período comprendido entre 1924 y 1959 se llevarían a cabo, entre las que destacan las aportaciones del continente americano[19]. Se trata de un período fructífero en el que se van perfilando los derechos

---

[18] Ver la colección *Estado Mundial de la Infancia*. UNICEF, Ginebra.

[19] "Tabla de los Derechos del Niño" del Instituto Interamericano del Niño, del 9 de junio de 1927; "Texto de Gabriela Mistral" sobre los derechos del niño de diciembre de 1927; "Carta de la Casa Blanca" de 1930; "Carta de la infancia para el mundo de la posguerra" de 1942, adoptada por la Conferencia Internacional; "Carta de la infancia en tiempos de guerra", adoptada en 1942 por la Comisión de la Infancia en Tiempos de Guerra de la Oficina de la Infancia de los Estados Unidos; "Declaración de oportunidades para el niño", aprobada en el VIII Congreso Panamericano del Niño, celebrado en Washington en 1942; "Declaración de Caracas sobre la salud del niño" del IX Congreso Panamericano del Niño de 1948; "Carta de la Unión Internacional de Protección a la Infancia", de 1948; "Proyecto de Declaración de las Naciones Unidas relativo a los Derechos del Niño", propuesto por la Organización Mundial de la Salud, de diciembre de 1948; "Proyecto de Declaración de Derechos del Niño de la Comisión de Asuntos Sociales del ECOSOC" de 1950; "Proyecto de Declaración de Derechos del Niño" de la Comisión de Derechos Humanos de 1959. Estos textos se pueden consultar en: Instituto Interamericano del Niño: *Los derechos del niño*, Instituto Interamericano del Niño, Montevideo, 1961; así como en Garibo, A. P.: *op. cit.*, 2004, pp. 271-339.

del niño, añadiendo y sistematizando derechos específicos. En todos estos documentos se aprecia una percepción de la infancia regida por el desarrollo de la personalidad de los niños y niñas y la atención a sus necesidades. El valor educativo de los mismos, con una perspectiva de innovación pedagógica, también está presente.

En los años inmediatamente posteriores a la Declaración de Ginebra se observa una mayor actividad por parte de la Sociedad de las Naciones, bien sea a través de la Comisión consultiva de la trata de mujeres y niños a partir del Convenio de 1921, bien a través de la Comisión de Protección de la Infancia y de la Juventud, donde en diversas sesiones se tratan temas relacionados con la protección de la vida y la salud, la edad de matrimonio, trabajo infantil, asistencia y repatriación de niños de nacionalidad extranjera, la educación, la infancia abandonada y delincuente, o "los efectos del cinematógrafo sobre la mentalidad y la moralidad de los niños", tema de mucha repercursión en su momento. Entre los proyectos desarrollados por la Sociedad de las Naciones cabe citar el Convenio internacional para reintegrar en sus hogares a los niños y adolescentes. En este convenio aparece un concepto que en posteriores tratados será recogido como el "interés superior del niño", expresado de la siguiente manera: "en cuestión de asistencia, el interés del menor debe prevalecer ante todo y sobre todo"[20].

También es de destacar la celebración de diferentes congresos de importancia internacional, como ya hemos señalado; nos referimos, entre otros, al Primer Congreso General del Niño, celebrado en Ginebra en agosto de 1925, organizado alrededor de dos secciones: Higiene y Medicina, y Asistencia y Previsión Social[21], siguiendo la trayectoria ya establecida en este tipo de eventos. A este congreso asistieron médicos, sociólogos, pedagogos, directores de obras sociales, educadores, etc. Entre sus conclusiones se resalta la

---

[20] *Pro-Infantia*, tomo XXII, 1930, p. 16.
[21] *Id.*, tomo XXIII, 1925, p. 174.

importancia de que las naciones asuman las responsabilidades que les corresponden en la protección a la infancia, creando además una Oficina de Información con el objetivo de recoger las informaciones remitidas por los diferentes países sobre la situación de la infancia, y a su vez transmitirla al resto de los países. Asimismo acuerda remitir sus conclusiones a la Sociedad de las Naciones. También la Asociación Internacional para la Protección de la Infancia continuará con la celebración de sus congresos: el quinto fue celebrado en Roma en 1926 y el sexto, en Milán en 1928. Las secciones de estos congresos obedecían a dos ámbitos diferenciados: Sección de Higiene/Medicina y Sección Jurídica. Al igual que en el caso anterior, estos congresos insisten en que "el Estado debe auxiliar pecuniariamente a las instituciones privadas de beneficencia" y que en los países en los que existan tribunales para niños se hagan estudios sobre los niños, así como que haya establecimientos de educación y reforma para el correcto cumplimiento de la misión encomendada[22]. En París, en julio de 1928, siguiendo al celebrado en 1926 en Madrid, se celebró otro Congreso Internacional sobre Protección a la Infancia, presidido por el ministro de Trabajo e Higiene francés, y que tuvo un enorme éxito por la importancia de los ponentes y las entidades colaboradoras, pues prácticamente estuvieron presentes las más importantes asociaciones de protección a la infancia.

1.2.2. La Declaración de los Derechos del Niño de 1959: protejamos a los niños

Tiene que pasar el desastre de la Segunda Guerra Mundial para que, tras la Declaración Universal de los Derechos Humanos de 1948 –cuyo objetivo principal era luchar por la paz–, volvamos a recuperar el sendero de los derechos de los niños y niñas. El artículo 2 de esta Declaración, sobre igualdad y no discriminación, será uno de los principios más importantes para el desarro-

---

[22] *Id.*, tomo XXVII, 1930, pp. 7-12.

llo de toda una serie de pactos y convenios internacionales posteriores. La Declaración de los Derechos del Niño de 1959 surge en un contexto internacional más pacificado, con la recuperación de todos los países que intervinieron en la guerra y también con los procesos de descolonización de los países africanos, reivindicando su derecho a la libre determinación, aunque en un ambiente de guerra fría. La creación de la UNICEF en 1946, y la situación de la infancia después de la Segunda Guerra Mundial explican la nueva Declaración Universal de los Derechos del Niño, aprobada por la Asamblea General de Naciones Unidas el 20 de noviembre de 1959. Las aportaciones más trascendentes en la confección de este texto serán la Declaración Universal de los Derechos Humanos de 1948 y el proceso de elaboración subsiguiente de los Pactos de derechos civiles y políticos, y de los derechos económicos, sociales y culturales, aprobados en 1966, pero que tuvieron un largo proceso de gestación y no entraron en vigor hasta 1976. De esta manera, desde 1949 hasta 1959 estaría en constante discusión la nueva declaración sobre los derechos de los niños, manifestándose una tensión constante entre los países del bloque socialista, sobre todo la Unión Soviética y Polonia, partidarios de una convención que obligase más a los Estados, y los países bajo la égida de Estados Unidos, más partidarios de una actualización de la Declaración de Ginebra.

Esta Declaración, que es la primera de carácter universal en el ámbito de las Naciones Unidas sobre un grupo de seres humanos, se expresa en diez principios que amplían los derechos anteriores, aunque están mucho mejor sistematizados desde el punto de vista de la técnica jurídica. Ante esta declaración, y comparándola con la de Ginebra de 1924, se puede constatar que subyacen en la misma los valores éticos que deben presidir el reconocimiento de los derechos del niño, en aspectos como la educación, cuidados especiales a los niños con discapacidad, la atención prioritaria en casos de conflictos, formación en sentimientos de solidaridad y amistad entre los pueblos, no discriminación por razón de raza, nacionalidad o creencia, etc. Es decir, la mayoría de los principios recogidos en esta declaración estaban ya perfilados en la de 1924. Asimismo, se recogen los principios de la Declaración Universal de los Derechos Humanos. De esta manera, el Principio 1 de la Declaración de los Derechos del Niño coincide literalmente con el artículo 2 de la Declaración Universal de los Derechos Humanos, además de recoger todos los derechos relativos a la nacionalidad, derecho a la educación, etc. No es extraño que así sea, pues en el preámbulo de dicha Declaración se manifiesta claramente su vinculación con las de 1924 y 1948. Así, dice que "considerando que el niño, con su falta de madurez física o mental, necesita protección y cuidados especiales, incluso la debida protección legal, tanto antes como después del nacimiento", y estima que "la humanidad debe al niño lo mejor que puede darle". En esta declaración, en definitiva, se continúa considerando al niño "como un ser humano dependiente, no autónomo. Es responsabilidad de los adultos que llegue a ser uno de ellos"[23].

No obstante, aparecen algunas innovaciones importantes: una definición de niño (Preámbulo), el derecho de los niños a unos padres (Principio 6), el derecho a un nombre y a una nacionalidad (Principio 3). Todo lo cual presupone cierto reconocimiento de derechos civiles, aunque los redactores no fuesen conscientes de ello, y por primera vez aparece un concepto nuevo que supondrá en la Convención de 1989 un punto fundamental y controvertido en el ámbito jurídico: "el interés superior del niño". Así, en el Principio 2 se dice: "al promulgar leyes con este fin, la consideración fundamental a que se atenderá será el interés superior del niño". De esta manera, el Principio 7 afirma que "el interés superior del niño debe ser el principio rector de quienes tienen la responsabilidad de su educación y orientación; dicha responsabilidad incumbe en primer término a sus padres ". Por lo tanto, se fundamentan dos principios: el de la protección especial para el desarrollo físico,

---

[23] Garibo, A. P.: *op. cit.*, 2004, p. 154.

mental, moral, espiritual y social en forma saludable y normal, y el del derecho a la educación, en los que se encuentran implicados los gobiernos, la sociedad y los padres, todo bajo el principio del "interés del niño". Este planteamiento resulta innovador ya que debe primar sobre cualquier otra consideración, abriendo la posibilidad de identificar a los niños como sujetos de derecho. En la Convención de 1989 todavía resultará más esclarecedora la postura con relación a este concepto, que figurará como uno de los principios generales.

Al igual que ocurrió en el período comprendido entre las dos declaraciones, a partir de 1959 se llevarán a cabo una serie de acciones encaminadas al reconocimiento de los derechos de los niños y niñas en el ámbito del derecho internacional que demostrarán que la permanencia del reconocimiento de estos derechos ha sido una constante. La ampliación de instituciones y organismos internacionales en dicho reconocimiento, cada vez más específico, en diversas áreas ha desarrollado todo un entramado de derechos que conseguirán tener en la Convención de 1989 un documento conjunto.

Esta Convención, como veremos en el siguiente capítulo, ha supuesto un cambio de paradigma en cuanto a la visión de los derechos del niño en el ámbito internacional, conjugando en un único texto una serie de derechos civiles, económicos, sociales y culturales. No obstante, también hay que afirmar que si realizamos un análisis sobre el discurso que mantienen el conjunto de tratados internacionales sobre derechos del niño, podemos percatarnos de que todavía está presente un discurso proteccionista enraizado en la tradicional visión de ayuda y cuidados a la infancia[24]. En este sentido, y aunque el texto de la Convención hace una clara apuesta por considerar al niño como sujeto de derecho, lo cierto es que en la implementación

---

[24] Dávila, P. y Naya, L. M.: "Una historia de los derechos del niño o de la protección infantil". En Etxeberria, F.: *Educación y menores en riesgo*. Sello Editorial, Barcelona, 2009, pp. 17-45.

que llevan a cabo los diferentes Estados partes todavía se aprecia el escaso interés y desarrollo por esta nueva concepción, prevaleciendo la postura tradicional de protección a pesar del discurso "políticamente correcto" sobre los derechos del niño.

Por otra parte, y desde una visión internacional, no podemos ignorar que, además de las instituciones y organismos creados a nivel nacional para la protección de los derechos de la infancia, la UNICEF, desde sus inicios, siempre ha atendido a las necesidades de los niños, niñas y adolescentes, sobre todo en situaciones de vulnerabilidad. En la historia de la UNICEF podemos encontrar hitos importantes en esta trayectoria, y personajes que se han implicado en la defensa de estos derechos[25]. En este sentido hay que recordar que en 1996 este organismo del sistema de Naciones Unidas adoptó la Convención de 1989 como misión de sus actividades y proyectos, reconociendo así la importancia de este enfoque en el campo de sus actividades. Asimismo, el papel que juega la UNICEF en la defensa de los derechos de la infancia está plenamente reconocido tanto en la Convención como por la mayoría de los países, y su voz es escuchada tanto por organismos internacionales como por el Comité de los Derechos del Niño de Ginebra. El papel asesor en programas internacionales y en las políticas nacionales realza, sin duda, la importancia tanto de los derechos del niño como de su actitud proactiva.

1.3. Apunte historiográfico sobre la Historia de la Infancia

Ya que una parte sustancial de esta obra está dedicada a la situación de la infancia en América Latina, queremos aprovechar esta ocasión para acercarnos someramente a su aportación historio-

---

[25] Dávila, P.: "Los derechos de la infancia, UNICEF y la educación". En Naya, L. M. (comp.): *La educación a lo largo de la vida, una visión internacional*. Erein, San Sebastián, 2001, pp. 61-111.

gráfica a través de tres obras recientes sobre Historia de la Infancia. Con ello queremos resaltar la importancia que está adquiriendo en la región esta disciplina histórica, sabiendo que estas aportaciones son un marco para comprender la evolución histórica reseñada. No se trata de hacer un estado de la cuestión, sino de señalar las inquietudes de los historiadores e historiadoras latinoamericanos en este ámbito del conocimiento. Para ello, partimos de unos apuntes generales sobre la historia de la infancia y sus dificultades para constituirse como disciplina histórica y posteriormente analizaremos las tres obras en concreto.

La lectura reciente de un trabajo de Popkewitz[26] pone sobre la mesa el inconcluso tema de la construcción de la infancia, esta vez con la perspectiva del proyecto cosmopolita que arranca con la Ilustración y que subyace en las prácticas escolares en el mundo occidental. El objetivo de este autor es trazar una historia del presente y reflexionar sobre la escolarización y sus cualidades duales de inclusión y exclusión. Pero la construcción de la infancia tiene otros registros con la perspectiva historiográfica, como se ha señalado tantas veces, y no es fácil su construcción, a pesar de que, en los últimos cincuenta años, la bibliografía sobre este tema haya sido abundante. Todavía se detectan problemas teóricos y metodológicos que parecen dificultar la consolidación de una disciplina como la Historia de la Infancia.

El estudio de la infancia, también con la perspectiva histórica, se nos antoja como agua que se escurre entre las manos. Se trata de una historia caleidoscópica que varía a cada momento. Esta es su fortaleza y, también, su debilidad. Becchi y Julia[27] mostraban sus dudas para poder constituir una disciplina como la Historia de la Infancia. La mayoría de los estudios históricos realizados con el ánimo de establecer un campo posible

---

[26] Popkewitz, T. S.: *El cosmopolitismo y la era de la reforma escolar. La ciencia, la educación y la construcción de la sociedad mediante la construcción de la infancia.* Morata, Madrid, 2009.

[27] Becchi, E. y Julia, D. (eds.): *Histoire de l'enfance en Occident.* Seuil, Paris, 1998, 2 tomos.

de estudio alrededor de la infancia, se han encontrado con dificultades; no ocurre lo mismo con la perspectiva de la Sociología de la Infancia[28], por ejemplo. Este esfuerzo no se ha hecho en historia de la infancia, de manera que hacemos historia de los niños y las niñas, jóvenes y adolescentes sin conocer los límites entre los cuales nos podemos mover. Con ello nos encontramos que, sin darnos cuenta, podemos estar hablando de historia de la familia, o de las mujeres, cuando no de la del juguete o de la literatura. Un intento de ubicar la Historia de la Infancia en la Historia de la Educación se puede encontrar en Tiana[29]. Pero, ¿dónde reside la dificultad mayor para poder hablar de una Historia de la Infancia con cierta autonomía?, pues posiblemente en el reconocimiento de que los niños, niñas y adolescentes son sujetos, como el resto de los seres humanos, y no meros objetos dependientes y necesitados de ayuda. De la aceptación de esta premisa podrán derivarse beneficios importantes para enfocar de una manera diferente el estudio de la infancia con la perspectiva histórica.

Otro inconveniente para su construcción es el discurso dominante sobre los niños y niñas de los profesionales de la Historia. Existen demasiados prejuicios, gran cantidad de discursos vacíos y soflamas de salvación. Todavía continúa vigente, en muchos casos, una cierta conmiseración con la infancia, que impide una visión clara sobre las prácticas sociales, las experiencias infantiles y el papel de los niños y niñas en la historia. Para curarse un poco de este tipo de discurso es aconsejable una lectura

---

[28] Para el caso español puede consultarse: Gaitan, L.: *Sociología de la infancia. Nuevas perspectivas*, Editorial Síntesis, Madrid, 2006; Rodríguez Pascual, I.: *Para una sociología de la infancia: aspectos teóricos y metodológicos*, Centro de Estudios Sociológicos, Madrid, 2007. También podemos encontrar referencias en Lohmann, I. y Mayer, C.: "Lessons From the History of Education for a 'Century of the Child at Risk'". En *Paedagogica Historica*, vol. 45, n° 1-2, February-April, Routledge, London, 2009, pp. 1-16.

[29] Tiana, A.: "La historia de la educación en la actualidad: viejos y nuevos campos de estudio". En Ferraz, M.: *Repensar la historia de la educación: nuevos desafíos, nuevas propuestas*. Biblioteca Nueva, Madrid, 2005, pp. 105-146.

del filósofo Giorgio Agamben, aplicado a la infancia[30], donde se puede encontrar alguna salvaguarda para un mejor acercamiento a su estudio.

Por otra parte, es cierto que desde el acta fundacional de la Historia de la Infancia, con la obra de Ariès, y la respuesta fulminante de DeMause con su propuesta historiográfica de la psicohistoria, no se ha vuelto a un debate sobre los fundamentos historiográficos de la infancia, pero también es cierto que la nómina de obras, congresos y otros eventos científicos no ha dejado de aumentar; aportando el arsenal necesario para poder "repensar" la invención o el descubrimiento de la infancia. En el último decenio, por señalar alguno de ellos, además de la obra de Becchi y Julia, se publicó en 2003 la obra de Bardet y otros[31] que recoge las actas de un congreso celebrado en Francia en el año 2000, y que es una de las mejores panorámicas de la Historia de la Infancia en Occidente. La monumental obra de Paula Fass[32] también está en esa misma línea. En cuanto a los congresos podemos citar dos, entre otros, que han tenido como tema central la infancia: el 29° Congreso de la ISCHE celebrado en 2007 en Hamburgo bajo el título Children and Youth at Risk - Approaches in the History of Education[33] y el XIII Coloquio de la Sociedad Española de Historia de la Educación, celebrado en 2005[34], al que acudieron gran número de investigadores de América Latina. Además de todo un conjunto de monografías publicadas

---

[30] Bustelo, E. S.: *El recreo de la infancia. Argumentos para otro comienzo.* Siglo XXI, Buenos Aires, 2007.

[31] Bardet, J. P.; Luc, J. N.; Robin-Romero, I. y Rollet, C. (dir.): *Lorsque l'enfant grandit. Entre dépendance et autonomie.* Presses de l'Université de Paris-Sorbonne, Paris, 2003.

[32] Fass, P.: *op. cit.*, 2004. Más recientemente esta misma autora apunta cuestiones interesantes sobre esta temática en "Niños, Historia y Globalización". En *Revista de derechos de la infancia*, n° 3-4, octubre, Universidad Diego Portales y UNICEF, Santiago de Chile, 2006, pp. 215-234.

[33] Algunas de las aportaciones a dicho Congreso están recogidas en *Paedagogica Historica*, vol. 45, n° 1-2, February-April. Routledge, London, 2009.

[34] Dávila, P. y Naya, L. M.: *op. cit.*, 2005.

tanto en Europa como en América Latina, en un contexto donde la visibilidad histórica de la infancia se ha hecho más presente.

Como ocurre en la mayoría de estas obras, la autoría es variada tanto en la elección de los temas, las fuentes y las metodologías. Esta pluralidad enriquece, sin duda, el estudio de la infancia, pero también dificulta su visión de conjunto; por no decir que existen temas, épocas y espacios privilegiados. Estos serían los tres tópicos historiográficos de la Historia de la Infancia: la infancia necesitada de ayuda, los siglos XIX y XX, y Europa. Ante esta situación, queremos plantear unas cuestiones: ¿estamos asistiendo a una manera canónica de estudiar la Historia de la Infancia donde los objetos privilegiados de estudio son las situaciones de desamparo de los niños y niñas? ¿Nos hemos planteado qué supone esta forma de estudiar la infancia? A simple vista podría parecer que se trata del estudio de las situaciones marginales en las que han vivido tantos niños y niñas en el pasado, situaciones que ahora denominaríamos de riesgo de exclusión social. Casi podríamos decir que se trata de una visión "traumática" de la historia de la infancia. ¿Estamos construyendo una historia triste de la infancia? ¿Dónde han quedado aquellos tópicos sobre la infancia como la etapa más feliz de la vida? ¿Es posible que todas las experiencias infantiles felices hayan sido un puro espejismo? ¿Cuál ha sido la historia de esas verdades que han conformado ese discurso sobre tan variadas experiencias de los niños y niñas? Se trata de cuestiones que tendrían que plantearse y que supondrían repensar la forma en la que se está escribiendo la Historia de la Infancia. Si se trata de hacer una historia de la infancia marginal, tenemos que dejar claro que esa visión no es la de la Historia de la Infancia en toda su complejidad, aunque sea legítimo hacerla y nadie lo ponga en duda.

1.3.1. La Historia de la Infancia en América Latina

La publicación reciente de tres obras sobre Historia de la Infancia en América Latina nos brinda una buena ocasión para analizar, siquiera someramente, la situación de esta disciplina en esta región, y nos sirve de excusa para plantear las tendencias que se están abordando. Se entiende que se trata de una reseña de dicha producción historiográfica, que no pretende sustituir un trabajo necesario sobre la evolución y situación de la infancia en América Latina durante estos últimos decenios. Por lo tanto, con estos límites, queremos saludar amablemente el hecho de que se aborde esta temática y agradecer que las perspectivas de estudio se hayan hecho, en general, desde planteamientos historiográficos innovadores. En los tres casos, se trata de obras de autoría varia, que siguen una tradición cada vez más afianzada en este tipo de estudios. Ello se debe, sobre todo, a que la variedad de enfoques, temas y metodologías obliga a este planteamiento, muchas veces interdisciplinario.

La primera obra a la que nos vamos a referir se publicó en Brasil, fue editada por Alberto Lopes, Luciano Mendes de Faria Filho y Rogelio Fernandes[35], y su título es acertado en cuanto a que no pretende hacer una historia de la infancia, sino aportar algunas reflexiones para comprenderla, enmarcando algunos trabajos en los contextos históricos de Brasil y Portugal. Se trata de un trabajo conjunto realizado por investigadores brasileños y portugueses en el marco de un proyecto sobre la infancia y su educación entre 1820 y 1950. Las aportaciones se han agrupado alrededor de tres ejes temáticos: 1) fuentes sobre historia de la infancia; 2) historia de la infancia y ciencia de los niños, y 3) historia de la infancia y comparación. Si excluimos algunos de los trabajos sobre las fuentes (el juego, la literatura como fuente para historia de la infancia, los archivos y la historia de la educación, la historia oral y el museo escolar) y los que hacen referencia a Portugal, nos queda un conjunto sobre Brasil, algunos de los cuales se refieren a Minas Gerais.

Entre estos últimos trabajos se aprecian dos focos de interés: el primero relativo a temas relacionados con los procesos de escolarización y el segundo, sobre los discursos educativos, con una

---

[35] Lopes, A.; Mendes De Faria Filho, L. y Fernandes, R. (orgs.): *Para a compreensão histórica da infância.* Auténtica, Belo Horizonte, 2007.

perspectiva jurídica o higiénica. Tanto en la aportación de Cynthia Greive como en la de Tarcisio Mauro se aprecia una cierta influencia foucaultiana, cuando se plantea en Brasil el problema del gobierno de la infancia a través de la familia y la escuela a partir del siglo XIX. Proceso muy bien descrito por la citada Greive, o del control del cuerpo infantil para inscribir en los cuerpos de los niños pobres los modos de educación considerados más civilizados, a través de la educación física, la higiene y el orden, que conformaron una determinada cultura escolar. Con respecto a los discursos educativos, y siguiendo esta última línea interpretativa, los niños de las clases populares van a ser objeto de intervención social, sobre todo a partir de la puesta en marcha de instituciones de asistencia y protección de la infancia o del código de menores de 1927. Es decir, se trataba de clasificar la infancia distinguiendo dos grupos de menores: los abandonados y los delincuentes. Este planteamiento discursivo, con algunos años de antelación, también estaba presente entre los reformadores europeos. Por otra parte, el discurso médico-higienista, que en Brasil comienza a fraguarse a finales del siglo XIX, está centrado en la imposición de una racionalidad médica sobre el desarrollo de los niños y las edades de la vida, que coadyuvaron al mejor conocimiento de los niños "normales".

La segunda obra que estamos reseñando se publicó en México, editada por Antonio Padilla, Alcira Soler, Martha Luz Arredondo y Lucía M. Moctezuma[36]. Su estructura también tiene su propia lógica interna, al abordar tres ámbitos que tienen cierta autonomía entre ellos y que conforman las tres partes del libro: 1) enfoques y aproximaciones, 2) imágenes y discursos, y 3) espacios y prácticas. Es decir, se trata de plantear, a través de los diferentes capítulos, las dos perspectivas clásicas en el estudio de la infancia: la infancia como construcción social y los niños y niñas

---

[36] Padilla, A.; Soler, A.; Arredondo, M. L. y Moctezuma, L. M. (coords.): *La infancia en los siglos XIX y XX. Discursos e imágenes, espacios y prácticas*. Casa Juan Pablos, Universidad Autónoma del Estado de Morelos, México, 2008.

en sus prácticas sociales, culturales y cotidianas. Así, la primera parte trata de una manera panorámica algunos aspectos generales del estudio de la infancia, bien sea en sus aspectos teóricos o bien de nuevos abordajes metodológicos. En este sentido, no todos los trabajos que se incluyen en esta parte se refieren al caso de México. Tanto el trabajo de Carli como el de Ruiz Berrio llegan a conclusiones similares al destacar la visión caleidoscópica de la infancia. El trabajo de Dávila pretende formar un determinado corpus jurídico que permita al historiador de la infancia incluir en sus análisis la consideración de los derechos de los niños. El trabajo de Soler estudia los niveles de alfabetización y escolarización en el caso de dos estados mexicanos, relacionándolos con la exclusión social. Lo mismo ocurre con el trabajo de Santoveña, aunque esta vez desde la reconstrucción del concepto de infancia anormal, siguiendo los planteamientos foucaultianos.

La segunda parte de esta obra podría muy bien ser una contribución a la historia del currículo o de la historia cultural, con aportaciones interpretativas, aplicadas al caso mexicano. En este sentido, estos trabajos se inscriben en las líneas de investigación presentes en la historiografía mexicana de las últimas décadas: la infancia anormal, la infancia y la cultura escrita, y la infancia trabajadora. Finalmente, la tercera parte está dedicada a las prácticas sociales de la infancia con el objetivo de comprender los diferentes ámbitos de la vida cotidiana bien sea en la escuela, la calle, las instituciones de protección o los juegos infantiles. Así, el ensayo de Reyes recorre, a través de las novelas y la memoria histórica, las experiencias escolares de personajes de los siglos XIX y XX. La vida escolar queda perfectamente trazada, definiendo la cultura escolar en esa escuela normalizadora. El estudio de la infancia en el distrito de Toluca (México), abordado por Ramírez, es un buen ejemplo de historia local, donde pueden apreciarse los diferentes niveles que posibilitaron la construcción de la infancia: la estructura y tipos de la población infantil, el interés del Estado, el papel de la familia, etc. Pero esta construcción de la infancia a partir de la escuela no queda completa si no tenemos presente el importante fenómeno del absentismo escolar. En este sentido, Arellano y Sánchez lo estudian en la ciudad de México, desde finales del siglo XIX a comienzos del XX. La explicación de este fenómeno pone en juego las actitudes de los padres, las prácticas escolares y los métodos disciplinarios, pues son factores que explican el rechazo o aceptación de la escuela.

Estos procesos de normalización escolar demandan que la mirada del investigador se fije también en los procesos de exclusión social en el que vivían los "otros niños". En este sentido, los ensayos de Trujillo y Padilla se centran en la infancia abandonada y delincuente, y en las instituciones de beneficencia. Se trata de una situación ambivalente, pues mientras por una parte se fundamenta el discurso del control social de esa infancia marginada, que explican las prácticas de intervención social, donde llegamos a conocer los nombres propios de tantos niños que eran "carne de presidio"; por otra, las instituciones de beneficencia, tanto públicas como privadas, intentaron atender a esa "infancia en vilo", que también es objeto del discurso de los reformadores sociales y educadores de la época. En síntesis, se trata de una obra que nos permite conocer la infancia desde diferentes espacios interpretativos e institucionales, tanto por lo que se refiere a los procesos de escolarización como de la situación de la infancia desprotegida.

Finalmente, la tercera obra, publicada en Colombia y editada por Pablo Rodríguez y María Emma Mannarelli[37], rompe la estructura de las otras dos, en cuanto que opta por un criterio cronológico que aborda el estudio de la infancia desde la época prehispánica hasta el siglo XX. Asimismo incluye una parte final, bajo el epígrafe "trauma e infancia", donde se aborda un estudio sobre los niños desaparecidos de la Argentina, el informe de la Comisión de la Verdad de Perú y el reclutamiento de niños en

---

37 Rodríguez, P. y Mannareli, M. E. (coords.): *Historia de la infancia en América Latina*. Universidad Externado de Colombia, Bogotá, 2007.

Colombia; además de dos visiones generales de la infancia en el conjunto de América Latina y otros dos sobre el niño en la literatura infantil colombiana y la presencia de la infancia en el cine. La inclusión de esta parte final es una opción necesaria ante la evidente violación de los derechos de los niños en los casos citados pero, sobre todo, de una constatación de la que son conscientes los propios editores: "Cuando volvemos sobre cada uno de los textos [...] tenemos sentimientos contradictorios. Es como si en el presente vivieran todos los tiempos, y como si las preguntas planteadas cuando fueron respondidas hubieran creado otras"[38].

Así como Becchi y Julia se preguntaban en 1998: "¿Historia de la infancia. Historia sin palabra?" en la introducción a su citada obra, los editores del libro que comentamos comienzan afirmando que "no existe otro ser humano menos visible en la historia latinoamericana que el niño. Su ausencia en los innumerables y abultados relatos de nuestra historia es sorprendente". Es decir, en un caso la falta de palabra, en el otro la falta de visibilidad. En los más de diez años transcurridos entre una obra y otra, es cierto que se ha recuperado la palabra de los adultos para hablar de los niños, pero todavía los niños continúan siendo personas excluidas, invisibles y sin palabra. La obra intenta paliar esta situación incluyendo a los niños en la historia, gracias a la colaboración de más de treinta autores de procedencia variada, no solo de América Latina sino también de Estados Unidos, Israel o España; de enfoques distintos y orientaciones historiográficas diferentes, donde la perspectiva de género está muy presente, y cuyo prestigio como historiadores está reconocido. Nos encontramos con una obra que, necesariamente, puede convertirse en una referencia ineludible para el conocimiento de la infancia en la historia de América Latina. A través de ella se puede decir que "descubrimos" a los niños y niñas latinoamericanos en toda su multiplicidad étnica, en los diferentes espacios y épocas, con sus peculiaridades que, en muchos casos, poco tienen que

---

38 *Id.*, p. 15.

ver con lo que conocemos de Europa. En definitiva, es una obra alejada de los tópicos, con un rigor académico encomiable y que enriquece al lector y le plantea nuevas cuestiones para la investigación.

Si las dos primeras obras citadas se referían predominantemente a los casos de Brasil y México en los siglos XIX y XX, en esta, en cambio, se ha ampliado la nómina de países y de épocas. Así, en las épocas prehispánica y colonial predominan los ensayos referidos a Perú, México y Brasil, como no podía ser de otra manera. En cambio, en los siglos XIX y XX son mayoría los trabajos sobre Colombia, Brasil, México, Chile, Bolivia o Argentina. Algunas visiones de conjunto de América Latina también están presentes a lo largo de todas las épocas. Por lo que respecta a los temas estudiados, también se aprecia un amplio abanico que va desde el abandono infantil –de larga persistencia– hasta el trabajo infantil, los niños de la calle, las niñas esclavas, la situación de los niños indígenas, la ciencia médica, los niños soldados, las instituciones correccionales, la escuela, la salud o la legislación sobre la infancia. No obstante, sorprende la escasez de ensayos sobre los procesos de escolarización y alfabetización, o del currículo, o del pensamiento pedagógico. Su ausencia no devalúa en absoluto la obra, pero nos indica una posibilidad de diferenciar lo que podría ser una Historia de la Infancia distinta de una Historia de la Educación. Si es así, parece que es una opción válida que nos puede ayudar a distinguir los ámbitos de estudio y a delimitar las competencias de cada una de estas dos disciplinas. Esta escasez no quiere decir que se haya dejado de lado esta realidad, sino que la mirada se ha dirigido al niño o la niña y no a los alumnos y alumnas. Claro que la escuela es un espacio vital para la experiencia infantil, pero los niños no son solamente alumnos. Por otra parte, esta obra ayuda a comprender mejor la Historia de la Educación, pues la Historia de la Infancia no puede entenderse sin aquella. Necesariamente son disciplinas complementarias.

No obstante, podemos plantearnos una pregunta: ¿puede

ocurrir que la historia de la educación se vea abocada a investigar la situación de la infancia "normal", mientras que la historia de infancia investigue las "otras infancias"? Esta delimitación de campos es un riesgo, pero también un reto. No podemos olvidar, siguiendo a Ariès y a Foucault, que es precisamente, entre otros elementos, la escuela, como espacio diferenciado para "encerrar" a los niños, la que posibilitó la "invención" de la infancia y el surgimiento de un campo de reflexión sobre ella. Por decirlo de una manera brutal, y posiblemente sesgada, la reflexión pedagógica alcanza su esplendor gracias a que tenemos a los niños en las escuelas. Pero tampoco podemos olvidar que la construcción de las "otras infancias" es un fenómeno paralelo a los procesos de normalización escolar. Por lo tanto, el acercamiento de estas dos disciplinas es necesario para poder apreciar en toda su complejidad la experiencia infantil, los espacios y los discursos en los que podemos situar a los niños en la historia. Es necesario apostar por esta complementariedad disciplinaria, con el fin de huir de una historia "traumática" de la infancia y analizarla desde toda su complejidad.

No podemos pormenorizar las aportaciones de cada uno de los ensayos que componen esta obra, y la riqueza de los diferentes enfoques teóricos y metodológicos, además de la exquisita presentación con acompañamiento fotográfico. No obstante, sí queremos señalar que la incorporación de la perspectiva de género y la presencia de las minorías étnicas enriquecen la mayoría de las aportaciones. Si hacer la historia del pasado es también hacer la historia del presente para buscar respuestas a los problemas actuales, no podemos ignorar que desde el campo de los derechos del niño se nos antoja un relato precioso. Entre el conjunto de ensayos se aprecia la preocupación por tratar temas que subyacen en dicho campo de derechos: la niñez abandonada, la infancia trabajadora, los niños soldados, la infancia en conflicto con la justicia, la discriminación de las niñas y las minorías étnicas, el derecho a la educación, etc. Todos ellos son temas que subyacen en la apreciación actual de los derechos del niño, pero que tienen su constatación histórica. Estos son, en la mayoría de los casos, los ejes mayores que atraviesan los ensayos que contiene esta obra. Por su relación más directa con nuestro trabajo, centrado más en los siglos XIX y XX, nos referimos a las aportaciones en esta época, aunque reconociendo que en las etapas anteriores existen colaboraciones preciosas de diversos autores y autoras

Al igual que ocurre con las épocas anteriores, los temas estudiados se refieren a las "otras infancias". El trabajo infantil es el tema que registra un mayor número de aportaciones. En este sentido, los ensayos de Lorenzo, Restrepo, Bridikhina Castillo, Devoto o Rojas son buenos ejemplos de las diferentes situaciones sobre el trabajo infantil en México, Colombia, Bolivia, Argentina o Chile. Las aproximaciones a estos diferentes casos se hacen desde las instituciones de asistencia pública, del trabajo doméstico de las criadas o de su representación social. La excusa del caso de Marco, a través de la recreación de De Amicis, es un recurso literario que nos refleja la realidad de la emigración italiana hacia la Argentina y los espacios callejeros en los que encontraban cobijo tantos niños. Pero encontrar la presencia de los niños y niñas en los diferentes trabajos, no nos puede hacer olvidar que muchas de las instituciones de acogida tenían como finalidad la formación profesional de esos mismos niños. De manera que el abandono infantil está íntimamente ligado al mundo del trabajo.

El otro gran tema objeto de estudio es el de los niños abandonados y las instituciones de protección, incluidos los correccionales para los niños en conflicto con la justicia. Los ensayos de Pachón, Salinas, Fonseca o Gargallo nos muestran el fenómeno del abandono infantil con diferentes perspectivas y contextos sociales. La presencia de instituciones de acogida, bien sea para niños huérfanos o delincuentes, es ejemplo de una práctica social bastante extendida, aunque también se nos ofrece una nueva aproximación al estudio de los niños de la calle en América Latina.

Junto con estas dos grandes temáticas, también en estos dos últimos siglos se estudia la situación de los niños en los conflictos bélicos, desde el caso de Colombia en el siglo XIX hasta la Revolución Mexicana, donde se aprecia su presencia, a partir de una fuente escasamente utilizada como la fotografía. Lo mismo ocurre con otra fuente innovadora en historia como son las pantallas fílmicas, donde los niños aparecen mostrando su cotidianidad en películas que bien podrían ser documentales sobre la realidad de tantos niños en el siglo XX. La introducción de otros temas novedosos la podemos ver en el caso de las "meninas perdidas" de Brasil o el de la "infancia amazónica", con sendos ensayos de Abreu y Belánde. En el primero de ellos, se aborda el papel de la sexualidad, la moralidad y la pluralidad cultural con respecto a la situación de las niñas brasileñas. El segundo, centrado en una comunidad indígena de la Amazonía, muestra la complejidad de los cambios que se producen en el siglo XX, el papel de las mujeres y los niños ante el control de la natalidad o el ritmo de reproducción en un contexto de colonización.

Los conflictos vividos en las últimas décadas en el caso de la Argentina, Colombia y Perú no dejaron invisibles a los niños, al contrario, aparecen –mejor, desaparecen– o se encuentran involucrados en esos conflictos bélicos y políticos. Se trata de diferentes maneras de secuestro, sin mayor justificación que la de sentirse dueños de las vidas ajenas. De ahí que, acertadamente, se hable del trauma de tantas experiencias infantiles. Niños y niñas que crecieron con padres que colaboraron con la tortura en la dictadura en la Argentina y se encuentran con una identidad desconocida, aunque recuperada en muchos casos gracias a las Abuelas de Plaza de Mayo. El reclutamiento de niños por parte de Sendero Luminoso en Perú o la participación de niños en los diferentes grupos armados en el caso de Colombia son los casos más dramáticos. Todos ellos están todavía inscritos en la memoria reciente y nos muestran la crueldad a la que se vieron sometidos tantos niños y niñas. Desde luego, es historia, pero una historia que merece ser recordada porque es otra forma de holocausto, donde es ignorado el principio del "interés superior del niño". Los ensayos de Maffla, Acha y Vergara nos ayudan a recomponer esta historia reciente.

En esta última parte se incluyen dos ensayos que bien podrían ser complementarios. El de Milanich que, aunque se refiere al caso de Chile, tiene validez para toda América Latina, al estudiar a los niños ubicados en la marginalidad legal, en unos espacios informales y extrainstitucionales de la práctica social donde se puede encontrar un nuevo estatus de niños como sujeto social y legal. El otro ensayo es el de Romero que, si bien solo nos ofrece un cuadro cronológico, es lo suficientemente orientativo para apreciar un siglo de legislación sobre la infancia en toda América Latina. En este sentido, lejos de pensar que esta región se había despreocupado de la atención a la infancia, a la vista de la realidad histórica, nos encontramos con una serie de aportaciones legislativas e institucionales, en algunos casos pioneras, que nos muestran la dinamicidad y la preocupación en estos temas. Muestra de ello son los Congresos Panamericanos que se iniciaron en 1916 y que continúan en la actualidad; las leyes y programas sobre tribunales tutelares o sobre la infancia; los códigos de la niñez, que tienen una prolongada historia a lo largo del siglo XX o las instituciones gubernamentales, como institutos y consejos de la niñez, que se han extendido por toda la región. Todo ello demanda un estudio pormenorizado de los contextos históricos que posibilitaron el surgimiento de todas estas iniciativas.

A la vista de los ensayos que hemos comentado, y de otros trabajos ya existentes, estamos en disposición de hacer un somero balance y poder orientar otros trabajos de cara al futuro. Creemos que es pertinente resaltar que las fuentes y las metodologías utilizadas, en la mayoría de los casos, son adecuadas y demuestran que la renovación historiográfica está presente. En cuanto a los espacios y épocas, resulta evidente que existen sesgos, pues predominan los ensayos relativos a los últimos dos siglos y existe una carencia notable de ensayos sobre el Caribe y América Central. Los temas abordados son, sin duda, de gran interés y nos permiten añadir piezas a ese gran rompecabezas que es la Historia de la Infancia. Conocemos mucho mejor los espacios cotidianos donde se mueven los niños y las niñas, las instituciones en las que se encontraban, las prácticas sociales, religiosas y culturales alrededor de los niños, los discursos médicos, jurídicos, educativos, etc., sobre todo con respecto a las "otras infancias". Es cierto que estos temas se refieren a casos de un país concreto, pero sirven de modelo para comprender otros contextos sociales. A través de estas aportaciones historiográficas se nos abre la posibilidad de contextualizar cuanto hemos señalado con respecto a la evolución de los derechos de la infancia.

CAPÍTULO 2

LA CONVENCIÓN SOBRE LOS DERECHOS DEL NIÑO: CONTENIDOS, AVANCES Y RETOS

PAULÍ DÁVILA
LUIS M. NAYA
Universidad del País Vasco/Euskal Herriko Unibertsitatea

La Convención sobre los Derechos del Niño cierra la trayectoria que hemos recogido en el capítulo anterior, y significa la síntesis y el cambio de paradigma que se producen a finales del siglo XX. En este capítulo nos vamos a centrar en los principios básicos en los que se articula, el análisis de su contenido y, sobre todo, en los avances y en los retos que, después de veintiún años de que fuera aprobada, todavía tiene planteados. Con todo ello pretendemos señalar que, por primera vez, hay un reconocimiento del mayor alcance jurídico de los derechos del niño, en oposición a las dos declaraciones anteriores. Finalmente, incluimos un apartado relativo a la situación de este tratado en el contexto de América Latina.

El 20 de noviembre de 1989, la Asamblea General de las Naciones Unidas aprobó la Convención sobre los Derechos del Niño, que entró en vigor en septiembre de 1990, siendo el tratado internacional que más apoyo ha recibido a lo largo de la historia del derecho internacional, pues hasta la fecha solo los Estados Unidos de América y Somalia no la han ratificado. Este tratado fue minuciosamente elaborado durante diez años (1979-1989) con la colaboración de los representantes de *todas* las sociedades, *todas* las religiones y *todas* las culturas[1]. Pero esta Convención venía precedida por otras declaraciones, convenciones y pactos sobre reconocimiento de derechos civiles, económicos, sociales y culturales ampliamente conocidos dentro del derecho internacional sobre derechos humanos.

En el proceso de elaboración fue muy importante la presencia de las organizaciones no gubernamentales (ONG) en un primer momento, sobre todo a partir de la declaración de la ONU del Año Internacional del Niño celebrado en 1979, y la implicación de las ONG internacionales dedicadas a la infancia. Estas organizaciones establecieron un grupo intergubernamental, bajo los auspicios de la Comisión de Derechos Humanos de la Naciones Unidas, que había comenzado a redactar una Convención para sustituir a la Declaración de 1959. La UNICEF planteará su apoyo y su capacidad de movilización, sobre todo a partir de 1987, al reconocer la convergencia entre "la revolución en pro de la supervivencia y el desarrollo del niño y el proceso a favor de los derechos del niño"[2]. Este organismo del Sistema de Naciones Unidas adoptará la Convención como "misión" para sus programas a partir de 1996.

La Convención sobre los Derechos del Niño recoge, en los primeros 41 artículos, los derechos humanos de todos los menores de 18 años que se deben respetar y proteger, y exige que estos

---

[1] La propuesta inicial de un Convenio sobre los Derechos del Niño partió en 1978 del gobierno de Polonia, que sometió a la Comisión de Derechos Humanos de las Naciones Unidas una propuesta en este sentido. Un grupo de trabajo compuesto por la Comisión de Derechos Humanos de las Naciones Unidas, expertos independientes y delegaciones de observadores de los gobiernos no miembros, organizaciones no gubernamentales y organismos de las Naciones Unidas, se encargaron de la preparación del borrador. Las ONG que participaron en la preparación del borrador representaban un abanico de intereses que abarcaban desde las esferas jurídicas hasta el ámbito de la protección de la familia. Para un estudio sobre la gestación de la Convención, puede consultarse Detrick, S.: *The United Nations Convention on the Right of the Child. A Guide to the "Travaux Préparatoires"*. Martines Nijhoff Publishers, Dordrecht/Boston/London, 1992.

[2] UNICEF: "Cincuenta años en pro de la infancia". En *Estado mundial de la infancia 1996*. UNICEF, Ginebra, 1996, p. 64.

derechos se apliquen a la luz de sus principios rectores. Los artículos 42 al 45 abarcan la obligación de los Estados partes de difundir los principios y las disposiciones de la Convención entre los adultos y los niños; su aplicación y la verificación de los progresos alcanzados hacia el cumplimiento de los derechos de los niños mediante las obligaciones de los Estados partes y la responsabilidad de presentar informes. Finalmente, las últimas cláusulas (artículos 46 a 54) abarcan el proceso de adhesión y de ratificación; su entrada en vigor, y la función como depositario del secretario general de las Naciones Unidas[3]. Por otra parte, el hecho de que el reconocimiento de la Convención sea prácticamente universal, reforzando los derechos de la infancia, sustenta, como instrumento jurídico, una combinación única de virtudes, al subrayar y defender la función de la familia en la vida de los niños y la obligación de los Estados en la defensa de los derechos de los niños[4]. Este tratado está basado en una serie de principios generales y en establecer claras obligaciones por los Estados partes.

2.1. Los principios generales de la Convención sobre los Derechos del Niño

Estudiar los derechos de los niños en el marco de los derechos humanos supone, como punto de partida, examinar los ejes principales sobre los cuales se asientan esos derechos. A la luz de la Convención, y siguiendo las observaciones del Comité de los Derechos del Niño, existen cuatro artículos que atraviesan toda la Convención y que son un buen referente, pues se trata de un

---

3 Dávila, P.: "Los derechos de la infancia, UNICEF y la educación". En Naya, L. M. (comp.): *La educación a lo largo de la vida, una visión internacional.* Erein, San Sebastián, 2001, pp. 61-118, p. 80.

4 UNICEF: *La Convención sobre los Derechos del Niño. 10º Aniversario.* UNICEF, Ginebra, 1999.

dispositivo que nos permitirá observar el cumplimiento de todos los demás artículos y, por lo tanto, del conjunto de los derechos reconocidos en este tratado. En nuestra opinión, el Gráfico 1 resalta la importancia de dichos derechos, centrados en la definición del niño, contenida en el artículo 1, y los artículos 2, 3, 6 y 12, considerados por el Comité como *principios generales*. Además hemos incluido los artículos 4 y 5, que fijan las obligaciones y responsabilidades de los Estados partes y la necesaria dirección y orientación de los padres. En la Observación General número 5/2003, párrafo 12, el Comité de los Derechos del Niño, refiriéndose a los citados artículos, señala que la "adopción de una perspectiva basada en los derechos del niño, mediante la acción del gobierno, del parlamento y de la judicatura, es necesaria para la aplicación efectiva de toda la Convención, particularmente habida cuenta de los siguientes artículos [2, 3, 6 y 12] de la Convención, identificados por el Comité como principios generales"[5]. Con este marco de referencia, y a lo largo de todo el articulado, se aprecia una mayor precisión jurídica, diferenciándolo de las otras declaraciones ya mencionadas. También el hecho de tratarse de una Convención le otorga mayor relevancia en el marco de los tratados de derecho internacional.

2.1.1. Definición de niño

La opción elegida por los redactores de la Convención a la hora de definir al niño es que, a los "efectos de la Convención", se "entiende por niño todo ser humano menor de dieciocho años, salvo que, en virtud de la ley que le sea aplicable, haya alcanzado la mayoría de edad". Ello ha supuesto una serie de consideraciones legales sobre su adecuación o no, y ha sido una cuestión criticada más de una vez. Joseph Moerman, presidente durante diez años del

---

[5] Comité de los Derechos del Niño (2003). *Orientaciones generales para los informes periódicos. Aprobadas por el Comité en su 343ª sesión (13° período de sesiones)*, celebrada el 11 de octubre de 1996. CRC/C/58. Ginebra.

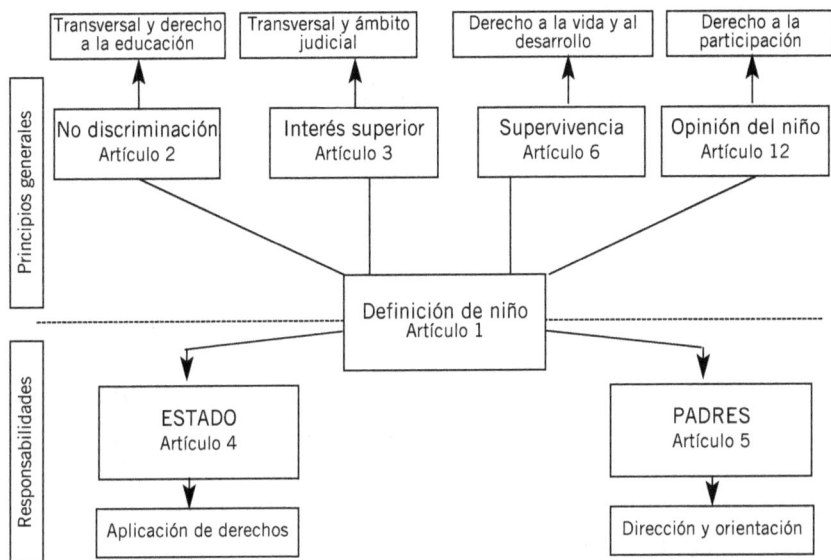

Gráfico 1. Principios generales de la Convención sobre los Derechos del Niño.

grupo de Organizaciones Internacionales No Gubernamentales para la redacción de la Convención, resalta esta cuestión sobre todas las objeciones formuladas. El proponente pretendía que fuese la de 15 años y nos informa sobre por qué se tomó esta decisión: "si se optó por 18 años es porque esta edad marca la distinción entre minoría y mayoría legal en varios países influyentes. Como la Convención estaba destinada a ser un documento jurídico, se estimaba que era preciso fijar la edad partiendo de un criterio jurídico y no pedagógico, biológico o sociológico"[6]. De ahí que muchos artículos sean imprecisos y marquen anotaciones como "en función de la edad y madurez del niño" para matizar la conveniencia o no de aplicar de forma estricta la edad máxima señalada. Pero

---

[6] Moerman, J.: "Identificación de algunos obstáculos a la aplicación de la Convención sobre los derechos del niño". En Verdugo, M. A. y Soler-Sala, V. (eds.): *La Convención de los Derechos del Niño hacia el siglo XXI. Simposio Internacional celebrado en Salamanca con motivo del cincuentenario de la creación de la UNICEF.* Ediciones de la Universidad de Salamanca, Salamanca, 1996, p. 148

ese criterio jurídico dominante en los países occidentales, que bien había servido para definir la infancia, no fue respetado en la propia Convención cuando admite que los Estados podrán reclutar a los mayores de 15 años en caso de conflictos bélicos. Esta última cuestión fue criticada por muchos países al realizar las reservas en el momento de la ratificación, como lo hicieron España o Argentina; en el caso de la mayoría de los códigos de la niñez de América Latina se ha optado por definir al niño desde la concepción hasta los 18 años, aunque con diferentes denominaciones, como adolescente, a partir de los 13-14 años.

Además de esta definición, se dejaba para el preámbulo otra definición recogida por la Declaración de Derechos del Niño de 1959 en uno de sus considerandos: "el niño, por su falta de madurez física y mental, necesita protección y cuidados especiales, incluso la debida protección legal, tanto antes como después de su nacimiento". Esta definición, al contrastarla con la ofrecida por la Convención, permite considerar, en opinión de algunos países, que esta protección debe abarcar desde el mismo momento de la concepción. La polémica que suscita este tema todavía se mantiene y hace referencia a dos derechos que pueden entrar en conflicto: el del niño por nacer y el de la madre. No obstante, en muchos códigos de la infancia de América Latina se opta por incluir en la definición de niño el período de gestación, desde la concepción[7]. Lo que se ha pretendido con esta definición, según entienden algunos, es "preservar la diversidad de soluciones jurídicas nacionales vigentes [...] dejando a la legislación nacional la especificación del momento en el que comienza la infancia o la vida"[8].

En cualquier caso, la definición de la edad es importante, a efectos de observar el cumplimiento de los principios de la Convención, sobre todo en cuanto a que los Estados deberían fijar

---

[7] Ver el Capítulo 4 de esta misma obra.
[8] Naciones Unidas: *Manual de preparación de informes sobre los derechos humanos*. Naciones Unidas, Ginebra, 1998, p. 447.

la edad mínima establecida para diferentes finalidades, con miras a evitar la discriminación entre niños y niñas, por ejemplo. En este sentido, las Orientaciones generales[9] del Comité de los Derechos del Niño van encaminadas a obtener información sobre la edad mínima legal tanto con respecto a los derechos de autonomía de los niños (para realizar trámites y tomar decisiones por sí mismos en cuestiones relativas al asesoramiento jurídico o médico sin el consentimiento de los padres, para crear y constituir asociaciones, elegir una religión, prestar el consentimiento para una adopción y cambiar de identidad), como para fijar el fin de la escolaridad obligatoria, admisión en un trabajo, consentimiento sexual, edad de matrimonio, responsabilidad penal, declaración ante los tribunales, etc. En muchos casos, la edad legal según las finalidades es diferente para niños y niñas. La tendencia general, en las observaciones del Comité, es que se fije la edad más alta posible para los casos de protección contra privación de libertad, trabajos peligrosos o participación en conflictos armados o la evolución de las facultades del niño en los derechos civiles[10].

2.1.2. No discriminación

Este principio general, recogido en el artículo 2, de hecho no es más que la traslación del mismo artículo 2 de la Declaración Universal de los Derechos Humanos de 1948. Lo único que añade es que, además, se amplía la no discriminación por "impedimentos físicos, el nacimiento o cualquier otra condición del niño, de sus padres o de sus representantes legales". Por otra parte, cuando la Convención añade "cualquier otra condición" intenta recoger

---

[9] *Orientaciones generales para los informes periódicos. Aprobadas por el Comité en su 343ª sesión (13º período de sesiones),* celebrada el 11 de octubre de 1996.

[10] Hodgkin, R. y Newell, P.: *Manual de Aplicación de la Convención sobre Derechos del Niño.* UNICEF, Ginebra, 2004, p. 6. Una recopilación de las mismas se puede consultar en Merlchiorre, A.: *At What Age?... Are the School-Children Employed, Married and Taken to Court?* The Right to Education Project, 2004, accesible en Internet en http://unesdoc.unesco.org/images/0014/001427/142738e.pdf.

todas las posibles discriminaciones no previstas, como estar discapacitado, vivir en la calle, tener VIH/SIDA, ser huérfano, no haber sido registrado en el momento de nacimiento o estar en conflicto con el sistema de justicia del menor. Este principio debe ser observado "respecto al niño, no solo con relación a las medidas de protección que deban dispensársele, sino también en su condición de titular de derechos y en el ejercicio de estos"[11].

El Comité de los Derechos del Niño, como está demostrando en sus informes, es el mejor intérprete de las disposiciones contenidas en la Convención, de manera que cuando se refiere a la no discriminación no solo analiza aquellas circunstancias que originan un trato discriminatorio, sino que además se interesa por los casos de especial vulnerabilidad; así se puede afirmar que "la discriminación en el goce de sus derechos puede afectar al niño con relación a los adultos (situaciones de explotación y abuso en base precisamente a su minoría de edad) o a otros niños (discriminaciones en razón de su sexo, religión, origen étnico o social, nacionalidad, etc.), y puede tener su origen en circunstancias personales del niño (edad, madurez, minusvalías, filiación, etc.), procedente de su entorno económico, cultural o social (pobreza, hábitat marginado, pertenencia a minorías o grupos étnicos, etc.) o propias de sus padres, familiares o tutores (condiciones personales, sociales, económicas, etc.) de estos"[12]. En este sentido, en las orientaciones generales para los informes periódicos del Comité se recoge una amplia serie de circunstancias por las cuales se puede sufrir un trato discriminatorio e identifica, incluso, los motivos de discriminación y los grupos afectados por ella[13].

---

[11] Carmona, M. R.: "La no discriminación como principio rector de la Convención sobre los Derechos del Niño". En Soroeta, J.: *Cursos de Derechos Humanos de Donostia-San Sebastián*, vol. 4, Servicio Editorial de la Universidad del País Vasco, Bilbao, 2003, p. 177.

[12] Íd., p. 183.

[13] La relación completa de los motivos de discriminación contra los niños encontrados como resultado de los 68 primeros informes iniciales se encuentra en Hodgkin, R. y Newell, P.: *op. cit.*, 2004, p. 28.

Lo curioso de este principio fundamental es que ni la Convención, ni el Pacto Internacional de Derechos Civiles y Políticos, que también incluye este principio, lo hayan definido. Tampoco el Comité lo ha hecho, hasta la fecha. Para acercarnos a una definición tenemos que recurrir a la ofrecida por el Comité de los Derechos Humanos que, en 1989, sobre el Pacto de los Derechos Civiles y Políticos, apuntaba que "el término discriminación, tal como se emplea en el Pacto, debe entenderse referido a toda distinción, exclusión, restricción o preferencia que se basen en determinados motivos, como la raza, el color, el sexo, el idioma, la religión, la opinión política o de otra índole, el origen nacional o social, la posición económica, el nacimiento o cualquier otra consideración social, y que tengan por objeto o por resultado anular o menoscabar el reconocimiento, goce o ejercicio, en condiciones de igualdad, de los derechos humanos y libertades fundamentales de todas las personas […] sin embargo, el goce en condiciones de igualdad de derechos y libertades no significa identidad de trato en toda circunstancia […] y el principio de igualdad requiere adoptar disposiciones positivas para reducir o eliminar las condiciones que originan o facilitan que se perpetúe la discriminación prohibida por el Pacto"[14]. Muchas de las definiciones sobre no discriminación beben de esta fuente jurídica.

En algunos Estados existe la cláusula de no discriminación en sus propias constituciones, pero el Comité "ha destacado que el principio de no discriminación se aplica igualmente a las instituciones privadas y a los individuos, así como al propio Estado, y esto debe estar reflejado en la legislación"[15]. El Comité, asimismo, ha subrayado la importancia de que se tomen medidas de discriminación positiva, sobre todo en los casos en los que actitudes y costumbres tradicionales perpetúan la discriminación en muchas sociedades, aconsejando a los Estados que hagan estudios sobre

---

[14] Íd., p. 21.
[15] Íd., p. 23.

discriminación, elaboren estrategias globales, realicen campañas de información y sensibilización, etc. El objetivo es asegurar que los Estados tengan suficiente información para juzgar si existe algún tipo de discriminación en la aplicación de la Convención.

2.1.3. El interés superior del niño

Este principio es uno de los más importantes y es el que está sometido a mayores críticas tanto positivas como negativas, siendo el concepto que mayor número de estudios académicos ha suscitado de toda la Convención sobre los Derechos del Niño[16]. El interés superior del niño no aparece en los dos pactos internacionales de 1966, aunque el Comité de los Derechos del Niño ha hecho una interpretación sobre este interés "primordial" en el caso de separación o divorcio. El artículo 3 de la Convención es el que consagra este principio, aunque ya lo encontramos en la Declaración de 1959. Su redacción no deja lugar a dudas con respecto a los agentes que deben aplicar ese principio, pero sí en cuanto al principio mismo: "en todas las medidas concernientes a los niños, que tomen las instituciones públicas o privadas de bienestar social, los tribunales, las autoridades administrativas o los órganos legislativos, una consideración primordial a que se atenderá será el interés superior del niño". El grupo de trabajo que redactó el texto de la Convención "no ahondó en la definición del interés superior y el Comité de los Derechos del Niño todavía no ha propuesto criterios que permitan juzgar en qué consiste"[17]. También se menciona este concepto en los siguientes artículos, aunque en realidad atraviesa todo el articulado de la Convención[18]: artículo 9, sobre separación de padres y madres; artículo 18, sobre la responsabilidad de los padres y madres en la crianza de los niños; artículo 20, sobre protección de los niños

---

[16] Íd., p. 39.
[17] Íd., p. 40.
[18] Dávila, P.: *op. cit.*, 2001, pp. 85-87.

privados de su medio familiar; artículo 21, sobre el sistema de adopción; artículo 37, sobre privación de libertad, separados de los adultos, y artículo 40, asesoramiento jurídico en caso de la justicia del menor.

Es decir que, excepto en los dos primeros casos, artículos 9 y 18, que por otra parte consolidan una práctica ya habitual sobre la custodia de los niños, los cuatro artículos restantes en los que se menciona este concepto se refieren a los casos de acogida y adopción, y a los niños en conflicto con el sistema judicial. Se trata, por lo tanto, de considerar este principio en las áreas de intervención sobre niños en situación de abandono y en conflicto con la justicia. En ambos casos, es fundamental el comportamiento del sistema judicial, de lo cual se deduce que este sistema es el más comprometido en la aplicación del concepto, de ahí la acusación de discrecionalidad con la que puede ser utilizado.

Este concepto, como hemos apuntado, es uno de los más criticados, sobre todo por lo ambiguo de su formulación, porque no se sostiene por sí mismo al tratarse de una *noción mágica*, y porque es confuso tanto en el debate jurídico como en el de las sentencias. Algunos entienden que debería ser más secundario, pero la propia redacción del artículo habla de que es *una* consideración primordial, y no *la* consideración primordial, como se había propuesto por el Comité de Trabajo. Las reservas que se hacen a este concepto son las siguientes: que si es apropiado hablar de *interés* cuando el niño ya tiene unos derechos; que plantea más preguntas que respuestas; que es un concepto indeterminado; que puede ser un "Caballo de Troya", "al introducir consideraciones culturales en el terreno de los derechos del niño que pueden minar el consenso reflejado en la Convención"[19], etc. En este último

---

19 Alston, Ph. y Gilmour-Walsh, B.: "The Best Interests of the Child. Towars a Synthesis of Children's Rights and Cultural Values". En Verdugo, M. A. y Soler-Sala, V. (eds.): *op. cit.*, 1996, p. 253. Para el caso de América Latina también puede consultarse Cillero, M.: "El interés superior del niño en el marco de la Convención Internacional sobre los Derechos del Niño". En *Justicia y Derechos del Niño*, n° 1, UNICEF, Santiago de Chile, 1999, pp. 125-142.

sentido, el Comité de los Derechos del Niño ha detectado que en "casi un 90% de los casos en los que se invoca la cultura como interés superior que justifica la limitación o negación de uno de los derechos reconocidos en la Convención el argumento real está muy poco fundamentado en ella y, sin embargo, mucho en el propio interés político de quienes lo defienden (grupos sociales, gobiernos, etc.)"[20].

En el Simposio Internacional de 1996, la intervención de Lopatka, miembro del Comité polaco de la UNICEF y participante en la redacción del documento inicial, aclara un poco el porqué de la inclusión de este concepto: "la inclusión del principio del interés superior del niño en la Convención se hizo para, entre otras razones, darlo a conocer a todo el mundo [...]. Y en lo que se refiere a que la Convención no determina quién tiene la responsabilidad de decidir cuál es ese interés superior, también indicar que sí viene expresado en ella: son los padres, o cualquier persona, organismo, o institución que tenga la responsabilidad de ese niño, y en caso de no llegar a un acuerdo, la última palabra la tienen los tribunales, siempre recordando que hay que tener en cuenta la opinión del propio niño, si tiene capacidad para expresarla"[21]. Todavía está por hacer un estudio sobre el uso y aplicación que se hace de este principio en el ámbito judicial, educativo, familiar, etcétera.

Pero los problemas vienen, sobre todo, de la aplicación del concepto en el ámbito judicial. Como planteó Moro, ex director del Centro de Innocenti de Florencia, se trata del único instrumento para resolver todos los problemas de la tutela, pero también concede omnipotencia a los magistrados de menores[22]. Es cierto que el criterio del interés del menor no puede abarcar la

---

[20] Relatoría de la VI Sesión Plenaria "El interés prevalente del niño". En Verdugo, M. A. y Soler-Sala, V. (eds.): *op. cit.*, 1996, p. 338.

[21] Lopatka, A.: "Intervención en el debate sobre el interés prevalerte del niño". En Verdugo, M. A. y Soler-Sala, V. (eds.): *op. cit.*, 1996, p. 343.

[22] Moro, A. C.: "Diritti del minore e nozione di interesse", en *Cittadini in crescita*, vol. 2-3, Istituto degli Innocenti, Firenze, 2000, pp. 9-24.

construcción de estereotipos válidos para todas las situaciones, por ello tiene que estar relacionado con la edad del sujeto. Ante esta situación, Moro defiende que la evaluación de este concepto no sea solo jurídica, sino necesariamente basada en la aportación de otras ciencias humanas; por lo tanto, junto al saber jurídico también deben intervenir otros saberes como el psicológico, pedagógico y sociológico y, por lo tanto, es más productivo de la manera en que está redactado que si se suprimiese dicho concepto. Lo que se observa, desde el punto de vista de la aplicación, es lo positivo que resulta cuando se utiliza el concepto de la manera que se entiende en la Convención, o si se utiliza de forma tradicional, es decir, desde un punto de vista cultural[23]. Como ha señalado el Comité de los Derechos del Niño, este concepto no debe plantearse desde un punto de vista únicamente legal, sino que debe ser una consideración primordial en todas las medidas concernientes a los niños. En sus observaciones el Comité espera que este principio esté adecuadamente incorporado en el derecho interno, de manera "que pueda ser invocado antes los tribunales"[24].

El reto mayor que tiene este concepto es establecer cómo se constituye el interés superior en un contexto sociocultural concreto. La UNICEF se ha preocupado por estudiar los modos de aplicación de este principio, y entiende que se puede aplicar de tres maneras: como enfoque orientado hacia las actividades y decisiones referidas a los niños; como principio mediador que puede ayudar a resolver la confusión que se establezca en torno a distintos derechos; y como base para evaluar las leyes y prácticas de los Estados[25].

---

[23] Relatoría de la VI Sesión Plenaria "El interés prevalente del niño". En Verdugo, M. A. y Soler-Sala, V. (eds.): *op. cit.*, 1996, p. 339.

[24] En el caso español, es de reseñar la sentencia número 565/2009 del 31 de julio de la Sala en lo Civil del Tribunal Supremo en el denominado "Caso Piedad", que sienta jurisprudencia atendiendo al "interés del menor" en caso de conflicto de intereses.

[25] UNICEF: *Los derechos humanos de los niños y las mujeres.* UNICEF, Ginebra, 1999, p. 9.

2.1.4. Supervivencia y desarrollo infantil

El artículo 6, que desarrolla este principio, es contundente en la defensa del derecho a la vida, y plantea que los Estados partes deben garantizar "en la máxima medida posible" la supervivencia y el desarrollo del niño. La puesta en práctica de este derecho significa el reconocimiento de las desigualdades sociales y la escasa capacidad que tienen muchos países en desarrollo para garantizarlo. En este sentido, la asistencia internacional se plantea como una vía de ayuda para poder asegurar la supervivencia de los niños y niñas; es decir, recursos nacionales y cooperación internacional son las estrategias que permiten asentar este principio. En el informe de la UNICEF sobre el Estado Mundial de la Infancia de 2005, dedicado a La infancia amenazada, ya se apreciaba la importancia de este derecho, pues "los niños y niñas que viven en la pobreza se enfrentan a la privación de muchos de sus derechos: a la supervivencia, la salud y la nutrición, la educación, la participación y la protección contra los daños, la explotación y la discriminación"[26].

Este principio ya estaba recogido en la Declaración Universal de los Derechos Humanos, y es la base que sustenta cualquier derecho y ejemplo tradicional del derecho civil y político, garantizado mediante obligaciones negativas y protección jurisdiccional. La Convención, además, recoge que los Estados partes garantizarán, en la medida de lo posible, la supervivencia y el desarrollo del niño. El Comité se refiere a todas aquellas circunstancias que atentan contra este principio: efectos negativos de los embarazos de adolescentes, abortos clandestinos, pena de muerte, conflictos armados, homicidios y otros tipos de violencia contra los niños, infanticidio, la preferencia por hijos varones, el suicidio (preocupante en muchos países occidentales) y el registro de fallecimientos. Asimismo, el Comité es partidario de no escatimar recursos para lograr la supervivencia y el desarrollo del niño, incluidas la salud y la educación[27].

---

[26] UNICEF: *Estado Mundial de la Infancia 2005*. UNICEF, Ginebra, 2004, p. 15.
[27] Íd., pp. 109-120.

2.1.5. Participación de los niños

Otro principio innovador de la Convención es el derecho a la participación de los niños, recogido en el artículo 12. Este artículo está orientado a fomentar la participación y favorecer actitudes democráticas. No obstante, los artículos referentes a la participación son controvertidos "dado que la visión de estos como sujetos independientes, capaces de participar, varía muchísimo entre las diferentes culturas, las clases sociales y en función del género"[28]. También cabe señalar que uno de los aspectos más problemáticos es la importancia de la participación y no de la responsabilidad. Por ello una de las labores fundamentales es, como señala la propia Convención en el artículo 29, el concepto de una "educación para una ciudadanía responsable". El Comité ha subrayado siempre que el niño debe ser considerado como un sujeto activo de derechos, como lo demuestra, además de este artículo, lo señalado en los artículos 13, sobre libertad de expresión; el 14, sobre libertad de pensamiento, conciencia y religión, y el 15, sobre libertad de asociación, que "muestra claramente que el niño es una persona con derechos humanos fundamentales y opiniones y sentimientos propios"[29]. Es decir, se trata de derechos de autonomía para que los niños, niñas y adolescentes puedan ser considerados sujeto de derecho.

Con la perspectiva del contenido de la Convención, el derecho de los niños a la participación no aparece explícitamente citado más que en el artículo 23, donde se lo fija como meta para los niños con discapacidad. La participación, por otra parte, está reconocida bajo el epígrafe de "respeto a la opinión del niño". No obstante, hay que señalar varios artículos en los que la participación subyace. Por ejemplo, en el 5, sobre las responsabilidades de los padres para que el niño ejerza sus derechos, también dentro del ámbito familiar; en los artículos 9 y 12, donde

---

[28] Moerman, J.: *op. cit.*
[29] Hodgkin, R. y Newell, P.: *op. cit.*, 2004, p. 173.

se muestra que hay que dar la "oportunidad de participar" o de ser "escuchado" en las separaciones de los padres o en todo procedimiento judicial o administrativo, o también en casos de adopción (artículo 21). Asimismo, los artículos 13, 14, 15 y 16 sobre libertad de expresión, libertad de pensamiento, libertad de asociación y protección de la vida privada (es decir, los que recogen de una manera explícita los derechos civiles y políticos) reclaman también una lectura desde el punto de vista de la participación, pues son genuinamente los que consagran la autonomía del individuo en el ejercicio de sus derechos y libertades fundamentales. Por supuesto, otro derecho que reclama la participación de los niños y niñas es el referido a la información (artículo 17), a fin de que su opinión pueda ser expresada en asuntos que le atañen. Ello implica poder participar con sus propios medios. Finalmente, el artículo 29 necesita de la participación activa de los niños y niñas para que los objetivos educativos puedan desarrollarse de acuerdo con los principios de la Convención.

También se trata de un derecho criticado en cuanto a que es objeto de polémicas e interpretaciones. Para algunos el derecho a la participación reduce la autoridad (sea del Estado, la familia o los educadores) y para otros deja en entredicho la supuesta propiedad de los padres sobre los hijos, lo que es muy importante en determinadas culturas[30]. La trascendencia de este artículo, por lo tanto, reside en la referencia que se hace a "todos los asuntos" que se ponen de manifiesto en los derechos de participación. En este sentido, se debe tener presente este principio general siempre que el niño sea capaz de formarse un juicio en su participación en los procedimientos judiciales, en las denuncias, en el entorno familiar, en caso de adopción, en la escuela, en lo relativo a un empleo, en la protección del medio ambiente, en el sistema

---

[30] Relatoría de la V sesión de trabajo sobre "El estado y la sociedad civil en el fomento de los derechos de los niños". En Verdugo, M. A. y Soler-Sala, V. (eds.): *op. cit.*, 1996, p. 246.

de justicia de menores, en las decisiones individuales sobre su salud y en los medios de comunicación. En aplicación de este principio muchos países han modificado sus leyes y sus procedimientos judiciales para permitir que se escuche la palabra de los niños y niñas.

La preocupación por este derecho es patente en casi todos los niveles donde se necesita la participación de los niños. En este sentido, en el informe *Estado Mundial de la Infancia 2003* se insiste en este derecho, que tiene que ser un aprendizaje activo. Como señala Hart, la participación es un "proceso en el que se comparten decisiones que afectan a la propia vida y a la vida de la comunidad en la que uno habita. Es el medio por el cual se construye la democracia, y es un patrón que debe servir para las democracias"[31]. Por lo tanto, cuando se invoca la participación, lo que se pretende es animar y capacitar a los niños y niñas a que expresen su opinión en asuntos que los afectan.

La participación, a medida que los niños crecen y se desarrollan, se va ampliando en sus posibilidades, y podemos decir que es un eje transversal que atraviesa diversas instituciones sociales. Se empieza por la familia (competencias familiares) y se continúa en la comunidad (a través de grupos informales y culturales, las asociaciones de vecinos y los programas institucionales); en la escuela (asociaciones de estudiantes, consejos escolares y planes de enseñanza), y en las decisiones de política pública (foros y consejos de derechos) y la sociedad (a través de las elecciones y los medios de comunicación)[32]. La participación es el soporte que permite la formación de una ciudadanía responsable.

---

[31] Hart, R.: *Children's Participation: From Tokenism to Citizenship*, Innocenti Essays, n° 4, Firenze, 1992, citado en UNICEF: *Estado Mundial de la Infancia* 2003, UNICEF, Ginebra, 2002, p. 4, y Hart, R.: "Interpreting the Participation Article of the United Nations Convention on the Rights of the child". En Verdugo, M. A. y Soler-Sala, V. (eds.): *op. cit.*, 1996, pp. 153-158.

[32] UNICEF: *Estado Mundial de la Infancia 2003*. UNICEF, Ginebra, 2002, p. 3.

2.1.6. La efectividad de los derechos y la orientación de los padres

Los derechos del niño recogen, por lo tanto, toda la tradición de los derechos humanos en sus dos vertientes: de derechos civiles y políticos, y de derechos económicos, sociales y culturales. Asimismo, una de las cuestiones que están presentes en casi todos los artículos de la Convención es la responsabilidad de los Estados partes, que reconocerán –o adoptarán, respetarán, asegurarán, velarán, se comprometerán, garantizarán, cooperarán, promoverán, convendrán, tendrán en cuenta, tomarán todas las medidas, etc.– los derechos objeto de la Convención. Es decir que, en una primera lectura, los compromisos más importantes han de tomarlos los Estados partes, que son los que deben estar más comprometidos en favorecer la aplicación de los derechos reconocidos en la Convención. En este sentido, se cita que estos adoptarán "hasta el máximo de los recursos de que dispongan y cuando sea necesario dentro del marco de cooperación internacional"[33].

No obstante, se ha interpretado que esta cuestión solo afecta a los derechos económicos, sociales y culturales, pero "ni la Convención ni el Comité determinan qué artículos representan derechos civiles y políticos, y cuáles derechos económicos, sociales y culturales. Es evidente que casi todos los artículos incluyen elementos que equivalen a derechos civiles y políticos"[34]. En las Orientaciones Generales de 2003 el Comité ha interpretado el artículo 4 en el sentido de que "no hay ninguna división sencilla o digna de fe de los derechos humanos en general, o de los derechos reconocidos por la Convención en particular, en esas dos categorías de derechos". En las orientaciones del Comité para la presentación de informes se agrupan los artículos 7, 8, 13 a 17 y el apartado a) del artículo 37 bajo el epígrafe "Derechos y libertades civiles", pero el contexto indica que esos no son los únicos derechos civiles y políticos reconocidos en la Convención. De

---

[33] Íd., p. 53.
[34] Íd., p. 53.

hecho, está claro que otros muchos artículos (2, 3, 6 y 12 de la Convención, entre otros) contienen elementos que constituyen derechos civiles o políticos, lo que refleja la interdependencia y la indivisibilidad de todos los derechos humanos. El disfrute de los derechos económicos, sociales y culturales está indisolublemente unido al disfrute de los derechos civiles y políticos. Como se señala en el párrafo 25 *infra*, el Comité cree que se debe reconocer la posibilidad de "invocar ante los tribunales los derechos económicos, sociales y culturales, así como los derechos civiles y políticos"[35].

Por lo tanto, la Convención, desde el punto de vista legal, no hace esa diferenciación que muchos Estados interpretan para no dedicar los recursos necesarios a la aplicación de los derechos. En este sentido, hay que tener presente no solamente la interpretación de la propia Convención, sino las que han ido realizando los Comités seguidores de los pactos internacionales. De esta manera, el Comité de los Derechos del Niño ha aconsejado que se haga una apuesta por garantizar que todas las legislaciones nacionales sean compatibles con la Convención, no solo en los principios generales, sino también en la adopción de leyes marco sobre derechos del niño; complemento de todo ello tiene que ser que los presupuestos de los Estados se obliguen a hacer efectivos los derechos económicos, sociales y culturales.

Finalmente, el artículo 5 refleja los derechos y deberes de los padres en la dirección y orientación apropiadas para que el niño ejerza los derechos reconocidos en la Convención. Este artículo no debe considerarse de forma aislada, ya que su definición es útil para interpretar otros artículos, en especial los derechos civiles y políticos del niño. En este artículo se combinan los conceptos relativos a la evolución de las facultades del niño y al papel que los padres deben tener a lo largo del proceso evolutivo, pues el Comité considera que la familia es un agente esencial para la realización de los derechos civiles del niño y su protección.

---

[35] *Orientaciones Generales de 2003*, CRC, párrafo 6.

Asimismo, el Comité ha observado, en muchos casos, la escasa preparación de los padres para el desempeño de sus responsabilidades, y aconsejan el necesario desarrollo de sus aptitudes para dicha función.

2.2. Una clasificación de la Convención sobre los Derechos del Niño

Ante la complejidad de todo el articulado de la Convención podemos encontrar algunos análisis que se hacen de ella en función del contenido,y existen varios intentos de clasificación que siguen criterios diferentes: bien sea centrados en los derechos de igualdad, libertad y seguridad; distinguiendo los derechos de protección y los derechos de autonomía, o bien centrados en los principios generales, derechos y libertades: familia, entorno y cuidados alternativos, salud y bienestar básicos; educación, recreo y actividades culturales y las medidas especiales de protección[36]. También con otra perspectiva, y siguiendo el planteamiento de que los derechos obedecen a las necesidades, se ofrece una clasificación en función de los criterios de salud física y autonomía[37].

---

[36] Garibo, A. P.: *Los derechos de los niños: Una fundamentación*, Ministerio de Trabajo y Asuntos Sociales, Madrid, 2004, pp. 201-203. Ver también David, P.: "Reflexiones sobre el trabajo del Comité de las Naciones Unidas sobre los Derechos del Niño. La Convención sobre los Derechos del Niño: se reta a los gobiernos de Europa Occidental", en FUNCOE: *El futuro de la infancia en Europa. Actas del Seminario Europeo - La protección de los niños y niñas y de las familias: el papel de las ONG en la UE*, FUNCOE, Madrid, 1997, pp. 79-103.

[37] Espinosa, M. A. y Ochaita, E.: "Necesidades y derechos de la infancia y adolescencia". En Corte, L. de la; Blanco, A. y Sabucedo, J. M. (eds.): *Psicología y Derechos Humanos*. Icaria-FUHEM, Madrid, 2004, pp. 357-384. Para un análisis más pormenorizado sobre estos planteamientos puede consultarse también Ochaita, E. y Espinosa, A.: *Hacia una teoría de las necesidades infantiles y adolescentes. Necesidades y derechos en el marco de la Convención de Naciones Unidas sobre los Derechos de los Niños*. McGraw Hill, Madrid, 2004.

Con respecto a los derechos de autonomía, que en definitiva sustancian los derechos civiles y políticos, Garibo se muestra crítica con respecto a su consideración, y apoya una postura más cercana a la defensa de los derechos de protección, ya que los artículos más claramente relacionados con los derechos civiles y políticos no tienen las garantías suficientes, por las propias características de los sujetos de derecho. Se trata de una cuestión discutible en tanto que el propio contenido de los artículos 13, 14, 15 y 16 es defectuoso por cuanto reconoce al niño los derechos civiles y políticos de modo similar que a los adultos, pero "sin protegerlo de las posibles consecuencias del ejercicio del mismo (protección de las consecuencias derivadas de su inmadurez y de las molestias que pudieran ocasionarle a terceros) y sin exigirle responsabilidad alguna por ello"[38]. Cabría preguntarse qué ocurriría si estos artículos desapareciesen. Para algunos, el Pacto de los Derechos Civiles y Políticos ya salvaguarda estos derechos; para otros, es una forma de garantizarlos mejor. La crítica a que se someten estos artículos invalida prácticamente la creencia de que se real la existencia de esta concepción de autonomía dentro de los derechos de los niños y, por lo tanto, se estaría en disposición de negar al niño como sujeto de derecho.

Por nuestra parte, hemos realizado una clasificación partiendo de los propios criterios que utiliza el Comité de los Derechos del Niño en sus observaciones para la cumplimentación de los informes de los respectivos Estados partes. De esta manera, proponemos la expuesta a continuación, que está atravesada por los principios generales ya citados, y subrayamos que la Convención es indivisible y sus artículos son interdependientes[39]. Así, en función de cuatro categorías básicas, el conjunto de derechos podrían agruparse de la siguiente manera:

---

[38] Garibo, A. P.: *op. cit.*, 2004, p. 209.
[39] Para ver la interdependencia de los artículos de la Convención resulta interesante la lectura realizada en Hodgkin, R. y Newell, P.: *op. cit.*, 2004.

1. Satisfacer las necesidades básicas de la infancia:
– Atención a la salud y servicios médicos, seguridad social, nivel de vida, educación y desarrollo de la personalidad, y juego (artículos 6, 24, 25, 26, 27, 28, 29 y 31).

2. Garantizar los derechos civiles y políticos:
– Nombre y nacionalidad, libertad de expresión, de pensamiento, conciencia y religión, asociación, opinión del niño, protección de la vida privada, participación de acuerdo con su capacidad y desarrollo (artículos 7, 8, 12, 13, 14, 15, 16 y 17).

3. Colaborar con la familia respetando sus derechos y obligaciones:
– Dirección y orientación de padres y madres para el ejercicio de los derechos del niño, separación de padres y madres, la reunificación familiar (preámbulo y artículos 5, 6, 9, 10 y 18).

4. Proteger y atender a los niños y niñas en situaciones vulnerables, y contra toda forma de explotación y violencia:
– Malos tratos, explotación laboral, tráfico de drogas, explotación sexual, venta o trata de niños, tortura y pena de muerte (artículos 19, 32, 33, 34, 35, 36 y 37).
– Retención ilícita, niños privados de medio familiar, adopción, niños refugiados, niños impedidos mental o físicamente, niños pertenecientes a minorías o poblaciones indígenas, conflictos armados, justicia del menor y reintegración social (artículos 11, 20, 21, 22, 23, 30, 38, 39 y 40).

Como puede observarse, nuestra clasificación permite insistir en las dos perspectivas que subyacen en todo el tratado y recoge una tradición histórica en cuanto a la protección y a la autonomía de los niños y niñas: la perspectiva de la *protección*, que recoge la visión clásica que arranca desde la primeras prácticas de protección a la infancia, y la perspectiva de la *autonomía*, entendida en su doble aspecto psicológico y sociológico, y su correlativo de derechos civiles y políticos. En esta clasificación se agrupan los derechos que permiten sustanciar a los niños, niñas y adolescentes como sujetos de derecho y, además, se incluyen los necesarios derechos de ayuda y protección.

2.3. Balance de la Convención

Cumplidos más de veintiún años desde la aprobación de la Convención, y al igual que ha ocurrido con las diferentes conmemoraciones de los diez, quince o dieciocho años de vigencia, es momento de hacer un balance y subrayar los avances que ha supuesto la existencia de este tratado, así como de los retos que se plantean de cara al futuro[40].

2.3.1. Avances

El análisis que podemos realizar sobre los avances que ha auspiciado la Convención a lo largo de estos veintiún años requiere que nos fijemos en diversos ámbitos en los que ha tenido especial incidencia, debido a los diferentes niveles de responsabilidad y de desarrollo que ha ido alcanzando. Estos avances no significan que la violación de los derechos de la infancia sea una cuestión resuelta, pero sí apunta a diversos espacios en los que ha existido, por ejemplo, un gran desarrollo legislativo, aunque la realidad de los niños y niñas en algunos lugares del mundo no haya cambiado. En muchos aspectos, se trata más de la inexistencia de una voluntad política, y en otros, son las situaciones de exclusión social en las que viven los niños y niñas las que sustentan la imposibilidad de cumplir los derechos de la infancia. Es cierto que, tras estos veintiún años, hay motivos suficientes para la celebración de este aniversario, sobre todo, en el

---

[40] Entre otros documentos actuales, se puede ver Pinheiro, S.: *Balance a la luz de los 20 años de la Convención sobre los Derechos del Niño. Retos y desafíos.* Documento presentado al XX Congreso Panamericano del Niño, la Niña y el Adolescente, 2009, Lima (Perú). Con una perspectiva más internacional se puede consultar UNICEF: *Estado Mundial de la Infancia 2010. Edición Especial Conmemoración de los 20 años de la Convención sobre los Derechos del Niño.* UNICEF, Ginebra, 2009.

campo legislativo y otras estrategias de colaboración. No obstante, lo que se pone en evidencia, a la hora de analizar los avances, es la necesidad de abordar el tema de la infancia desde un enfoque holístico en lugar de desarrollar políticas públicas y sociales con enfoques sectoriales. Así, podemos señalar, por lo menos, unos ámbitos en los que apreciamos algunos progresos en el acatamiento de la Convención, que vamos a desarrollar seguidamente: la existencia de la propia Convención; la implementación por parte de las legislaciones nacionales; los Protocolos Facultativos de la Convención; la existencia de los *ombudsmen*; el respeto por parte de la sociedad civil, la participación de las ONG y una nueva ética; la celebración de eventos internacionales; las Observaciones Generales del Comité de los Derechos del Niño, y las aportaciones en el campo teórico y académico. Cada uno de estos ámbitos tiene su propia línea de dependencia e implica la actuación de diversos sectores gubernamentales, sociales o académicos.

1. El primer avance de la Convención es, sin lugar a dudas, *su propia existencia*. Recoger en un tratado internacional los derechos de un colectivo, cualquiera que este sea, aumenta su visibilidad y, por lo tanto, hace consciente a la población y a los gobiernos de que están hablando de derechos, no de concesiones. Asimismo, hemos visto que ha habido un cambio de concepto, desde el punto de vista del derecho, ya que los niños, a partir de la Convención, son sujetos de derecho, no solo objetos de protección, lo que significa un cambio de estatus de valor indudable y el reconocimiento de la nueva situación de la infancia. Con todo ello, lo que parece claro es que, como señalaba hace cuatro años Yanghee Lee, presidenta del Comité de los Derechos del Niño, "el mayor logro de los primeros dieciocho años de la Convención sobre los Derechos del Niño es que los niños y niñas son más visibles, y que es creciente el reconocimiento de que son titulares de derechos"[41].

---

[41] Lee, Y.: "Dieciocho años después - Un logro visible". En CRIN, Child Rights Information Network, n° 21, London, 2007, p. 8, accesible en http://www.crin. org/docs/Spanish_Final.pdf.

2. Esta Convención es el tratado internacional que mayor número de adhesiones ha recogido, lo que la convierte, casi, en universal, y ha tenido como consecuencia que *muchos países hayan modificado su legislación interna* para adaptarla a los principios básicos recogidos en ella. También es necesario señalar que en muchos países se están aprobando leyes específicas sobre infancia y adolescencia. Si analizamos el panorama latinoamericano podemos ver que en quince de los países del área se han aprobado códigos de infancia, niñez y/o adolescencia[42]. Estos cambios legislativos, como no podría ser de otra manera, se están realizando con respeto de los principios básicos de la Convención.

En este sentido, posiblemente sea este el ámbito en el cual puedan apreciarse los avances más significativos. Marta Santos, que fue directora del Centro de Investigación Innocenti[43] de la UNICEF en Florencia, recogiendo algunas aportaciones realizadas por esta institución sobre la implementación de los derechos del niño, sintetiza los progresos de la Convención: 1) en todas las regiones los países han realizado reformas sustanciales para adoptar las medidas generales de la Convención; 2) la Convención ha originado reformas institucionales importantes; 3) la mayoría de los países ha adoptado una estrategia nacional integral basada en los derechos del niño; 4) existen mecanismos gubernamentales para garantizar políticas y programas sobre la niñez; 5) el progreso de los derechos del niño está relacionado con el compromiso del Estado a identificar y reconocer los desafíos e introducir ajustes en leyes, políticas y prácticas; 6) se cuenta con una mejor información sobre la niñez;

---

[42] Ver Capítulo 4 de esta misma obra.

[43] Estas conclusiones se han extraído del estudio realizado por el Centro Innocenti: UNICEF: *Medidas generales de implementación de la Convención sobre los Derechos del Niño. El proceso en Europa y Asia Central*, Centro Innocenti, Firenze, 2006. En este estudio se analizaron los informes de 62 países, atendiendo a las siguientes cuestiones: el proceso de reformas legislativas, el establecimiento de instituciones independientes de derechos humanos especializadas en la infancia, el desarrollo de mecanismos de coordinación para la implementación de la Convención y el monitoreo de su progreso.

7) la conciencia, educación y capacitación son esenciales para implementar la Convención, y 8) finalmente, el progreso de la Convención va ligado al aumento de las acciones de grupos de la sociedad civil y al enfoque de los derechos humanos[44].

3. Por otra parte, también debemos ser conscientes de que, a lo largo de estos veintiún años, la situación de la infancia ha variado y ha sido necesaria *la redacción de protocolos facultativos*. En el caso que nos ocupa, dos han sido los aprobados. El primero de ellos fue el relativo a la venta de niños, la prostitución infantil y la utilización de niños en la pornografía, y el segundo, a la participación de los niños en conflictos armados; ambos fueron aprobados el 25 de mayo de 2000, entrando en vigor el primero de ellos el 18 de enero de 2002, y el segundo, el 12 de febrero del mismo año. Estos protocolos también son analizados por los expertos del Comité dentro de las sesiones que lleva a cabo. Así como la Convención tiene un reconocimiento casi universal, estos dos protocolos han recibido menor número de ratificaciones por los Estados partes.

4. Desde 1989, un gran número de países ha creado *figuras específicas para la defensa de los derechos del niño*, en muchos casos dentro del organigrama del *ombudsman*. En Europa y América Latina es una figura habitual, con redes de comunicación establecidas entre las instituciones de los diversos países. Entre las funciones que justifican su existencia se puede destacar que los niños son un grupo particularmente vulnerable a las violaciones de los derechos humanos, y son dependientes de los adultos; que los niños no tienen poder político, ni derecho al voto y carecen de acceso a grupos de presión que puedan influir las prioridades del gobierno, y que los niños tienen un acceso muy limitado a los mecanismos de presentación de quejas, a los sistemas legales y a los tribunales[45].

---

[44] Santos, M.: "A la altura del desafío", en CRIN, n° 21, Child Rights Information Network, London, 2007, pp. 6-7, accesible en http://www.crin.org/docs/ Spanish_Final.pdf.

[45] CRIN, http://www.crin.org/espanol/gm/defensoria.asp.

5. Otra aportación insoslayable de la Convención es *el papel que otorga a las organizaciones no gubernamentales*. De acuerdo con lo establecido en el artículo 45, las ONG tienen un papel fundamental de información al Comité y de control de lo que los Estados partes le informan. No podemos olvidar que estos organismos realizan informes alternativos sobre la situación de los derechos de la infancia que son estudiados por los miembros del Comité.

Uno de los avances más importantes fue la decisión de la UNICEF, en 1996, cuando se planteó hacer de la Convención su misión, relacionándola con sus principios éticos. Textualmente dice: "la UNICEF se guía por lo dispuesto en la Convención de los Derechos del Niño y se esfuerza por conseguir que esos derechos se conviertan en principios éticos perdurables y normas internacionales de conducta hacia los niños". Es decir que los derechos son la base sobre la que debe sustentarse la nueva ética. No se trata, pues, de una nueva ética que haya logrado plasmarse en derechos, sino todo lo contrario. No obstante, ya en 1992, la UNICEF presentó diez propuestas para una nueva orientación ética, para un nuevo orden mundial emergente[46]. Se trata de un decálogo orientado a una nueva ética que tiene en consideración los elementos más básicos para el desarrollo sostenido, además de consideraciones no discriminatorias y de ayuda internacional.

6. La aprobación de la Convención sobre los Derechos del Niño está suponiendo, si queremos mirar el futuro con cierto optimismo, una serie de acciones y actividades a favor de la infancia en el mundo. La realidad es mucho más cruel que lo que indican las estadísticas, y detrás de ellas hay que ver niñas y niños que carecen de lo mínimo para poder ejercer los derechos reconocidos en los grandes tratados internacionales. No obstante, a lo largo de estos últimos años hemos asistido a una serie de *eventos que han tenido como centro de preocupación la infancia y la educación*. Desde la Conferencia Mundial sobre Educación para Todos (1990-

---

[46] UNICEF: *Estado Mundial de la Infancia 1992*. UNICEF, Ginebra, 1992.

2000) Jomtien-Dakar (copatrocinada por el Banco Mundial, el PNUD, la UNESCO, la UNICEF y el FNUAP), que presentó un consenso sobre la educación básica para todos y de calidad, hasta la Cumbre Mundial a favor de la Infancia (1990) y la Sesión Especial en favor de la Infancia (2005), con medidas para el acceso de la población infantil a la educación básica, aunque las evaluaciones realizadas en 1996 y en 2000 no alcanzaron los objetivos previstos. Tampoco podemos olvidar los Objetivos de Desarrollo del Milenio aprobados por la Asamblea General de las Naciones Unidas, que resuelve que para el año 2015 "los niños y niñas de todo el mundo podrán terminar un ciclo completo de enseñanza primaria y que tanto niñas como niños tendrán igual acceso a todos los niveles de enseñanza"; el Decenio de las Naciones Unidas para la Educación en la Esfera de los Derechos Humanos (1995-2004) o la 48ª Conferencia Internacional de Educación, celebrada en Ginebra en 2008, centrada en el eje de la educación inclusiva. Todas las recomendaciones indican que todavía no se han conseguido los objetivos marcados por tantas reuniones de alto nivel y que hay que verlos como un horizonte posible para mejorar las condiciones de los niños y niñas, partiendo del derecho a la educación que permitiría en muchos casos paliar las situaciones de desigualdad cultural y educativa.

7. Si bien hasta ahora hemos estado apuntando los avances más significativos dentro de las acciones públicas e institucionales, también tenemos que señalar que el mismo Comité de los Derechos del Niño ha reflexionado sobre su propia actividad. Ya desde las primeras reuniones el Comité era consciente de la heterogeneidad de los informes remitidos por los Estados partes, lo cual dificultaba su análisis y complicaba su tarea en el momento de realizar sus observaciones. En este sentido, el Comité ha ido redactando una serie de *Observaciones Generales*, tanto para la implementación de dichos informes, como sobre algunos aspectos del contenido de la Convención, con el objetivo de aclarar la postura del Comité ante la ambigüedad que pudiera existir en la interpretación de dicho tratado. Hasta el

año 2010 se han elaborado doce observaciones generales sobre aspectos concretos e interpretativos del articulado de la Convención que abarcan temas como los objetivos de la educación, los derechos de los niños con discapacidad, la justicia de menores, el derecho a ser escuchados, etc. Cada una de estas observaciones resulta muy ilustrativa para conocer no solamente la interpretación del Comité, sino las líneas generales a tener en cuenta por cada uno de los Estados partes a la hora de elaborar sus propios informes. En este sentido, se aprecia la preocupación del Comité por lograr una homogeneización de la información y adecuarla a los principios generales subyacentes en la Convención.

8. Asimismo, en el *campo teórico o interpretativo*, y desde el punto de vista de la educación, podemos señalar que el marco que estableció la Convención ha servido para interpretar el derecho a la educación. Así, los relatores de Naciones Unidas para el derecho a la educación, Katarina Tomaševski (1998-2004) y Vernor Muñoz (2004-2010), en sus informes, hablan de la Convención, y la han tomado como referencia básica en sus trabajos. Nosotros queremos insistir más explícitamente en el planteamiento sobre el derecho a la educación sugerido por los trabajos de Katarina Tomaševski, y que han supuesto un buen acercamiento, tanto teórico como metodológico al conocimiento y análisis de la situación de este derecho en el mundo, a través de lo que ella ha categorizado como "las 4 Aes": asequibilidad, accesibilidad, aceptabilidad y adaptabilidad[47].

2.3.2. Retos

Si, como hemos apuntado, una de las mayores debilidades para que los resultados de la Convención puedan ser efectivos era la falta o escasa voluntad política, además de las condiciones económicas en las que se encuentran inmersos tantos países

---

[47] Ver Capítulo 3 de esta misma obra.

en desarrollo, también el mayor reto que debe abordarse es, precisamente, desarrollar políticas proactivas con enfoque holístico sobre la infancia y eliminar las causas de la exclusión social.

1. No obstante, y a la vista de los avances que se han producido, nos parece que el mayor reto que tienen ante sí los países para paliar las situaciones de violación de los derechos del niño es *profundizar en los avances logrados y hacerlos una realidad tangible.* Ya hemos señalado que el nivel de implementación por parte de los países a nivel legislativo, normativo e institucional resultaba satisfactorio, pero, en cambio, existe escasa voluntad para llevar a cabo acciones que, desde una visión holística, integren los derechos del niño en las políticas públicas y sociales. Por otra parte, se hace necesaria una apertura al sector privado, excluido en todo momento de la Convención, para que colabore en la mejora de las condiciones de vida de los niños, niñas y adolescentes y participe en la promoción de sus derechos[48].

2. Otro reto al que tiene que hacer frente es la *eliminación de las reservas* realizadas por muchos países a algunos artículos de la Convención. Es cierto que el Comité de los Derechos del Niño recomienda encarecidamente a los Estados partes que tengan alguna reserva que las retiren, pero también es verdad que todavía existen muchos países que las mantienen. Como todos sabemos, una reserva indica que un Estado parte no promete cumplir con uno o más de los artículos establecidos en el tratado en cuestión. En principio, estas suelen hacerse de forma temporaria, cuando un país no tiene capacidad inmediata de llevar a la práctica lo señalado en un artículo determinado, aunque puedan estar de acuerdo con lo que en él se recoge. Como insiste el propio Comité de los Derechos del Niño, algunas de las reservas realizadas pueden desvirtuar los objetivos de la propia Convención. En los primeros diez años de su aplicación, sesenta y nueve Estados partes han

---

[48] Bustelo, E. S.: *El recreo de la infancia. Argumentos para otro comienzo.* Siglo XXI, Buenos Aires, 2007.

realizado alguna reserva, siendo únicamente veintiséis artículos (de los cincuenta y cuatro) los que no tienen ninguna reserva[49].

En este sentido, cabría diferenciar dos grupos de países en función de las reservas hechas al documento, bien en el momento de la firma o en el de la ratificación. Por una parte, estarían los Estados regidos por la ley coránica y, por otra, algunos países desarrollados. La mayoría de los Estados islámicos las realizan al artículo 2, relativo a la no discriminación; al 14, sobre respeto al derecho del niño sobre libertad de pensamiento, conciencia y religión, y al 20 y al 21, sobre protección de los niños privados de su medio familiar y la adopción. El argumento que subyace detrás de estas objeciones se refiere a que, siendo el Islam la religión del Estado, no tiene cabida la libertad de religión, ni tampoco la adopción. En muchos casos, la objeción presentada es muy amplia: "reserva a todas las disposiciones de la Convención que sean incompatibles con las normas de la ley cheránica o con el derecho islámico", o como argumenta Kuwait: "la ley cheránica es la principal fuente de derecho, prohíbe estrictamente abandonar la religión islámica y por consiguiente no aprueba la adopción". Estas reservas, según entienden algunos Estados europeos, pueden hacer peligrar la entrada en vigor y desvirtuar la Convención. Por otra parte, otros Estados deploran el mantenimiento de la edad de 15 años para poder ser reclutados en casos de conflictos armados (Andorra, Argentina, España, Colombia, Países Bajos, Suiza, Uruguay) y, sobre todo, los países europeos interpretan los aspectos relacionados con la familia en un sentido amplio, a fin

---

[49] Hay que señalar que la Convención guarda silencio sobre el efecto legal que puedan tener esas reservas, cuando "podría haber indicado de forma expresa a qué disposiciones de la CDN pueden las partes formular reservas sin que ello suponga un atentado contra su objeto y fin (o al contrario, haber indicado los prefectos sobre los que las reservas serían inadmisibles). En otras palabras, el Comité debería haber expresado cuál es el 'núcleo duro de la Convención' si es que considera que lo hay"; en Trinidad, P.: "El 'Talón de Aquiles' de la Convención de los Derechos del Niño: una aproximación a las Declaraciones y Reservas formuladas por los Estados partes". En Soroeta, J. (ed.): *Cursos de Derechos Humanos de Donostia-San Sebastián*. 2003, *Volumen IV*, pp. 387-412.

de incluir en ella también las familias monoparentales, o padres que no estén casados, o la planificación familiar [Alemania, Argentina, China (Hong Kong), Reino Unido, Estado del Vaticano] o cuestiones de tutela, la reunificación familiar o el acceso a la nacionalidad.

3. Por otra parte, tenemos que señalar que la Convención de 1989 es más vinculante que otros tratados del siglo xx, y crea el denominado *Comité de los Derechos del Niño* que, aunque criticado, cumple una serie de funciones muy adecuadas para ver su evolución y puesta en práctica. El Comité de los Derechos del Niño, con sede en Ginebra, tiene poca fuerza efectiva, pues sus observaciones tienen escasa fuerza vinculante para los Estados. No obstante, existe la obligación de informar periódicamente sobre la implementación de la Convención a dicho Comité, formado por dieciocho miembros expertos en derechos del niño. Todos los Estados partes deben presentar al Comité un informe inicial, dos años después de haberse adherido a la Convención y, posteriormente, informes periódicos cada cinco años. El trabajo del Comité es complejo, pues debe examinar los informes de los Estados partes sobre el desarrollo de los derechos del niño, así como los relativos a los protocolos facultativos y los informes alternativos de las diferentes ONG y, posteriormente, realizar una serie de observaciones y recomendaciones a lo planteado en la sesión pública. Sus reuniones se realizan en Ginebra, tres veces al año, y los miembros del Comité, además del trabajo señalado, realizan sesiones técnicas internas en cada sesión que suelen tener como resultado final la publicación de Observaciones Generales sobre la aplicación de determinados artículos de la Convención[50]. En momentos puntuales, y dada la acumulación de trabajo del Comité, se han realizado sesiones paralelas para poder analizar el gran número de informes presentados. Los miembros del Comité ejercen sus funciones a tí-

---

[50] Para ampliar la información sobre el Comité puede consultarse Ravetllat, I.: "El Comité de los Derechos del Niño". En Vilagrasa, C. y Ravetllat, I.: *El desarrollo de la Convención sobre los Derechos del Niño en España*. Bosch, Barcelona, 2006, pp. 47-61.

tulo personal, es decir, no representan ni al gobierno de su país, ni a ningún otro tipo de organización. En las sesiones públicas se intenta establecer con los Estados partes un diálogo constructivo, con el fin de alentar que cooperen en la aplicación de la Convención.

A la vista de que el Comité no puede examinar denuncias de particulares, como sí pueden hacerlo otros comités de derechos humanos, en estos momentos se está discutiendo la posibilidad de redactar otro protocolo facultativo para la implementación de un mecanismo de denuncia en la Convención sobre los Derechos del Niño, lo que permitiría a particulares o grupos presentar una denuncia ante el Comité respecto a una presunta violación de derechos por un Estado parte de la Convención, siempre y cuando tal Estado haya reconocido previamente la competencia del Comité para examinar estas denuncias. El 12 de junio de 2009 el Consejo de Derechos Humanos, por resolución A/HRC/11/L.3, decidió establecer un Grupo de Trabajo abierto del Consejo de Derechos Humanos para estudiar la posibilidad de elaborar un protocolo facultativo de la Convención sobre los Derechos del Niño relativo al establecimiento de un procedimiento de presentación de comunicaciones complementario al procedimiento de presentación de informes que la Convención debe realizar ante el Consejo de Derechos Humanos sobre los progresos realizados a este respecto para que sea examinado en su 13° período de sesiones. Por lo que, en el futuro próximo, suponemos que veremos importantes cambios al respecto. De ocurrir así, sería un gran logro para la efectividad de los derechos del niño. Por lo tanto, se trata de uno de los retos próximos que pueden significar un fortalecimiento de la propia Convención.

4. Pero sin duda, y ya que estamos hablando desde el campo de la educación, nos parece relevante que el Comité haya insistido casi permanente en la necesidad de que los profesionales que están más en contacto con los niños y niñas, tengan *conocimiento de los derechos recogidos en la Convención*. La realidad es que la mayoría de los países no tienen en cuenta esta recomendación, con lo cual nos encontramos con situaciones alarmantes en relación

con el conocimiento de estos derechos. Por lo tanto, y dentro del ámbito educativo, se hace necesario, siguiendo dichas recomendaciones, que se introduzca en el currículo escolar la educación en derechos humanos[51].

De todo cuanto estamos planteando se deriva una línea de trabajo que incide en la enseñanza de los derechos humanos, o en la educación para la paz, que está consiguiendo un determinado desarrollo no solo entre las ONG, sino también dentro del propio sistema escolar. En este sentido, tenemos que recordar el informe realizado por Amnistía Internacional sobre la situación de los derechos humanos en las carreras de magisterio, pedagogía, educación social y psicopedagogía en las universidades españolas, donde se concluía en un suspenso tanto para el profesorado y el alumnado como para los planes de estudio, y donde se indagaba sobre el grado de conocimiento y presencia de la enseñanza de los derechos humanos en dichas carreras[52]. Esta situación parece estar en vías de solución ya que, en la elaboración de los nuevos planes de estudio universitarios, la presencia de los derechos humanos va a ser uno de los elementos importantes en la formación no solo de educadores, sino de todos los titulados universitarios.

2.4. La Convención sobre los Derechos del Niño en América Latina

Los Estados de América Latina han seguido, en la mayoría de los casos, el proceso de implementación de la Convención de los

---

[51] El Instituto Interamericano de Derechos Humanos de San José de Costa Rica realiza periódicamente estudios sobre la situación de la educación en derechos humanos en América Latina.

[52] Sección Española de Amnistía Internacional: *Educación en Derechos Humanos: asignatura suspensa. Informe sobre la formación en las Escuelas de Magisterio y Facultades de Pedagogía y Ciencias de la Educación para la Educación en materia de Derechos Humanos*. Amnistía Internacional, Madrid, 2003, y López, P.: "Educación en Derechos Humanos: suspenso". En Naya, L. M. (ed.): *La educación y los derechos humanos*. Erein, San Sebastián, 2005, pp. 155-173.

Derechos del Niño y han rendido sus informes ante el Comité de los Derechos del Niño en virtud de lo estipulado en dicho tratado. Al igual que en la mayor parte de los países occidentales, todos los de América Latina firmaron y ratificaron el tratado en un período inmediatamente posterior a su aprobación en 1989. Además, hay que indicar que la mayoría de los países no hicieron reservas ni declaraciones a dicho tratado, lo cual muestra el amplio consenso mostrado por la región, cuestión esta que ya se había puesto de manifiesto en las discusiones de los borradores que precedieron a su redacción definitiva[53]. Tan solo la Argentina y Colombia han mantenido reservas al artículo 38 del tratado, que se refiere a la participación de los niños en conflictos armados con edad menor a los 18 años, al igual que hizo España. Se trata de una reserva en nada restrictiva, sino coherente con la definición de niño establecida en la Convención. Además, la Argentina manifestó su reserva al artículo 21 referente a la protección legal de los niños en materia de adopción internacional. En cuanto a las declaraciones, cuyo valor vinculante es menor, han sido varios los artículos indicados por los Estados partes; así, las más destacables son las realizadas al artículo 1 (definición de niño) por parte de la Argentina, Ecuador y Guatemala; al artículo 2 en relación con el 30 (responsabilidad del Estado) realizada por Venezuela, que también lo hace a dos apartados del 21 (adopción internacional) y al artículo 24 (planificación familiar).

En cumplimiento con lo señalado en el artículo 44 de la Convención, los Estados se comprometían a presentar al Comité informes periódicos sobre su aplicación (el primero a los dos años de su entrada en vigor, en el caso de los países de la región 1992-1993 y, en lo sucesivo, cada cinco años). Se aprecia que la mayoría de los países de América Latina entregaron sus informes más o menos dentro del plazo establecido, aunque existen algunos que

---

[53] Detrick, S. (ed.): *op. cit.*, 1992, o High Commissioner for Human Rights: *Legislative History of the Convention on the Rights of the Child.* United Nations, New York, Geneva, 2007.

han retrasado de manera llamativa sus entregas. Por ejemplo, Brasil remitió el primer informe con más de diez años de retraso. En otros casos, el tiempo transcurrido no ha sido tan importante, como ocurre con Cuba, Guatemala, Ecuador, Panamá, República Dominicana y Venezuela. Este tipo de retrasos y la acumulación de trabajo en el Comité de los Derechos del Niño han sido motivo para que este autorice, en algunos casos, la agrupación de estos informes o su entrega en fechas posteriores. Una vez resuelta la audiencia pública, el Comité divulgará sus observaciones y recomendaciones[54].

Como puede observarse en la Tabla 1, el comportamiento de los Estados partes, a la hora de cumplir con sus compromisos ante el Comité de los Derechos del Niño, es muy variopinto. Las razones de los retrasos pueden deberse a cambios de gobierno, a cuestiones burocráticas o a otras razones de índole política. Al final, el Comité, atendiendo al incumplimiento de la periodicidad requerida, opta en muchos casos por refundir más de un informe que permita la efectividad del proceso de seguimiento. Así, prácticamente todos los países se han visto obligados a refundir, en algún momento, muchos de estos informes. Por otro lado, desde que se realiza el informe inicial por parte de un determinado país hasta su presentación pública ante el Comité pueden pasar alrededor de dos años. Esta situación dilata el proceso, descontextualiza los informes y hace que los datos facilitados en un momento no estén actualizados. Por ejemplo: Uruguay tuvo que defender públicamente ante el Comité, en 2007, un informe realizado por un gobierno anterior; Paraguay, Argentina, Nicaragua y Guatemala han defendido, en enero, mayo y septiembre de 2010, sus respectivos informes dos años después de haberlos realizado. Todas estas si-

---

[54] Una recopilación de las relativas a América Latina y el Caribe puede encontrarse en: Comité de los Derechos del Niño: *Compilación de observaciones finales del Comité de los Derechos del Niño sobre países de América Latina y el Caribe (1993-2006)*. UNICEF, Santiago de Chile, 2006, accesible en Internet en http://www.unicef.cl/unicef/public/archivos_documento/196/compilacion_1993_2006.pdf.

Tabla 1. Fechas de firma, ratificación y situación de los informes sobre la Convención de los Derechos del Niño de los países de América Latina.

	Firma	Ratificación	Informes periódicos			
			1°	2°	3°	4°
Argentina	29/6/90	4/12/90	17/3/93	12/8/99	23/4/08 3° y 4° refundidos	
Bolivia	8/3/90	26/6/90	14/9/92	12/8/97	13/11/02	20/2/08
Brasil	26/1/90	24/9/90	27/10/03	2°, 3° y 4° refundidos antes del 23/10/07		
Chile	26/1/90	13/8/90	22/6/93	10/2/99	11/10/05	4° y 5° refundidos antes del 12/9/12
Colombia	26/1/90	28/1/91	14/4/93	9/9/98	28/6/04	4° y 5° refundidos antes del 26/8/11
Costa Rica	26/1/90	21/8/90	28/10/92	20/1/98	10/7/03	Antes del 19/9/07
Cuba	26/1/90	21/8/91	27/10/95	2/2/09	--	--
Ecuador	26/1/90	23/3/90	11/6/96	21/1/03 2° y 3° refundidos		20/3/08
El Salvador	26/1/90	10/7/90	3/11/92	10/7/02	1/9/07 3° y 4° refundidos	
Guatemala	26/1/90	6/6/90	5/1/95	7/10/98	7/4/03 parte de 3° y 4° refundidos antes del 1/3/06	14/4/08 parte de 3° y 4° refundidos
Honduras	31/5/90	10/8/90	11/5/93	18/9/97	3/1/06	4° y 5° refundidos antes del 3/10/12
México	26/1/90	21/9/90	15/12/92	14/1/98	16/12/04	4° y 5° refundidos antes del 20/4/11
Nicaragua	6/2/90	5/10/90	12/1/94	12/11/97	1/5/03	17/06/08
Panamá	26/1/90	12/12/90	19/9/95	27/3/02	3° y 4° refundidos antes del 10/1/08	
Paraguay	4/4/90	25/9/90	30/8/93 y 13/11/96	12/10/98	20/3/08	4° y 5° refundidos antes del 1/10/07
Perú	26/1/90	4/9/90	28/10/92	25/3/98	28/1/04	4° y 5° refundidos antes del 3/4/11
República Dominicana	8/8/90	11/6/91	1/12/98	16/2/07	3°, 4° y 5° refundidos antes del 10/7/11	
Uruguay	26/1/90	20/11/90	2/8/95	18/9/06	3°, 4° y 5° refundidos antes del 19/6/11	
Venezuela	26/1/90	13/9/90	9/7/97	4/12/06	3° y 4° refundidos antes del 4/1/11	

Fuente: Oficina del Alto Comisionado para los Derechos Humanos. Elaboración propia.

103

tuaciones particulares, además del trabajo acumulado que posee el Comité, que también debe analizar los informes periódicos de los dos protocolos de la Convención, suponen una cierta ralentización del proceso de seguimiento. No obstante, en la presentación pública se actualiza todo el proceso.

Por otra parte, la UNICEF ha jugado un papel importante en la promoción de la reforma jurídica en América Latina, sobre todo para modificar la doctrina jurídica predominante de la situación irregular que suponía ser meros objetos de "intervención estatal más que como verdaderos sujetos de derecho con derecho a determinados derechos y garantías"[55]. Asimismo, y siguiendo el compromiso con la Convención, la UNICEF contribuyó a los programas sobre desarrollo bajo el enfoque de los derechos humanos, junto con otras ONG, y "se encontró comprometido con el desarrollo de políticas sociales que eran necesarias para cumplir con las normas mínimas establecidas por la Convención"[56]. En este sentido, los programas llevados a cabo integraron los principios de la Convención y contribuyeron a disminuir la exclusión social y a estimular a los Estados a establecer planes en los que se contemplaran los derechos económicos, sociales y culturales.

Todo este proceso que se estaba siguiendo en el orden jurídico, en las políticas públicas y, sobre todo, en la implementación de la Convención sobre los Derechos del Niño tendrá como consecuencia que, a principios del siglo XXI, muchos de los países latinoamericanos aprueben sus respectivos códigos de la niñez[57], que pueden ser considerados como convenciones en miniatura, pues recogen, con matices propios, los derechos reconocidos en este tratado.

---

[55] García Méndez, E.: "Child Rights in Latin America: From 'Irregular Situation' to Full Protection". En *Ensayo Innocenti*, n° 8, Innocenti Research Centre, Firenze, 1998, p. 1.

[56] Gibbons, E. D.: "La Convención sobre los Derechos del Niño y la implementación de los derechos económicos, sociales y culturales en América Latina". En Yamin, A. E. (comp.): *Derechos económicos, sociales y culturales en América Latina. Del invento a la herramienta.* Plaza y Valdés/IDRC International Development Research Centre, México-Ottawa, 2006, pp. 321-340, p. 326.

[57] Ver Capítulo 4 de esta misma obra.

Por otra parte, este marco de referencia general, como es la Convención, debe conjugarse en el sistema interamericano de protección de los derechos humanos, que posee dos órganos de promoción de los derechos de la niñez: la Relatoría Especial de la Niñez de la Comisión Interamericana de Derechos Humanos y el Instituto Interamericano del Niño, la Niña y Adolescentes (IIN). El primero de ellos cuenta entre sus actividades la participación en congresos, seminarios y conferencias, y la redacción de los apartados sobre temas de infancia en los informes anuales de la Comisión; además, dicha Relatoría realiza visitas a los distintos países de la Organización de Estados Americanos a fin de informarse sobre la situación de los niños. Por su parte, el IIN tiene entre sus labores principales la sistematización de documentos especializados en el campo de la infancia y la ejecución de un programa de información, a fin de generar espacios para el desarrollo de políticas públicas que garanticen la promoción y el ejercicio de los derechos de la niñez y la adolescencia, y otro jurídico, con el objetivo de promover nuevas normativas interamericanas y legislaciones acordes con la normativa internacional[58]. Además existen otros instrumentos u organizaciones de protección a la niñez, como el Centro por la Justicia y el Derecho Internacional, que se dedica a la defensa y la promoción de los derechos humanos, y a litigar ante la Comisión y la Corte Interamericana de Derechos Humanos.

2.5. Las observaciones del Comité de los Derechos del Niño

Una de las vías posibles para conocer la situación de los derechos de los niños, niñas y adolescentes es reunir los informes finales

---

[58] El desarrollo completo de las actividades de estos organismos puede consultarse en sus páginas web: http://www.cidh.org/ninez/default.htm y http://www.iin.oea.org/.

del Comité de los Derechos del Niño, donde se recogen las recomendaciones a los informes presentados por los Estados partes. En este sentido, hemos analizado dichas recomendaciones y observaciones entre los años 2000 y 2010. El resultado obtenido puede resumirse en que se constataba la existencia de cinco ámbitos de preocupación por parte de dicho Comité: 1) falta de armonización entre la legislación nacional y la Convención; 2) preocupación por la indefinición de los principios generales de la Convención; 3) persistencia de malos tratos, abusos y castigo corporal; 4) abuso de la privación de libertad en la justicia juvenil, y 5) escasa información sobre los códigos y la Convención, además de la falta de formación de los profesionales.

1. Así, con respecto al primer ámbito de preocupación, sorprende que todos los países analizados por el Comité en este último decenio reciban observaciones relativas al cumplimiento de lo previsto en los códigos o leyes integrales de la infancia. Estas se refieren bien a la lentitud de la puesta en marcha de instituciones previstas, como los defensores de los niños (Argentina y Bolivia), bien a la falta de coordinación entre los organismos dedicados a la infancia (Costa Rica, Ecuador, El Salvador y Uruguay), o bien a que algunas leyes relativas a la infancia no se adecuan a la Convención (Brasil, Colombia, Ecuador, El Salvador, Honduras, México y Uruguay). En el caso de Perú, presentado en 2006, se solicita la derogación de algunas leyes contrarias a la Convención.

2. Con respecto a los principios generales, el Comité constata que países como Bolivia, Brasil, Colombia, Nicaragua, Paraguay, Perú y Uruguay no son especialmente sensibles al principio de interés superior del niño, y demandan una mejor definición e implicación de los profesionales. Asimismo, el principio de no discriminación no se aplica en Costa Rica con referencia a los niños indígenas. Cuando el Comité realiza estas observaciones es especialmente cauteloso, utilizando una frase casi tópica en la que señala que "aunque el Comité acoge con satisfacción los avances re-

gistrados […] recomienda". No podemos olvidar que el Comité no tiene función sancionadora alguna.

3. Con relación a los malos tratos, abusos y castigos corporales, tanto en el ámbito escolar como familiar, el Comité se refiere a los casos de Bolivia, Brasil, Costa Rica, Ecuador, Honduras, Uruguay y Venezuela, incluso reiteradamente como ocurre con Bolivia y Honduras. Esta situación es indicativa de que, a pesar de la diferencia de cinco años entre un informe y otro, la situación no parece haber mejorado en estos dos últimos países. Se constata que, a pesar de la prohibición recogida en la mayoría de los códigos, su aplicación no es efectiva.

4. La justicia juvenil es otro ámbito de preocupación, sobre todo porque no se aplican con el rigor necesario las medidas "socioeducativas" previstas en los códigos y se opta por el internamiento o la privación de libertad, como ocurre en Bolivia, Ecuador, Nicaragua y Perú, y, finalmente, el Comité insiste en que se realicen campañas de divulgación de los códigos o de la Convención y en que se forme a los profesionales en el ámbito de la infancia (Brasil, Ecuador, Honduras y Uruguay).

No obstante, a la vista de que ya son veintiuno los años transcurridos desde la aprobación de la Convención, se puede establecer un balance sobre lo que ha supuesto la implementación de dicho tratado en la región. Este trabajo ha sido realizado por la Red Latinoamericana y Caribeña por la Defensa de los Derechos de los Niños y Adolescentes (REDLAMYC) que, en su informe de 2009, establece tres ámbitos de análisis: 1) avances vinculados a la Convención; 2) retrocesos que afectan a los derechos del niño, y 3) principales problemas vinculados al cumplimiento de los derechos del niño[59]. Los retrocesos, aunque escasos, tienen su relevancia, pues afectan a las dificultades de llevar a cabo los planes

---

59 REDLAMYC: *Estudio de balance regional sobre la implementación de la Convención sobre los Derechos del Niño en América Latina y el Caribe. Impacto y retos a 20 años de su aprobación.* Red Latinoamericana y Caribeña por la Defensa de los Derechos de los Niños, Niñas y Adolescentes (REDLAMYC) y Save the Children-Suecia, Montevideo, 2009.

nacionales promovidos por los países, las reformas que, en la práctica, no se adecuan al enfoque de los derechos del niño, o a la criminalización de los sistemas de justicia juvenil. Los avances se mueven más en el ámbito de las reformas legislativas y la retórica que ha acompañado estos años al discurso sobre los derechos de la niñez. Es decir, construcción de nuevos marcos conceptuales o cambios legislativos, presentación de informes, incorporación de los derechos del niño en el Sistema Interamericano de Derechos Humanos, etc. En cambio, la cuestión principal son los problemas relacionados con el cumplimiento de esos avances. Es decir, la persistencia de la desigualdad, la discriminación, la violencia contra la infancia, la migración, la falta de coordinación de las instituciones de atención a la infancia, la ausencia de datos oficiales, la insuficiencia de recursos, la aceptación del lenguaje de la Convención pero bajo nivel de implementación de las observaciones del Comité, además de escasa difusión de los informes de dicho comité.

Se trata de un balance donde se constata, nuevamente, la creencia generalizada de que los textos legales por sí solos tienen la fuerza de cambiar la situación de los derechos del niño. Esta ambigüedad, al final, se resuelve con una retórica que en pocos casos tiene que ver con las prácticas y las políticas públicas. En este sentido, las reflexiones finales del estudio citado son concluyentes: hay que pasar del discurso a la acción, reforzar la capacidad movilizadora de los movimientos sociales de las diferentes infancias de América Latina y construir colectivamente una nueva agenda, donde se fortalezcan los sistemas de seguimiento y que la inversión pública esté en función del cumplimiento de la Convención. Finalmente, este informe recoge un total de 29 recomendaciones que intentan paliar los problemas vinculados al incumplimiento de los derechos del niño en América Latina.

CAPÍTULO 3

LA EDUCACIÓN EN LA CONVENCIÓN SOBRE LOS DERECHOS DEL NIÑO

PAULÍ DÁVILA
LUIS M. NAYA
Universidad del País Vasco/Euskal Herriko Unibertsitatea

El derecho a la educación está en la base de casi todos los derechos, ya que es el fundamento para conseguir la formación ciudadana, unos objetivos educativos sobre desarrollo de la personalidad y el disfrute de todos los derechos. De la misma manera que para los primeros defensores de los derechos humanos y los liberales del siglo XIX saber leer y escribir era la base para conseguir el derecho a la ciudadanía e incluso a la felicidad, los derechos de la infancia y el de la educación son la base para un mundo mejor donde se cumpla un principio ya presente en la Declaración Universal de los Derechos Humanos y en la Declaración de los Derechos del Niño de 1959: "la humanidad debe al niño lo mejor que puede darle".

Por otra parte, el derecho a la educación es de vital importancia y afecta al conjunto de todos los derechos, tanto civiles, económicos, sociales como culturales, transformándose en una necesidad insoslayable para el desarrollo humano y la capacitación para el ejercicio de una ciudadanía plena. Para que ello sea posible, el Estado tiene la obligación de garantizar este derecho, desarrollando políticas públicas y educativas que permitan no solo acceder a una plaza escolar, sino garantizar que ese derecho se ajuste a una perspectiva de los derechos humanos. En este sentido, el derecho a la educación se encuentra explícitamente reconocido en la mayoría de los instrumentos sobre derechos humanos, tanto a nivel internacional o interamericano como dentro de cada uno de los Estados.

En este capítulo tratamos de señalar la presencia del derecho a la educación en diversos tratados internacionales sobre derechos humanos, apuntando algunas cuestiones, pues existe bibliografía suficiente sobre el tema, lo que nos permitirá descender al reconocimiento de este derecho en la Convención sobre los Derechos del Niño, que es el objeto del conjunto de aportaciones de esta obra. No obstante, y como educadores, nos hemos centrado en una lectura educativa de dicho tratado, ya que nuestro objetivo es subrayar que la Convención es un instrumento válido también para quienes trabajan en el ámbito educativo. De esta manera, la Convención, a los ojos de un educador, se puede analizar a tres niveles: uno micro, donde la escuela se nos presenta como un laboratorio de observación de los aspectos educativos contenidos en ella; otro macro, donde el sistema educativo debe ser un exponente del derecho a la educación y, más en general, de los derechos del niño, y, finalmente, un tercer nivel donde quedan reflejadas las implicaciones educativas de la Convención y su vínculo con las obligaciones gubernamentales.

Este acercamiento pretende resaltar, en la medida de lo posible, la visión educativa de la Convención, pero también plantear el modelo educativo que subyace en este tratado, relacionándolo con las características del derecho a la educación. En este sentido, es destacable la labor de, entre otros, los dos relatores especiales de las Naciones Unidas para el Derecho a la Educación, Katarina Tomaševski y Vernor Muñoz, quienes, manteniendo una postura amplia en la interpretación del derecho a la educación, aportan no solo instrumentos teóricos para su análisis, sino también estudios concretos sobre la situación de este derecho en diversos países. Asimismo, son de destacar los diversos trabajos sobre grupos de personas en las que el derecho a la educación no se ejercita en toda su plenitud, como las niñas, las personas con discapacidad o quienes tienen restringida su libertad.

Por otra parte, nos parece importante señalar que uno de los campos más importantes para conseguir los cambios en la situación de los niños en el mundo, como se ha puesto tantas veces de manifiesto, es la educación y, dentro de ese ámbito, el quehacer diario de los educadores, maestros, maestras y profesionales que tratan con los niños y niñas. A la vista de la escasa formación que reciben estos profesionales en la esfera de los derechos humanos, se imponen unas políticas educativas que incorporen a sus planes de formación un acercamiento al conocimiento y la puesta en práctica de los principios que rigen los derechos humanos y más concretamente los de la infancia.

3.1. El derecho a la educación en los tratados internacionales sobre derechos humanos

En la Declaración Universal de los Derechos Humanos de 1948 se plasman de forma clara los principios que habrán de regir el derecho a la educación. También se menciona la necesidad de la enseñanza de los derechos como manera de conseguir los objetivos de paz de la propia Declaración. Así, el preámbulo proclama "como ideal común por el que todos los pueblos y naciones deben esforzarse, a fin de que tanto los individuos como las instituciones, inspirándose constantemente en ella, promuevan, mediante la enseñanza y la educación, el respeto a estos derechos y libertades, y aseguren, por medidas progresivas de carácter nacional e internacional, su reconocimiento y aplicación universales y efectivos, tanto entre los pueblos de los Estados miembros como entre los de los territorios colocados bajo su jurisdicción". De esta manera, y de forma explícita, se aboga por una educación que tenga objetivos acordes con los derechos humanos.

El fundamento del derecho a la educación lo podemos encontrar en el artículo 26 de esta Declaración, donde se establecen tres ámbitos básicos: por una parte, el reconocimiento de la gratuidad y obligatoriedad de la enseñanza elemental o básica, para posibilitar el acceso a otros niveles de enseñanza; por otra parte, se especifican los objetivos de la educación que, necesariamente, se refieren a los aspectos curriculares, y, en tercer lugar, se reconoce el derecho de los padres a escoger el tipo de educación que deseen para sus hijos. Que sean estos los tres aspectos más relevantes en la plasmación del derecho a la educación obedece a un contexto histórico determinado y a las negociaciones entre los representantes de los gobiernos a la hora de elaborar este instrumento internacional.

El primer ámbito indicado era fácilmente asumible tanto por los países del Este como por los occidentales aunque mantuviesen posturas encontradas sobre este tema, pues, en definitiva, compartían la trayectoria histórica de que la obligatoriedad escolar estaba ya plasmada en sus respectivas constituciones. Sin embargo, parece ser que los objetivos de la educación no eran parte importante de la negociación hasta que, en 1947, el Congreso Judío Mundial planteó a los delegados que se "proveía de un marco técnico para la educación, pero no contenía nada sobre el espíritu de la educación"[1], obligándolos a reflexionar sobre sus contenidos. Finalmente, hasta esa fecha, nada se había dicho sobre el derecho de los padres a elegir la educación para sus hijos, cuestión fundamental para contrarrestar el poder del Estado. Sin embargo, en mayo de 1948 se plantea el derecho de los padres, pues, como señala Tomaševski, "en ese momento no existía noción de los derechos del niño, por lo que el debate giró en torno al equilibrio entre el poder del Estado y los derechos de los padres"[2]. Finalmente fue Eleanor Roosevelt, presidenta de la Comisión, quien, en el momento de elaborar la Declaración, zanjó el asunto asumiendo la redacción final del artículo que marca los ejes principales de lo que va a ser el derecho a la educación.

---

[1] Tomaševski, K.: *El asalto a la educación.* Intermon Oxfam, Barcelona, 2004, p. 68.
[2] Íd., p. 68.

Esta solución concilió los diferentes planteamientos con respecto a la educación sobre todo a partir de la correlación de fuerzas presentes en la Organización de las Naciones Unidas pero, por supuesto, no solventó el desarrollo de los derechos civiles, políticos, económicos, sociales y culturales. Con la perspectiva del tiempo transcurrido, todavía permanecen las bases planteadas por este precepto, tanto en las obligaciones gubernamentales y los contenidos de la educación, como en la libertad de los padres. El derecho a la educación será incluido en el Pacto Internacional de Derechos Económicos, Sociales y Culturales (1966-1976), en el artículo más extenso de todo el tratado, el 13, en el que se remarca que la educación debe orientarse hacia el pleno *desarrollo de la personalidad humana* y debe fortalecer el respeto por los derechos humanos y las libertades fundamentales, así como la importancia de lograr el pleno ejercicio del derecho a la educación mediante una enseñanza primaria que debe ser obligatoria y *asequible* a todos gratuitamente, la posibilidad de acceso a otros niveles de enseñanza, además de que los países deben *respetar la libertad de los padres* para escoger escuelas para sus hijos y *la libertad de creación de instituciones educativas.*

Como puede observarse, este artículo no solamente recoge lo enunciado en 1948, sino que amplía de tal manera aquellos principios que casi sirve de marco legislativo para el desarrollo de un sistema educativo nacional. Es el fundamento del derecho a la educación, cuyo reconocimiento se plasma en la mayoría de las constituciones del mundo. En cualquier caso, se aprecian en el desarrollo de este derecho las responsabilidades de los gobiernos y del Estado en cuanto a que el ejercicio del derecho a la educación requiere de un sistema educativo donde la enseñanza primaria sea obligatoria y gratuita; marca los objetivos de la educación, orientando incluso los contenidos que deberá tener y, finalmente, reconoce el derecho de los padres y de la iniciativa privada a la elección. Todo este planteamiento se basa en un principio reiterativo de "desarrollo de la personalidad humana". Por otra parte, estos principios conformaron de manera efectiva el derecho a la educación y los objetivos educativos que, en posteriores tratados internacionales, se irán especificando; también son los principios que más se corresponden con las obligaciones de los Estados en cuanto a garantizar la asequibilidad y la accesibilidad, anunciando la aceptabilidad y la adaptabilidad. De manera que se encuentran en germen los cuatro elementos componentes del derecho a la educación y de la educación en derechos, como veremos más adelante.

No obstante, se podrá apreciar que el documento es de 1966, que entra en vigor en 1976, y que hasta diciembre 1999 el Consejo Económico y Social, organismo que garantiza el cumplimiento del Pacto, no ofrece una interpretación de dicho derecho. Es decir, más de treinta años alrededor de un tema tan importante. La posición del Consejo Económico y Social con respecto al derecho a la educación en el marco de los derechos civiles, políticos, económicos, sociales y culturales es clara al plantear que "la educación es un derecho humano intrínseco y un medio indispensable de realizar otros derechos humanos. Como derecho de autonomía de la persona, la educación es el principal medio que permite a adultos y menores marginados económica y socialmente salir de la pobreza y participar plenamente en sus comunidades"[3], o al reseñar que "el derecho a la educación [...] se ha clasificado de distinta manera como derecho económico, derecho social y derecho cultural. Es, todos esos derechos al mismo tiempo. También, de muchas formas es un derecho civil y un derecho político. Ya que se sitúa en el centro de la realización plena y eficaz de esos derechos. A este respecto, el derecho a la educación es el epítome de la indivisibilidad y la interdependencia de todos los derechos humanos"[4].

Como puede observarse, la importancia de este derecho lo sitúa en el centro de todos los derechos humanos, siendo la ex-

---

[3] Consejo Económico y Social en la *Observación general número 13 (E/C.121999/l0)* (Observación al artículo 13, párrafo 1).

[4] Consejo Económico y Social en la *Observación general número 13 (E/C.121999/l0)* (Observación 11 al artículo 14, párrafo 2).

presión máxima de sus características, en cuanto a su indivisibilidad e interdependencia. Es decir, no se puede aceptar una parte de este derecho sin tener en cuenta el todo que significa, ni tampoco aceptar su parcialidad sin considerar el conjunto de los derechos humanos. En este sentido, es alentador observar que en la labor del Comité y en las observaciones del Consejo Económico y Social[5] a los informes de los países se tenga en consideración, además de la propia dinámica de los diferentes organismos de garantía, la interpretación facilitada por la primera relatora del Derecho a la Educación (1998-2004), Katarina Tomaševski. En 1998, en su informe preliminar a la labor que habría de desarrollar como relatora, se refería a las características que debían tener las escuelas primarias, señalando por primera vez su planteamiento de las *4 Aes* (*avaliability, accesibility, acceptability, adaptability*)[6], que resulta una herramienta útil para conocer el estado del derecho a la educación en el mundo. Por supuesto, este planteamiento estaba enriquecido con los principios derivados de los derechos de los niños y niñas, según la Convención sobre los

---

[5] Programa de las Naciones Unidas para el Desarrollo, Oficina Regional para América Latina y el Caribe (RBLAC), y Oficina del Alto Comisionado de las Naciones Unidas para los Derechos Humanos, Representación Regional para América Latina y el Caribe: *Compilación de observaciones finales del Comité de Derechos Económicos, Sociales y Culturales sobre países en América Latina y el Caribe (1989-2004)*. Alto Comisionado de las Naciones Unidas para los Derechos Humanos y Representación Regional para América Latina y el Caribe, Programa de las Naciones Unidas para el Desarrollo, Santiago de Chile, 2004.

[6] Puede consultarse el *Informe preliminar de la relatora especial sobre el Derecho a la Educación, Sra. Katarina Tomaševski, presentado de conformidad con la Resolución 1998/33 de la Comisión de Derechos Humanos*. En la primera traducción al castellano la primera "A" aparecía como "disponibilidad". En fechas posteriores se ha traducido por "asequibilidad". Tomaševski, K.: *Informe anual de la relatora especial sobre el Derecho a la Educación. Presentado de conformidad con la resolución 1999/25 de la Comisión de Derechos Humanos. E/CN.4/2000/6*. Una revisión más detallada de estos conceptos se puede encontrar en Tomaševski, K.: *Human Rights Obligations in Education. The 4-As Scheme*. Wolf Legal Publishers, Nijmegen, 2006, o Tomaševski, K.: "El derecho a la educación, panorama internacional de un derecho irrenunciable", en Naya, L. M. (ed.): *La educación y los derechos humanos*. Erein, San Sebastián, 2005, pp. 63-90.

Derechos del Niño de 1989 y todo el resto de instrumentos internacionales sobre la educación.

Por lo tanto, es incuestionable que el artículo 13 del Pacto de los Derechos Económicos, Sociales y Culturales es el marco de referencia para las posteriores incorporaciones de este derecho en los diferentes tratados sobre derechos humanos, incluida la Convención. No obstante, por lo que respecta a los informes que deben rendir al Comité de Derechos Económicos, Sociales y Culturales, según el mandato del propio Pacto y por lo que respecta a los países de América Latina, se puede hacer alguna precisión, como vamos a ver en el siguiente apartado. Así, si queremos conocer mejor la situación del derecho a la educación, debemos contar no solamente con estos informes, sino también con los que se presentan al Comité de los Derechos del Niño que, en líneas generales, resultan más comparables.

3.1.1. El derecho a la educación en América Latina

En las dos últimas décadas todos los países latinoamericanos han sometido al Comité de Derechos Económicos, Sociales y Culturales sus informes para conocer la situación del Pacto, y también han recibido sus recomendaciones. Algunos países, en este espacio de tiempo, tan solo han remitido un informe (Guatemala, 2003; Panamá, 2001; Perú, 1997; República Dominicana, 1997; Venezuela, 2001; Nicaragua, 2008). En cambio, otros países han sido más constantes en esta labor y registran dos o más informes, como ocurre con Argentina, Bolivia, Brasil, Colombia, Costa Rica, Chile, Ecuador, El Salvador, México, Paraguay y Uruguay[7].

No pretendemos realizar un examen exhaustivo de dichos informes, que abordan un conjunto de datos muy rico con respecto

---

[7] Programa de las Naciones Unidas para el Desarrollo Oficina Regional para América Latina y el Caribe (RBLAC), y Oficina del Alto Comisionado de las Naciones Unidas para los Derechos Humanos, Representación Regional para América Latina y el Caribe: *op. cit.*, 2004.

al estado de la educación en cada uno de los países; solo vamos a reseñar algunas recomendaciones de este Comité, ya que nos pueden ayudar a entender las líneas maestras que rigen sus criterios. No obstante, es necesario señalar que las recomendaciones están basadas en un análisis de prioridades y preocupaciones negativas que percibe el Comité. En algunos casos, como los de Perú o República Dominicana (1997), exhibe su satisfacción por las reformas llevadas a cabo en el sistema educativo y la mejora de la calidad de la educación, pero en otros se muestra preocupado porque las prioridades no iban encaminadas hacia la implementación de los planes y programas previstos (Honduras, 2000), o a la falta de inversión (Colombia, 1991), la falta de datos estadísticos y la alfabetización (Brasil, 2003), o la introducción de programas culturales bilingües (Ecuador, 1990).

Las preocupaciones negativas mostradas por el Comité abarcan un conjunto mayor de cuestiones, pero, en general, los países respondían de forma adecuada a los requerimientos de este organismo. Así, a las preocupaciones sobre la situación educativa en la Argentina en 1990, el país "responde" con la reforma de 1993, solucionando algunos de los temas planteados sobre discriminación, libertad de enseñanza o gratuidad. Asimismo, en 2003, Brasil fue motivo de preocupación para el Comité por asuntos relacionados con la protección de los pueblos indígenas o la elevada tasa de analfabetismo, que en 1999 rondaba el 13,3%. Otras fueron las causas en el caso de Colombia en 2001, como la imposición del pago de una cuota que impedía a los niños el acceso a la enseñanza primaria o la mediocre calidad de la enseñanza en todos los niveles. Todos estos temas ya habían sido motivo de análisis en los informes anteriores. Por lo que respecta a Costa Rica, en 1990, la preocupación giraba en torno a la situación de los grupos vulnerables, la educación de las comunidades indígenas y la inversión en educación. En Chile, en 2004, solo causaba temor la calidad dispar de la educación en las escuelas públicas y las altas tasas de deserción escolar. Esta situación contrastaba con la de 1998, centrada en las tasas de alfabetización y en la escasa promoción de las escuelas públicas. Con respecto a Ecuador, el Comité, en 2004, muestra su inquietud sobre la discriminación que sufría la población indígena en muchos terrenos, incluido el educativo. En cambio, en 1990, el conjunto de preocupaciones del Comité era mucho más amplio y abarcaban el analfabetismo y el abandono de los estudios en todos los niveles. Por otra parte, Guatemala (2003), Panamá (2001) y Honduras (2001) reciben la misma indicación que Ecuador con respecto a las poblaciones indígenas. En 1997, en los casos de Perú, Uruguay y República Dominicana se señala la escasa inversión en educación.

Tras todo este conjunto de preocupaciones negativas con respecto al estado de la educación en estos dos últimos decenios en América Latina, las observaciones del Comité de Derechos Económicos, Sociales y Culturales se centran en una serie de cuestiones que están relacionadas, en la mayoría de los casos, con el acceso a la educación y con la promoción de un tipo de educación adecuada a las características de la población de cada uno de los países. Así, por ejemplo, se refiere a la implementación de los planes nacionales de Educación para Todos, recomendando seguir el marco de acción de Dakar, como ocurre en 2001 con los casos de Bolivia, Colombia, Panamá y Venezuela. También se refiere a cuestiones relacionadas con problemas de financiación en los casos de Bolivia, Colombia, México, Paraguay y Perú. En otros casos las observaciones se centran en el acceso a la enseñanza primaria (Colombia, 2001); en la formación profesional o a la deserción escolar (Bolivia, 2001), o en la mala calidad de las escuelas públicas (Chile, 2004). También relacionado con el acceso, pero directamente implicado con la discriminación, la mayoría de los países han recibido recomendaciones con respecto a poblaciones indígenas (Guatemala, 2003; Honduras, 2001; Panamá, 2001, y Ecuador, 2004). Finalmente, una preocupación novedosa dentro de las recomendaciones del Comité es la relativa a la mejora o capacitación en materia de derechos humanos, tanto en los diversos niveles educativos como en la judicatura u otros agentes, como ocurre en los casos de Brasil, 2003; Colombia, 2001; Chile, 2004; Guatemala, 2003; Panamá, 2001, y Paraguay, 1996.

No obstante, en estas recomendaciones se aprecia que, en algunos casos, los países implicados han tomado medidas para la aplicación progresiva del derecho a la educación, como ocurre con el caso de Brasil (2007 y 2008), en cuyos informes se recoge una serie de programas nacionales encaminados a este objetivo; o el de Uruguay (2009 y 2010), que plantea una serie de metas a alcanzar en el campo educativo relacionados con hacer asequibles diversos niveles educativos para los niños con discapacidad, medidas para reducir el abandono y otras para la introducción de las tecnologías de la información y la comunicación en el ámbito educativo. Finalmente, por lo que respecta a Colombia, en el informe de 2009-2010 ofrece una serie de medidas para avanzar en el derecho a la educación, referidas al programa nacional de alfabetización, a la mejora de la educación básica, media y superior, y a la formación en derechos humanos.

El hecho de haber revisado los informes del Comité de Derechos Económicos, Sociales y Culturales en los dos últimos decenios nos ha permitido observar la evolución de las preocupaciones del propio Comité y también las medidas llevadas a cabo durante este período en cada uno de los países[8]. No obstante, en América Latina, si algún derecho goza de protección normativa es el referido a la educación, ya que todos los países de la región le han dado carácter gratuito, y solo cuatro países (El Salvador, Guatemala, Nicaragua y República Dominicana) lo incorporan con restricciones. Sin embargo, "ciertas flexibilizaciones presentes en los propios textos constitucionales, así como la ausencia de políticas públicas coherentes en la materia, han

---

[8] Para conocer la situación del derecho a la educación en algunos países de la región se puede consultar la colección de libros del Foro Latinoamericano de Políticas Educativas (FLAPE) sobre el derecho a la educación, en: http://foro-latino.org/flape/producciones/public_listado_derecho_txt.htm#indice.

abierto la puerta para su desconocimiento en la práctica"[9], o como insiste esta misma autora, "es bien sabido que en América Latina la existencia de constituciones y leyes no es garantía de respeto y cumplimiento"[10]. En estas cuestiones es donde se detecta la brecha existente entre el marco legal y la realidad educativa.

3.2. La educación en la Convención sobre los Derechos del Niño

Antes de analizar las implicaciones educativas que tiene la Convención, nos centraremos en los dos artículos que, de manera explícita, recogen cuestiones directamente relacionadas con la educación. Se trata del 28, dedicado al derecho a la educación, y del 29, sobre los objetivos de la educación. Como podrá apreciarse, estos dos artículos, de hecho, recogen los principios ya enunciados por el artículo 26 de la Declaración Universal de los Derechos Humanos y por los artículos 13 y 14 del Pacto Internacional de Derechos Económicos, Sociales y Culturales. Lo importante de la redacción de ambos artículos reside en que separa dos cuestiones que en redacciones anteriores se trataban conjuntamente. Nos referimos al reconocimiento por los Estados partes del derecho a la educación, en el sentido de organizar un sistema educativo (artículo 28), y el de los objetivos de la educación, que se tratan más explícitamente en el artículo 29 y que fue objeto de la Observación General número 1 por parte del Comité de los Derechos del Niño.

---

[9] Barrios, A. G.: "El derecho humano a la educación en América Latina: entre avances y desafíos". En Yamin, A. E. (comp.): *Derechos económicos, sociales y culturales en América Latina. Del invento a la herramienta*, Plaza y Valdés/IDRC International Development Research Centre, México y Ottawa, 2006, pp. 195-214, p. 205.

[10] Íd.

2.1. El derecho a la educación y los objetivos educativos

El derecho a la educación recogido en el artículo 28, a la vista del análisis de Hodgkin y Newell[11], habría requerido una mayor atención por parte del Comité de los Derechos del Niño. En síntesis, este artículo reafirma lo señalado en el artículo 13 del Pacto y, en definitiva, no hace más que establecer el marco de lo que es un sistema educativo. Así, propone la necesidad de instaurar una enseñanza primaria obligatoria y gratuita para todos; fomentar el desarrollo de la educación secundaria y profesional; hacer accesible la enseñanza superior, en base a la capacidad; disponer el acceso a la orientación educativa y profesional; adoptar medidas para favorecer la asistencia escolar; hacer que los métodos disciplinarios sean compatibles con la dignidad, y fomentar la cooperación internacional contra el analfabetismo. Según los análisis realizados sobre este artículo, significa que tiene que asegurarse una obligatoriedad escolar para hacer que la educación sea asequible y accesible.

El planteamiento recogido en dicho artículo 28, como no escapa a la interpretación del Comité, parece bastante difícil de alcanzar por muchos países, insistiendo en que se trata de que los Estados garanticen dicho derecho progresivamente, y en condiciones de igualdad de oportunidades. Por ello, en algunos casos, interpela a la cooperación internacional como motor del crecimiento económico, en busca de una mayor inversión en educación, de manera que los Estados dediquen "hasta el máximo de los recursos de los que se disponga", como señala la Convención en su artículo 4 y recuerda el propio Comité. En este sentido, uno de los obstáculos para el logro de los objetivos de la Convención está, precisamente, en estos límites económicos[12].

---

[11] Hodgkin, R. y Newell, P.: *Manual de Aplicación de la Convención sobre Derechos del Niño.* UNICEF, Ginebra, 2004.

[12] Bustelo, E.: *El recreo de la infancia.* Siglo XXI, Buenos Aires, 2007; Dinechin, P.: *Le réinterprétation en droit interne des conventions internationales sur los droits de l'homme. Le cas de l'intégration de la Convention des droits de l'enfant dans les droits nationaux en Amérique Latine.* Tesis doctoral, Université Paris III, París, 2006, o Beloff, M.: *Fortalezas y debilidades del litigio estratégico para el for-*

De acuerdo con el principio general de no discriminación que atraviesa toda la Convención, el derecho a la educación debe sentar las bases para que se dé en condiciones de igualdad de oportunidades, de ahí que el Comité detecte varios colectivos de niños que sufren discriminaciones diversas:

- *Las niñas:* en el mundo, dos tercios de los cien millones de jóvenes privados de educación son niñas. Los factores que inciden en esta situación son diversos: "las actitudes dictadas por la costumbre, el trabajo infantil, el matrimonio precoz, la falta de dinero y de servicios escolares adecuados, los embarazos de adolescentes y las desigualdades basadas en el género existentes tanto en la sociedad en general como en la familia"[13]. Como señalaba el informe Estado Mundial de la Infancia 2005 de la UNICEF: "utilizar un modelo basado en los derechos humanos para garantizar que las niñas reciban una educación, significa que el mundo tendrá que abordar el problema de la discriminación en materia de género"[14].

- *Los niños de zonas rurales:* las disparidades en la escolarización entre el medio rural y el urbano supera los 10 puntos, siendo, asimismo, la causa de esta situación una combinación de factores: el costo administrativo, el difícil acceso a las granjas y pueblos remotos y aislados, la escasez de maestros dispuestos a vivir en el campo, la dependencia de las comunidades agrícolas pobres del trabajo infantil y la aparente inadaptación de las escuelas y de los programas de estudios a la vida rural. En el caso de América Latina esta cuestión es especialmente destacable. Incluso alguno de sus

---

talecimiento de los estándares internacionales y regionales de protección a la niñez en América Latina, 2008, accesible en http://www.observatoriojovenes.com.ar/almacen/file/Fortalezas%20y%20debilidades_%20Mary%20Beloff.pdf.

[13] Hodgkin, R. y Newell, P.: *op. cit.*, 2004, p. 448.

[14] UNICEF: *op. cit.*, 2004, p. 6.

códigos de la niñez hacen mención expresa a esta situación, e intentan proponer medidas para paliar las dificultades en el acceso de los niños a la escuela en las zonas rurales[15].

- *Los grupos minoritarios* (inmigrantes, refugiados, niños víctimas de conflictos armados, etc.): la desigualdad de oportunidades escolares puede ser la consecuencia de una discriminación política y social de mayor alcance. En América Latina, esta situación es especialmente flagrante en Colombia, con los niños víctimas de conflictos armados o desplazamientos forzosos. También tenemos que señalar que los pueblos originarios son víctimas de mayor discriminación en el acceso a una educación de calidad, bien por cuestiones de discriminación racial o de lejanía de los centros escolares. Al igual que en el punto anterior, muchos de los códigos de la niñez intentan paliar esta situación a través de programas de educación intercultural bilingüe.
- *Los niños con discapacidad*: el Comité es consciente de que en este colectivo se dan límites a este derecho, en conflicto con los artículos 2 y 28 de la Convención, y aconseja que deben recibir enseñanza en escuelas ordinarias, junto con niños sin discapacidades[16].
- *Los menores privados de libertad*: a los que, a menudo, se les niega el derecho a la educación o una educación apropiada, como bien lo ha señalado el relator especial de Naciones Unidas para el Derecho a la Educación, Vernor Muñoz[17].

Con respecto a los diversos niveles de enseñanza, la Convención proclama que debe implantarse la enseñanza obligatoria y gratuita. No obstante, hay que ser consciente de que esa educación

---

[15] Ver Capítulo 4 de esta misma obra.
[16] Ver Capítulo 7 de esta misma obra.
[17] Muñoz, V.: *El derecho a la educación de las personas privadas de libertad. Informe del Relator Especial sobre el Derecho a la Educación, D. V. Muñoz Villalobos*. Comisión de Derechos Humanos. A/HRC/11/8, 2009.

se paga directa o indirectamente[18]. En cambio, por lo que respecta a la enseñanza secundaria, el Comité reconoce que la mayoría de los países no dispone de recursos suficientes para garantizarla, al igual que los problemas que plantea el acceso a la enseñanza profesional y el acceso a la enseñanza secundaria que, según el Comité, debería terminar, al menos, a los 15 años para que concuerde con lo dispuesto en el artículo 2 del Convenio de la OIT. La diferencia entre la edad de conclusión de la enseñanza obligatoria y la edad de admisión al empleo es, con frecuencia, causa de inquietud para el Comité. En cuanto a la enseñanza superior las referencias son menores, subrayando que el acceso a la misma debe realizarse "sobre la base de la capacidad", permitiendo que los adolescentes de escasos recursos puedan presentarse a los exámenes de entrada a la universidad y dar becas a los que los superen.

Otro elemento que preocupa al Comité es la deserción escolar, que analiza como un fenómeno mundial y cuyas causas son evidentes: pobreza, programas escolares aburridos, docencia mediocre, disciplina escolar excesivamente punitiva, problemas de aprendizaje, etc. En este sentido, el Comité aconseja que los Estados partes tomen medidas para que la escuela sea útil y atractiva y, de esta manera, retenga a los alumnos. En los casos que hemos estudiado, tanto de Europa como de América Latina, se aprecia un abandono escolar sustancial. En este último caso, incluso los códigos de la niñez prevén acciones paliativas para solventar esta deserción escolar que, en algunos países, alcanza cifras alarmantes[19].

Por último, la disciplina escolar también debe ser tenida en cuenta y coherente con la dignidad humana y de conformidad

---

[18] Tomaševski, K.: *The State of the Right to Education Worldwide. Free or Fee: 2006 Global Report*, 2006, en http://www.katarinatomasevski.com.

[19] SITEAL: "La asistencia escolar en la actualidad. Trayectorias educativas en 8 países de América Latina". En SITEAL: *Atlas de las desigualdades educativas en América Latina*. IIPE, UNESCO, OEI, Buenos Aires, 2010, o D'Alessandre, V.: *Adolescentes que no estudian ni trabajan en América Latina*. Cuaderno del Siteal, número 4. SITEAL, IIPE, UNESCO, OEI, Buenos Aires, 2010.

con lo señalado en la Convención. Así, el Comité ha dejado muy claro que todo castigo corporal, excesivo o no, es una forma inaceptable de disciplina en las escuelas y en cualquier otro lugar, ya que ello supondría avalar diversos tipos de abusos, tanto físicos como psíquicos.

Si hasta ahora nos hemos referido al artículo 28, corresponde al 29 señalar los objetivos educativos. Este artículo evita entrar en los contenidos de los programas escolares, aunque, si nos fijamos detalladamente en el desarrollo del artículo en cuestión, podemos apreciar que muchos de los aspectos que en él se citan tienen que ver con una orientación curricular apropiada a la defensa de los derechos humanos y libertades fundamentales. Se intenta fomentar actitudes favorables hacia la familia, los valores nacionales y el respeto en una sociedad libre y tolerante, ajena a cualquier atisbo de discriminación o en contra de los derechos humanos. Todas estas cuestiones fueron objeto de análisis pormenorizado por parte del Comité de los Derechos del Niño en su Observación General número 1.

La Convención hizo una apuesta por desarrollar un currículo apropiado a la formación del ciudadano y a la convivencia en paz en una sociedad libre. Muchos de estos aspectos han sido ya recogidos tradicionalmente en los programas escolares, bien de forma autónoma, mediante asignaturas del currículo, o bien como ejes transversales a otras materias curriculares. Así podemos ver que este artículo plantea, en síntesis, desarrollar la personalidad, las aptitudes y las capacidades; inculcar el respeto a los derechos humanos y las libertades fundamentales; fomentar en el niño el respeto a los padres, a la identidad cultural, al idioma, a la identidad nacional, a las distintas civilizaciones; preparar a los niños para una vida responsable en una sociedad libre: comprensión, paz, tolerancia, igualdad de sexos, y amistad entre los pueblos; inculcar el respeto al medio ambiente; y no poner restricciones a los particulares para establecer instituciones de enseñanza. Este artículo refleja, por lo tanto, el consenso mundial acerca de los objetivos fundamentales de la educación.

El Comité plantea que "existe un consenso internacional sobre los objetivos de la educación capaz de superar las barreras erigidas por la religión, la nación y la cultura en numerosas regiones del mundo"[20]. Como cabía esperar, muchos países islámicos han hecho reservas a este artículo por considerarlo incompatible con la ley coránica.

Una cuestión que parece clara en este artículo es que los sistemas educativos deben desarrollar el potencial de todos los niños, basándose en el principio de igualdad de oportunidades, abarcando las "aptitudes" del niño en el campo de la creatividad, las artes, la artesanía, los deportes y las capacidades profesionales; así como su "capacidad física", desde la simple coordinación motriz hasta actividades como la natación, la gimnasia, los juegos de balón; y el desarrollo de la "personalidad". Evidentemente, el conocimiento de que ello se haya llevado a cabo en la escuela resulta difícil. Muchas veces los datos de los que dispone el Comité para sus análisis provienen de meras estadísticas, como las de abandono o repeticiones escolares, que, en nuestra opinión, son insuficientes para estudios más pormenorizados sobre las prácticas educativas, puesto que ellos requieren información más cualitativa que pueda reflejar la consecución de los mencionados objetivos.

Como se ha podido observar en el ejemplo europeo[21], hay una carencia clara con respecto al conocimiento de los derechos humanos y del niño en los programas escolares, de manera que el Comité, aun consciente de esta situación, aconseja repetitivamente que no solamente se incluyan estos derechos en los programas, sino que los miembros de la comunidad educativa practiquen una educación basada en los derechos humanos. Lo mismo ocurre con otros objetivos relacionados con el respeto a los pa-

---

[20] Hodgkin, R. y Newell, P.: *op. cit.*, 2004, p. 474.

[21] Dávila, P. y Naya, L. M.: "La infancia en Europa: una aproximación a partir de la Convención de los Derechos del Niño". En *Revista Española de Educación Comparada*, n° 9, UNED, Madrid, 2003, pp. 83-134, o Dávila, P. y Naya, L. M.: "The Rights of the Child And Education in Europe", en *Prospects*, vol. XXXVII, n° 3, Springer, Dordrecht, 2007, pp. 381-399.

dres, a la identidad cultural, al idioma y a los valores, los propios del país en que vive y los del país del que sea originario, así como los de las civilizaciones distintas de la suya, recogidos en el artículo 29, pues "hay muchos países que promueven activamente el patriotismo, a expensas de inculcarles el respeto de diferentes culturas, en especial las culturas de los grupos minoritarios. Algunos países están preocupados porque ya no se enseña el respeto de los valores nacionales, por juzgarlos anticuados"[22]. La idea que quiere transmitir el Comité es que todas las personas de todas las culturas merecen la misma valía e igual respeto. Otros aspectos de este mismo artículo son objeto de preocupación del Comité porque demuestran que existe una escasa sensibilidad en los Estados partes para desarrollar políticas educativas encaminadas a una vida responsable en sociedad, a la igualdad de los sexos, a una educación por la paz o por el respeto al medio ambiente. En este último, caso la Convención es precursora al incluir el respeto al medio ambiente entre los objetivos educativos.

3.3. Una lectura educativa de la Convención sobre los Derechos del Niño

En este apartado pretendemos acercarnos a la Convención con una perspectiva educativa, y no centrada exclusivamente en los dos artículos que ya hemos comentado en el punto anterior. En la Convención también detectamos que la fundamentación educativa podría basarse en dos ejes, según la situación de los niños, niñas y adolescentes. Uno de estos ejes sería la necesidad de educación en función de las demandas de protección, provocadas por la explotación o violencia en la que pueden encontrarse los niños, niñas y adolescentes, y el otro eje haría referencia a la situación de determinados colectivos especialmente vulnerables.

---

[22] Hodgkin, R. y Newell, P.: *op. cit.*, 2004, p. 479.

En estos dos ejes de derechos podemos apreciar las perspectivas educativas que contiene. Por una parte, en el primer caso, porque son consecuencia, muchas veces, de carencias educativas: malos tratos, explotación laboral, tráfico de drogas, explotación sexual, venta o trata de niños, etc.; es decir, son situaciones que, desde la perspectiva educativa, demandan una protección especial. En el segundo caso, porque la protección de los derechos de estos colectivos supone una serie de implicaciones educativas de atención, por ejemplo, a niños con discapacidad, refugiados, pertenecientes a minorías o pueblos originarios, etcétera.

Desde esta perspectiva, la lectura que estamos haciendo ha diferenciado dos grupos de colectivos que, de manera explícita o implícita, están relacionados con la educación, ya sea por situaciones carenciales u otras razones. No se nos escapa que estas situaciones están demandando la apuesta firme por una educación inclusiva y que, como docentes, hay que estar alerta, desde los centros educativos, para observar la violación de estos derechos o su efectividad; de ahí que la Convención se transforme en una herramienta útil para los maestros, profesores, administración docente, etc., que pueden detectar estas situaciones en los centros educativos. De esta manera, la escuela o, más ampliamente, los centros educativos son un buen laboratorio para poder analizar las diversas situaciones por las que atraviesan los niños, niñas y adolescentes, y también orientar las prácticas educativas.

Para un educador se hace imprescindible poder analizar la realidad educativa con la perspectiva de los derechos del niño[23]. En este sentido, creemos que el estudio de esta situación puede realizarse a partir de tres niveles. En primer lugar, desde el centro escolar, que es un espacio idóneo para la observación y el

---

[23] Dávila, P. y Naya, L. M.: "Los derechos de la infancia en el marco de la educación comparada". En *Revista de Educación*, n° 340, Ministerio de Educación, Madrid, 2006, pp. 1009-1038, accesible en http://www.revistaeducacion. mec. es/re340/re340_37.pdf.

cumplimiento de estos derechos. Además, este conocimiento debe incitar una determinada acción pedagógica de acuerdo con los principios que rigen los derechos de los niños y con una perspectiva, en la mayoría de los casos, de una educación inclusiva. Sin duda es el espacio más privilegiado para el educador, ya que en él pueden observarse muchas de las situaciones posibles que afectan a los derechos de los niños, niñas y adolescentes. En este nivel micro, podemos constatar que, por lo menos, existen tres esferas de derechos observables: las libertades civiles y derecho al juego (artículos 13, 14, 15, 16, 17 y 31); un grupo de derechos relacionados con la protección, cuya presencia se puede constatar en el espacio escolar (artículos 19, 23, 30, 32, 39 y 40); y, finalmente, los dos artículos relacionados propiamente con la educación (28 y 29). Una lectura detenida de estos artículos posibilita, sin duda, la interpretación que estamos desarrollando y que tiene implicaciones educativas. En un segundo nivel, que podríamos considerar nivel macro, los derechos de la infancia deben estar presentes de forma transversal en todo el sistema educativo, poniéndose en evidencia el derecho a la educación, según lo indicado en el artículo 28. Finalmente, en el tercer nivel, se puede constatar cuáles son las obligaciones gubernamentales y las implicaciones educativas que, necesariamente, también conllevan otro tipo de reconocimientos legales. Es decir, el segundo nivel se refiere al marco escolar del derecho a la educación, mientras que el tercero supone determinadas obligaciones gubernamentales en diversos ámbitos para el fiel cumplimiento de los derechos del niño y de la educación.

3.3.1. Primer nivel: el centro escolar como espacio de observación y acción pedagógica

La Convención sobre los Derechos del Niño, explícita e implícitamente, contiene muchos elementos educativos. No obstante, si comenzamos por el nivel micro, podemos tener presente un conjunto de derechos señalados en el párrafo anterior, donde los educadores y educadoras pueden observar en el centro escolar la efectividad o la violación de esos derechos y, en la medida de sus posibilidades, actuar convenientemente. Con esta perspectiva, cuando los profesionales de la educación sostienen un discurso sobre la diversidad, el multiculturalismo, la escuela inclusiva u otros conceptos parecidos lo hacen, o deberían hacerlo, porque son conocedores de la existencia del principio de no discriminación, protegido por los derechos humanos y del niño, y no como un "invento" pedagógico sin inserción en un marco de derechos. En este sentido, hemos de tener en consideración que, por ejemplo, la diversidad cada vez está más presente en los centros educativos de la mayoría de los países del mundo, y debe ser atendida, no como un horizonte que desemboque en la integración, sino como el pleno reconocimiento de los derechos de los niños y niñas en el ámbito escolar. De esta forma, la integración no es más que un paso previo al completo reconocimiento de los derechos de la infancia y a la diversidad. Asimismo, hemos de tener presentes otros contextos no escolares, como el derecho al juego y a la información, que están orientados con la perspectiva de los objetivos educativos señalada en la Convención.

En el siguiente gráfico puede apreciarse el conjunto de derechos que sustentan los derechos de los niños y niñas, y su posible ejercicio, vigencia o disfrute dentro del centro educativo, sea total o parcialmente. También puede observarse que todos ellos pueden ser analizados en la escuela, donde es posible conocer estos derechos y llevar a cabo una acción pedagógica adecuada a las necesidades de los niños y niñas, desde un enfoque de derechos humanos.

El gráfico debe entenderse desde la importancia que supone el centro escolar, donde se materializan el derecho a la educación y los objetivos educativos, pero también el ejercicio de los derechos civiles, el derecho al juego o el derecho a la información. También el centro escolar es un espacio donde, en muchas ocasiones, se observan situaciones de niños y niñas que han sido objeto de maltrato u otras formas de violencia; niños y niñas con discapacidad; minorías lingüísticas, étnicas o culturales, que deben ser atendidas con una perspectiva de educación inclusiva. Finalmente, hay que tener en cuenta la adecuación de la edad escolar con respecto al trabajo infantil y, en los casos que se demande, una apropiada formación para los niños y niñas en conflicto con la ley.

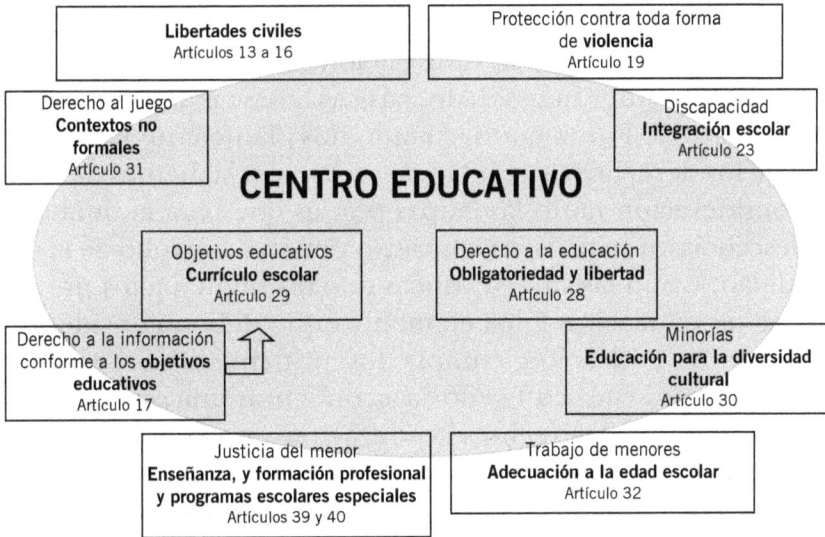

Gráfico 1: El centro educativo como registro.

Estas cuestiones suponen que el estudio de estos derechos puede hacerse en contextos educativos formales; teniendo en cuenta la diversidad de situaciones que se encuentran implicadas, además de que deben cumplirse las dimensiones del derecho a la educación. En este sentido, interesa centrarnos en el derecho a la educación en un sentido amplio, pues las dimensiones que presenta y las categorías que se recogen lo hacen valer como prioritario y condición indispensable para ejercer el resto de los derechos humanos, tanto políticos y civiles como económicos, sociales y culturales.

El interés de este planteamiento es relevante para quienes, desde la educación, nos acercamos al estudio, análisis e, incluso, intervención pedagógica en la escuela por cuanto permite, tanto a los estudiosos como a los profesionales de la educación, detectar la situación de los derechos de los niños, niñas y adolescentes en un espacio donde la acción pedagógica es factible. Tanto por lo que respecta a la atención y a la protección, como a los principios básicos, observamos que es pertinente el interés por observar aquellas situaciones en las cuales se hacen patentes los principios generales de la Convención, además de las situaciones de protección y necesidades básicas que se manifiestan en el espacio escolar. Por lo tanto, cuando nos planteamos la observación de los derechos de la infancia en la escuela, hemos de tener en consideración tanto las etapas por las que pasa la infancia y adolescencia en su proceso educativo y en su desarrollo de la personalidad, como las características que distinguen a los propios sujetos de educación y los elementos que deben considerarse para que la educación cumpla los principios básicos de la Convención. El Gráfico 1 vendría a configurar una especie de topografía, tanto del derecho a la educación, en su doble vertiente de derecho y objetivos (muchos de ellos determinantes de un currículo escolar basado en derechos humanos), como de los derechos de la infancia. Esta visión, sin duda, amplía nuestra mirada sobre el espacio escolar, de forma que los niños y las niñas no sean únicamente alumnos y alumnas en el proceso de enseñanza-aprendizaje, sino sujetos de derecho y necesitados, en muchas ocasiones, de atención y protección y, también, de consideración de los principios que rigen todos los derechos de la infancia: participación, no discriminación e interés superior del niño.

3.3.2. Segundo nivel: el sistema escolar y los derechos de la infancia

Por lo que respecta al segundo nivel hay que plantear el principio de que los sistemas educativos son una plasmación del derecho a la educación y, en líneas generales, deben recoger los contenidos de la Convención. Por otra parte, las propias constituciones de los Estados recogen el derecho a la no discriminación, a la participación y, en menor medida, al interés superior del niño, además de otros aspectos que suponen la implementación de la Convención. Así, puede afirmarse que, en la mayoría de los países, existe legislación suficiente sobre la protección a la infancia y sus derechos.

Además de este nivel general que afecta a la estructura del sistema educativo en los diferentes niveles, debemos tener presente que el derecho a la educación no solo constituye una estructura de acceso a la enseñanza, sino que también demanda otras cuestiones que favorezcan la calidad de la educación, la formación de los maestros y de una administración educativa, por no decir la necesaria financiación que sustenta un sistema educativo. Pero además, las políticas educativas de los Estados no solamente han dictado normas para la estructuración del sistema educativo, sino que también marcan las líneas generales del currículo escolar, fijando los contenidos de la enseñanza y, en muchos casos, controlando los libros de texto a fin de que se adecuen al currículo prescrito. En este sentido, los principios básicos de la Convención deben ser ejes que atraviesen todos los niveles educativos y los objetivos de la educación. De la misma manera, los derechos de atención y protección también deben estar presentes en aquellos centros escolares donde existan niños y niñas con discapacidad, minorías étnicas o lingüísticas, víctimas de explotación o sujetos a la justicia del menor.

Los sistemas educativos, desde el punto de vista del derecho a la educación, son fundamentales para poder analizar las obligaciones de los gobiernos y también la exigibilidad necesaria para que el derecho a la educación esté garantizado[24]. De ahí que sea este nivel el fundamental a la hora de poder estudiar la

---

[24] Ver el portal sobre justiciabilidad de la Campaña Latinoamericana por el Derecho a la Educación: http://www.campanaderechoeducacion.org/justiciabilidad/index.php.

efectividad y la violación de este derecho, pues, en última instancia, corresponde al Estado organizar el sistema educativo que cumpla con los compromisos que le corresponden, en cuanto a lograr el disfrute de la educación como un derecho, pero también en lo referente a los compromisos internacionales. De ahí que sea exigible que, entre las obligaciones de los gobiernos, también se tengan presentes los derechos de los niños, niñas y adolescentes en todo aquello que afecte a la educación y no solo en cuanto incida en el acceso a la misma, sino también en conseguir una educación basada en derechos.

Por otra parte, y a la vista de las recomendaciones del Comité de los Derechos del Niño, se observa que estas van dirigidas a asegurar la efectividad del acceso a la educación a todos los colectivos y, también, que los derechos humanos y, en concreto, los derechos de la infancia, tengan su plasmación tanto en dicho sistema como en el currículo. De ahí la importancia de que los objetivos de la educación tengan un enfoque de derechos humanos. Por lo tanto, el sistema escolar debe estar atravesado por los principios generales de la Convención y por los derechos de protección, que, en general, deben adecuarse a una visión de educación inclusiva, del modo que hemos señalado. En este sentido, y siguiendo la metáfora de la *matrioska*, esta sería la muñeca de tamaño mayor que debe acoger en su seno a los centros educativos. De manera que aquello que está prescrito en este nivel vaya incorporándose a los centros escolares.

3.3.3. Tercer nivel: las obligaciones gubernamentales y sus implicaciones educativas

Una vez planteada la visión de las lecturas de los niveles micro y macro con respecto a la escuela y el sistema educativo, presentamos en la Tabla 1 los artículos de la Convención en los que aparece alguna mención explícita a la educación, y se indican las obligaciones gubernamentales, de acuerdo con alguno de los principios rectores de la Convención. Como podrá observarse, en la tercera columna de la tabla distinguimos aquellos aspectos que tienen una implicación educativa, pues en algunos de ellos, como el artículo 17, sobre información, aparece clarísimamente una referencia explícita al artículo 29 sobre los objetivos de la educación. Por lo tanto, y aunque este artículo no podamos observarlo en un centro escolar, es evidente que aspectos como "alentar la producción y difusión de material de interés para los niños" pueden tener una repercusión en cuanto a los textos y materiales escolares. Lo mismo puede ocurrir con el juego y las actividades culturales (artículo 31), cuya implicación educativa no está exclusivamente referida al espacio escolar.

Por otra parte, otros artículos más relacionados con la protección y la ayuda (19, 23, 30, 32, 39 y 40) son precisamente los más sujetos a ciertas discriminaciones, tanto sociales como escolares. En estos casos, la escuela actúa, o debería actuar, favoreciendo comportamientos tanto de integración escolar como de respeto a la diversidad y a la educación en derechos humanos. Por lo tanto, nos parece pertinente realizar un planteamiento integral de la educación con respecto a los derechos de los niños y las niñas, pues de esta manera podemos resaltar el verdadero carácter educativo que subyace a lo largo de toda la Convención.

Nuevamente nos vemos obligados a resaltar que estos planteamientos solamente pueden ser comprensibles con una perspectiva amplia de la educación inclusiva, pero también, y desde la óptica normativa del derecho a la educación, se pueden señalar las brechas existentes y los desafíos que se plantean. Así, por ejemplo, en América Látina se han podido detectar los siguientes desafíos: insuficiente conciencia de la condición de derecho humano de la educación; visión reducida del derecho a la educación; instalación de políticas públicas incongruentes con el derecho a la educación; inconsistencias entre los textos constitucionales y la normativa internacional y, finalmente, insuficiente desarrollo de los mecanismos de exigibilidad[25].

---

[25] Barrios, A. G.: *op. cit.*, 2006.

Tabla 1. La Convención sobre los derechos del niño y sus implicaciones educativas.

CDN	OBLIGACIONES GUBERNAMENTALES	IMPLICACIONES EDUCATIVAS
Artículo 17. Acceso a una información adecuada. El propio artículo lo relaciona con el 29.	- Mismas obligaciones que para el contenido del derecho a la educación. - Alentar la producción y difusión de material de interés para los niños. - Directrices de protección sobre las minorías lingüísticas.	– Se mantiene el espíritu y la referencia directa al artículo 29 sobre educación y desarrollo de la personalidad, la enseñanza de los derechos humanos, respeto a los padres, responsabilidad y respeto por el medio ambiente.
Artículo 19. Protección contra toda forma de violencia.	Adoptar medidas legislativas, administrativas, sociales y educativas para protegerlos contra toda forma de violencia.	– Prohibición de castigo corporal y violencia entre iguales en contextos escolares.
Artículo 23. Niño impedido mental o físicamente.	- Asegurar, con sujeción a los recursos disponibles, la prestación a los niños, que debería ser gratuita. - Asegurar que el niño impedido tenga un acceso a la educación.	- Acceso efectivo a la educación, la capacitación, etc. con el objeto de que el niño logre la integración social y el desarrollo individual. - Integración escolar y educación inclusiva.
Artículo 30. Niños pertenecientes a minorías o poblaciones indígenas.	- No se les denegará el derecho a tener su propia cultura, religión y lengua.	- Diversidad cultural, religiosa y lingüística. - Educación inclusiva.
Artículo 31. Juego y actividades culturales.	- Promover el derecho al juego y a las actividades culturales y artísticas.	- Actividades en contextos educativos no formales.
Artículo 32. Trabajo de menores.	- Protegerlos contra la explotación económica que pueda entorpecer su educación. - Fijar la edad mínima, horario, condiciones, etc.	- Obligatoriedad escolar hasta la edad fijada. - Detectar los trabajos nocivos para la salud, la educación y su desarrollo.

Tabla 1. La Convención sobre los derechos del niño y sus implicaciones educativas.

CDN	OBLIGACIONES GUBERNAMENTALES	IMPLICACIONES EDUCATIVAS
Artículo 39: Recuperación y reintegración social para víctimas de explotación, conflictos armados, abandono, malos tratos y explotación.	- Adoptar las medidas para promover la integración social.	- Cuidados especiales (psicológicos, salud, educativos) tanto en internamientos como en espacios escolares. - Programas especiales de integración. - Educación inclusiva.
Artículo 37. Administración de justicia a menores.	- Tomar medidas sobre edad mínima, garantías procesales y de tratamiento apropiado.	- Aplicación de diversas medidas (vigilancia, colocación en hogares, etc.). - Programas de enseñanza y formación profesional.
Artículo 28. Educación.	-Asegurar la educación primaria obligatoria y gratuita.	- Obligatoriedad escolar.
Artículo 29. Objetivos de la educación.	- Desarrollar la personalidad, respeto de derechos.	- Currículo escolar.

En este sentido, la labor más alentadora para poder analizar la efectividad del derecho a la educación reside en poder detectar la brecha existente entre las declaraciones formales, las legislaciones y normativas internas de los países y las dificultades para su implementación. La distancia existente entre unas y otras es la que nos facilita el conocimiento de la realidad educativa con sus límites y posibilidades.

La tabla precedente, a los ojos de un educador, se nos presenta como un marco de referencia para entender las implicaciones educativas y su relación con las obligaciones gubernamentales. Por supuesto, a este marco de referencia le faltan los principios generales que atraviesan la Convención para que se impregnen de su esencia. En este sentido, nos podemos plantear un par de preguntas para entender hasta qué punto es necesario que los educadores comprendamos el valor educativo de la Convención: ¿cuáles son las implicaciones educativas en su conjunto?, y consecuentemente, ¿qué visión educativa nos ofrece la Convención? Para responder a estas preguntas deberíamos distinguir, como mínimo, dos niveles: el escolar y el social, pues muchos de los aspectos que podemos observar no solamente hacen referencia a los centros escolares, sino a todo el conjunto social. Por otra parte, hay que entender que en la Convención subyace un determinado enfoque educativo que fundamenta la visión de una educación basada en derechos. A nuestro entender, dicho modelo educativo tendría los siguientes elementos:

1. A nivel escolar, la Convención apuesta por una educación inclusiva, que afecta a las minorías étnicas o lingüísticas, a los niños con discapacidad, o a la atención al abandono escolar, etc.; una educación respetuosa con la diversidad; un currículo basado en los derechos humanos; una educación que desarrolle la personalidad, las aptitudes y las capacidades; respetuosa con los padres, la identidad cultural y los valores de toda la ciudadanía para asumir una vida responsa-

ble en una sociedad libre y respetuosa con el medio ambiente, y, por supuesto, contraria al castigo corporal.

2. A nivel social, la propuesta educativa que subyace en la Convención estaría sostenida por el acceso a una información basada en los derechos humanos; una educación que facilite la integración social (niños con discapacidad, en conflicto con la justicia, de pueblos originarios, etc.) y que se adecue al acceso al trabajo, haciéndolo compatible con el cumplimiento del derecho a la educación.

Para profundizar en esta visión educativa que subyace en la Convención podemos analizar las diferentes observaciones generales que, desde 2001 hasta la actualidad, ha dictado el Comité de los Derechos del Niño. Entre las doce observaciones generales redactadas, vamos a analizar los planteamientos educativos que subyacen en las siguientes: propósitos de la educación (número 1, 2001); realización de los derechos del niño en la primera infancia (número 7, 2005); el derecho del niño a la protección contra los castigos corporales (número 8, 2006); los derechos de los niños con discapacidad (número 9, 2006); los niños indígenas y sus derechos en virtud de la Convención (número 11, 2009) y el derecho a ser escuchado (número 12, 2009). Con respecto a la Observación General número 10, de 2007, sobre los derechos del niño en la justicia de menores, llama la atención que no se aborde directamente el tema educativo, cuando en el propio artículo de la Convención se hace mención a ciertas medidas socioeducativas. Esta observación parece estar más ligada a los principios de la justicia del menor que a incidir sobre las medidas educativas que deberían prevalecer sobre las penales.

Una muestra de la preocupación del Comité por la educación es que, justamente, sean los objetivos educativos el tema de la Observación número 1. En este sentido, parece que el Comité asume una función pedagógica en cuanto que desciende a una serie de cuestiones relacionadas con el quehacer pedagógico, con los programas de estudios o con los métodos pedagógicos.

Esta función del Comité debe ser tenida en cuenta con más razón, dado que la mayoría de sus miembros carece de una formación pedagógica específica. No obstante, se aprecia la aplicación de la perspectiva educativa a través de los principios de la Convención. Así, el contenido de este artículo debe entenderse en íntima relación con otro conjunto de artículos. Resulta alentador que el Comité no circunscriba los objetivos de la educación al ámbito escolar, pues "los niños no pierden sus derechos humanos al salir de la escuela". Esta recomendación hace hincapié en promover la participación del niño en la vida escolar, así como en otros ámbitos, encaminando el aprendizaje al ejercicio de los derechos. De la misma manera, y en aplicación del interés superior del niño, se señala que la educación tiene como objetivo el desarrollo de la personalidad, de sus dotes naturales y capacidades. Como consecuencia de ello, el Comité señala que los programas de estudio "deben guardar una relación directa con el marco social, cultural, ambiental y económico del niño", así como que los métodos pedagógicos deben adaptarse a las necesidades de los niños. La no discriminación debe ser también otro criterio para analizar los objetivos educativos, de manera que el Comité destaca que los objetivos de la educación deben encaminarse a la lucha contra el racismo, la discriminación racial, la xenofobia y las formas conexas de intolerancia. Finalmente, el Comité insiste en que hay que ver la educación de una forma global, subrayando la creación de un clima humano que permita a los niños desarrollarse según la evolución de sus capacidades, además de reforzar una serie de valores éticos como la educación para la paz, la tolerancia y el respeto al medio ambiente.

Otro núcleo de cuestiones presentes en esta observación se refiere a la educación en la esfera de los derechos humanos, siguiendo los principios de la Conferencia Mundial sobre Educación en Derechos Humanos, celebrada en Viena en 1993. Finalmente, el Comité entiende que todas estas recomendaciones deben ser objeto de aplicación, supervisión y examen de cara a los informes de los países y al trabajo del propio Comité. Por todo ello, el Comité exhorta a los Estados partes a que "adopten las medidas necesarias para incorporar oficialmente estos principios en sus políticas educativas y en su legislación a todos los niveles". Como no escapa a los redactores de esta observación, ello exige modificaciones fundamentales en los planes de estudio, revisar los libros de texto o formación de maestros, administradores en la esfera docente, así como reformar los métodos de estudio. También los medios de comunicación se ven afectados por esta observación, ya que a ellos les corresponde un papel central en la promoción de los valores y objetivos educativos.

Por lo que respecta a los derechos del niño en la primera infancia, la Observación número 7 solamente se refiere a la educación en el párrafo 28, donde recuerda que "el derecho a la educación durante la primera infancia comienza en el nacimiento y está estrechamente vinculado al derecho del niño pequeño al máximo desarrollo posible".

Con respecto a los castigos corporales, la Observación número 8 aboga por medidas educativas de otro tipo. En este sentido, promueve el cambio de actitud y de prácticas que prohíban la aceptación tradicional de los castigos corporales, haciendo hincapié en su eliminación, así como en la de otros castigos crueles o degradantes. También en cuanto a los padres, y ya que la Convención establece la condición de niño como individuo y titular de derechos humanos, se recuerda que "el niño no es propiedad de los padres ni del Estado, ni un simple objeto de preocupación", ya que, de acuerdo con el principio de participación e interés superior del niño, la educación debe girar en torno a la infancia. En este sentido, el Comité recomienda que se solicite ayuda a los diferentes organismos de Naciones Unidas, como la UNICEF o la UNESCO, para promover enfoques educativos no violentos.

La Observación número 9, relativa a los derechos de los niños con discapacidad y cuya estructura es modélica en cuanto a su elaboración, incluye un bloque sobre educación y ocio, donde, por primera vez, el Comité recoge un apartado relativo a la educación inclusiva. En este sentido, el Comité asume las directrices de la UNESCO para la inclusión, garantizando el acceso de la educación para todos[26], así como el objetivo de la educación inclusiva contenido en la Convención sobre los Derechos de las Personas con Discapacidad, que, a la hora de redactar esta observación, era todavía un proyecto. No obstante, siguiendo estos criterios, el Comité aboga por una lectura amplia de la educación inclusiva, pues, según entiende, "la educación inclusiva es un conjunto de valores, principios y prácticas que tratan de lograr una educación cabal, eficaz y de calidad para todos los alumnos, que hace justicia a la diversidad de las condiciones de aprendizaje y las necesidades, no solamente de los niños con discapacidad, sino de todos los alumnos". Esta concepción supone entender el sistema educativo de una forma más global y modificar los planes de formación para los maestros involucrados en él.

Otro de los grupos sobre el cual se ha realizado una observación general es el de los niños de pueblos originarios. En este sentido, y siguiendo la misma estructura de la observación anterior, al referirse a la educación, remite a la Observación número 1, pero, sobre todo, insiste en que los Estados partes "velen por que los programas de estudios, el material educativo y los libros de texto de historia den una imagen justa, exacta e informativa de las sociedades y culturas de los pueblos indígenas, siguiendo la declaración de las Naciones Unidas sobre los derechos de los pueblos indígenas". El Comité es consciente de la discriminación racista sobre los pueblos originarios, así como de las dificultades de escolarización, deserción escolar y analfabetismo, y aconseja a los Estados partes que adopten medidas especiales tendentes a reconocer a los pueblos indígenas el derecho a "crear sus propias instituciones y medios de educación"; también debe garantizarse el acceso a la educación a través de instalaciones escolares

---

[26] Ver Capítulo 5 de esta misma obra.

en los lugares en los que viven los niños indígenas, así como que reciban educación en su propio idioma. En este sentido, el Comité recuerda el artículo 28 del Convenio número 169 de la OIT, en el que se dispone que deberá enseñarse a los niños indígenas a leer y escribir en su propia lengua, además de darles la oportunidad de llegar a dominar las lenguas oficiales del país. Los programas de estudios bilingües e interculturales son un criterio importante para la educación de los niños indígenas[27]. En la medida de lo posible, los maestros de los niños indígenas deberían ser contratados en sus comunidades y recibir un apoyo y una formación suficientes.

Finalmente, en la Observación número 12, el Comité insiste en que "el respeto del derecho del niño a ser escuchado en la educación es fundamental para la realización del derecho a la educación". En este sentido, defiende que la participación en todos los entornos docentes debe promover el papel activo del niño en su aprendizaje participativo, para que la enseñanza de los derechos humanos pueda ser efectiva, y cree un clima social que estimule la cooperación y el apoyo mutuo para el aprendizaje interactivo. Más allá de la escuela también el Comité alienta a los Estados partes a que apoyen la creación de organizaciones estudiantiles.

3.4. Las consecuencias educativas del derecho a la educación

Además de esta visión conjunta de las implicaciones educativas de algunos de los derechos de la infancia, sin ignorar que muchos otros derechos también tienen esta repercusión (por ejemplo, la educación en el ámbito familiar), nos queremos referir más explí-

---

27 Para los casos de Argentina, Brasil, Colombia, Chile, Nicaragua y Perú, se pueden consultar las publicaciones del Foro Latinoamericano de Políticas Educativas (FLAPE): http://www.foro-latino.org/flape/producciones/publicaciones.htm.

citamente al planteamiento sobre el derecho a la educación sugerido por los trabajos de Katarina Tomaševski, y que han supuesto un buen acercamiento, tanto teórico como metodológico, al conocimiento y análisis de la situación de este derecho en el mundo, a través de lo que ella ha categorizado como "las 4 Aes": asequibilidad, accesibilidad, aceptabilidad y adaptabilidad.

A fin de exponer la complejidad de las obligaciones de los gobiernos en relación con el derecho a la educación, hemos recogido en el Gráfico 2 los aspectos relativos al derecho a la educación, tal y como cabe interpretarlo desde el artículo 13 del Pacto de los Derechos Económicos, Sociales y Culturales, y posteriores interpretaciones y observaciones hechas por el propio Comité Económico y Social y otros principios que rigen el derecho a la educación en los tratados internacionales, como es la propia Convención. Este gráfico sintetiza en muchos aspectos las aportaciones de Katarina Tomaševski, y le hemos añadido las consecuencias educativas y escolares que tiene, en nuestra opinión, cada una de las categorías señaladas. Esta ilustración recibió, en su momento, el beneplácito de la propia Katarina Tomaševski, pues entendía la complementariedad de las consecuencias educativas de su planteamiento.

Además de las diferencias entre el derecho a la educación y los derechos en educación, sustanciales para entender las obligaciones del Estado y los objetivos de la educación[28], se observan en el gráfico los límites de cada uno de los conceptos que estructuran el derecho a la educación en el citado esquema. En este sentido, la *asequibilidad* es uno de los aspectos en los que más directamente están implicadas las obligaciones del Estado, que debe garantizar la disponibilidad de educación, para que esta pueda ser obligatoria y gratuita, pero también la libertad que corresponde a los padres. No obstante, estas cuestiones demandan claramente una teoría de Estado, como ha puesto de manifiesto Carnoy[29], para conocer los

---

[28] Beiter, K. D.: *The Protection of the Right to Education by International Law.* Martinus Nijhoff Publishers, Lieden/Boston, 2006.

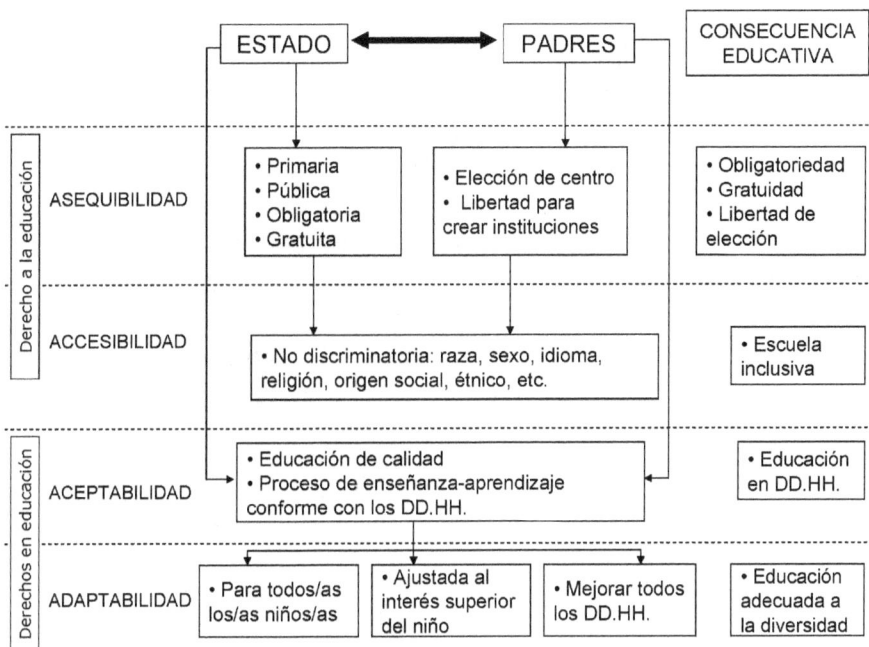

Gráfico 2: Las 4 Aes y sus consecuencias escolares.

límites de la intervención estatal, los derechos de elección de los padres, el papel de la escuela pública y privada o el currículo[30]. La *accesibilidad* se refiere a las obligaciones que tiene el Estado para posibilitar el acceso no solamente a la educación primaria, sino también a los otros niveles educativos, que en muchos casos debe pagarse. Pero es necesario considerar que ese acceso debe hacerse sin discriminaciones y posibilitando una escuela inclusiva. En este sentido, son muchos los acuerdos internacionales donde se fija la posición negativa de los organismos internacionales ante todo tipo de discriminación, así como informes que se refieren a las

---

[29] Carnoy, M.: "Rethinking the Comparative—and the International", en *Comparative Education Review* 50, November, University of Chicago Press, Chicago, 2006, pp. 551-570.

[30] Tomaševski, K.: *op. cit.*, 2006, pp. 15-40.

discriminaciones en el derecho a la educación[31]. Donde se registran las mayores discriminaciones es en el acceso a la educación, como se ha puesto de manifiesto en tantos informes, y afecta, sobre todo, a las niñas, los niños y niñas con discapacidad o las minorías étnicas. Así como la discriminación a las niñas en el acceso a la escuela afecta más a los países árabes, Asia Oriental o África Subsahariana, la discriminación a los niños con discapacidad y a las minorías étnicas está más extendida por todo el mundo. En unos casos, como en Europa, contra la minoría romaní[32], y en otros, como en América Latina, contra los pueblos originarios, a pesar de que, formalmente, en sus legislaciones se abogue por la no discriminación y el respeto.

La *aceptabilidad* se orienta hacia una educación de calidad y que cumpla los requisitos de salud, seguridad y un proceso educativo donde queden garantizados, no solamente el "derecho *a* la educación", como son los casos de asequibilidad y accesibilidad, sino también el de los "derechos *en* educación", que debe afectar a la aceptabilidad y adaptabilidad. En este sentido, algunas de las cuestiones sobre el uso de las lenguas en las escuelas, por parte de las minorías lingüísticas, son derechos que suponen una mejor aceptabilidad educativa; o el trabajo infantil que supone una forma de violencia que impide el acceso a las escuelas. Interesa, no obstante, destacar que en el caso europeo la violencia escolar está siendo objeto de atención, como lo demuestran las recomendaciones del Comité[33]. Finalmente, la adaptabilidad es uno de los elementos

---

[31] Siemienski, G.: *Education Rights of Minorities: the Hague Recommendations. Working Paper submitted by Mr. Guillaume Siemienski. Commission on Human Rights.* E/CN.4/Sub.2/AC.5/1997/WP.3; Tomaševski, K.: *The Right to Education. Report submitted by the Special Rapporteur, Katarina Tomaševski. Commission on Human Rights.* E/CN.4/2004/45, o Muñoz, V.: *El derecho a la educación de las niñas. Informe del Relator Especial sobre el Derecho a la Educación, D. V. Muñoz Villalobos.* Comisión de Derechos Humanos. E/CN.4/2006/45.

[32] Dávila, P. y Naya, L. M.: "El derecho a la educación en Europa: una lectura desde los derechos del niño". En *Bordón. Revista de Pedagogía*, vol. 61, n° 1, Sociedad Española de Pedagogía, Madrid, 2009, pp. 61-76.

[33] Para conocer la situación sobre el castigo corporal, puede consultarse: http://www.endcorporalpunishment.org/.

que exige un mayor esfuerzo creativo para que las escuelas se adapten a los niños, siguiendo el principio del interés superior del niño, que es uno de los principios rectores de la Convención. Al igual que ocurre con las otras tres aes, la adaptabilidad está relacionada con el campo de las discriminaciones, pero también de las diversidades culturales, religiosas, etc. Por ello, se exige que la adaptabilidad garantice la mejora de los derechos humanos a través de la educación. En este sentido, se demandan programas de educación en derechos humanos tanto a nivel mundial, como en la práctica escolar[34]. En muchos casos, la esfera de la educación en derechos humanos ha derivado hacia la enseñanza para la ciudadanía[35], dejando a veces muchas dudas sobre si realmente la educación está orientada hacia una educación en la diversidad, que es la que mejor garantizaría la adaptabilidad.

En el Gráfico 2 también hemos querido resaltar las obligaciones gubernamentales de los Estados, en el sentido de que estos deben invertir en educación, en última instancia en infraestructura y mantenimiento y asegurar el acceso a las niñas, que sufren mayor discriminación. No se debe permitir la discriminación ni dentro de los centros escolares, ni en el acceso, bien sea por la no asistencia, o la situación laboral. De la misma manera, el Estado debe establecer y aplicar normas en educación que permitan una educación aceptable con los derechos humanos y también que se adapte a la diversidad cultural. Todo ello supone la búsqueda y establecimiento de unos indicadores que permitan constatar no solo el reconocimiento del derecho a la educación, sino a la educación como un derecho[36]. La búsqueda de

---

34 Un ejemplo de ello es el decenio de Naciones Unidas para la educación en la esfera de los derechos humanos (1995-2004). Para el caso de América Latina el Instituto Interamericano de Derechos Humanos es pionero en este tipo de programas, y pueden consultarse sus publicaciones y actividades en su página web: http://www.iidh.ed.cr.

35 Para el caso europeo puede consultarse el trabajo de Eurydice: *Citizenship Education at School in Europe*. Eurydice, Brussels, 2005.

36 Tomaševski, K.: *op. cit.*, 2005, y Henaire, J. y Truchot, V.: "Les indicateurs du droit à l'éducation: le défi d'une mise en œuvre". En CIFEDHOP: *Défis éducatifs et droits de l'homme*, CIFEDHOP, Genève, 2003, pp. 57-80.

estos indicadores es el reto mayor que cabe esperar entre quienes se preocupan por una aplicación correcta de los derechos de la infancia, pues sirven para detectar la brecha existente entre un discurso "políticamente correcto" y la realidad educativa.

CAPÍTULO 4

MARCO LEGAL DE LOS DERECHOS DE LA INFANCIA EN AMÉRICA LATINA

PAULÍ DÁVILA
LUIS M. NAYA
ASIER LAUZURIKA
Universidad del País Vasco/Euskal Herriko Unibertsitatea

La preocupación por la protección de la infancia en América Latina es un fenómeno casi permanente a lo largo de todo el siglo XX, siguiendo las mismas pautas de comportamiento político y social de Europa y Estados Unidos. En algunos países, se aprecia cierta diferencia en los años en los que se dictaron normativas legales de protección, pero, en general, se seguía el mismo modelo proteccionista y tutelar, la creación de parecidas instituciones, ideologías, agentes y normativas legales. Entre esas normativas, las de mayor relevancia fueron los códigos de la niñez, cuya existencia ya conocemos en fechas anteriores a la aprobación de la Declaración de Ginebra de 1924. Por ejemplo, en la Argentina, tenemos conocimiento de una propuesta de "Código de la infancia" en 1916, que fue realizada por dos especialistas sobre derechos de la infancia, siendo así la primera propuesta de este tipo de legislación en América Latina. Este código protegía principalmente a mujeres y niños trabajadores, establecía jueces de menores, obligaba a la asistencia escolar y creaba el Consejo de Menores[1]. Desde esa fecha hasta la

---

[1] Romero, S.: "Un siglo de legislación sobre infancia en América Latina. Un cuadro cronológico". En Rodríguez, P. y Mannarelli, M. E.: *Historia de la Infancia en América Latina*. Universidad del Externado, Bogotá, 2007, pp. 615-632.

actualidad se han ido sucediendo una serie importante de códigos de la niñez.

A partir de la aprobación por la Sociedad de las Naciones de la denominada Declaración de Ginebra en 1924, se continúa con la aprobación de códigos de la niñez y tablas de derechos del niño presentadas por personajes ilustres, entre los que destaca Gabriela Mistral[2]. Se aprecia en esta época la preocupación por legislar sobre la protección de la infancia, en especial de la infancia desvalida, abandonada o con problemas con la ley. La celebración de los diferentes congresos panamericanos desde 1916 hasta la actualidad, así como la existencia del Instituto Interamericano de los Derechos del Niño, Niña y Adolescentes, con sede en Montevideo (Uruguay), no es ajena a este fenómeno[3]. Así pues, hasta 1939 varios países de América Latina establecieron sus propios códigos de la niñez: Brasil (1927), Costa Rica (1932), Uruguay (1934), Ecuador (1938) y Venezuela (1939). La temática abordada por dichos códigos irá variando de un país a otro; por ejemplo: el de Brasil trataba de establecer parámetros para que el Estado interviniera en cuestiones como el trabajo de las mujeres y los niños, los problemas de la delincuencia juvenil y de los niños de la calle, y también creó las cortes y los jueces juveniles y el de Costa Rica creó la primera institución encargada de los asuntos de la infancia, el Patronato Nacional de Infancia, que hoy todavía existe. Lo relevante de estos códigos es que dieron

---

[2] Instituto Interamericano del Niño: *Los derechos del niño.* Instituto Interamericano del Niño, Montevideo, 1961. En esta obra se recogen unos cuantos documentos de esta época.

[3] Nunes, E. S. N.: "Os primeiros congresos panamericanos del niño (1916, 1919, 1922, 1924) e a participação do Brasil", en vv.aa.: *XIX Encontro Regional de História: Poder, Violência e Exclusão.* São Paulo, 8 a 12 de septiembre de 2008, publicación en cd-rom; Nathan, M.: *El Instituto Interamericano del Niño, la Niña y el Adolescente. Pasado y presente.* Documento presentado al XX Congreso Panamericano del Niño, la Niña y el Adolescente, Lima (Perú), 2009, y Guy, D.: "The Pan American Child Congresses, 1916 to 1942, Child Reform and Welfare State in Latin America", en *Journal of Family History,* vol. 23, n° 3, Thousand Oaks, 1998, pp. 272-291.

lugar a la creación de diversos organismos, como consejos o patronatos, que trataban de regular asuntos como el bienestar social, la salud, la justicia juvenil, la adopción y la custodia legal; además de determinadas políticas de protección destinadas a las mujeres. Es decir, nada que diferenciase estas políticas de las que se estaban poniendo en marcha en Europa o en los Estados Unidos de América. Como colofón a esta política protectora, a nivel regional, en 1948, se aprobó un Código Panamericano de la Infancia, en el que ya comienzan a reconocerse algunos derechos a los niños (identidad, alimentación, educación, etc.), en línea con los derechos universales. Todas estas políticas de protección a la infancia estaban en consonancia con el proceso de internacionalización de los derechos del niño llevado a cabo a lo largo del siglo XX[4].

Pero esa preocupación por la situación de la infancia no cesó en la segunda mitad del siglo XX. Un ejemplo de ello, recogido en una innovadora historia de la educación en América Latina[5], se hace eco de las políticas de protección a la infancia en la década de 1960 en tres ámbitos importantes de la situación de la infancia: los problemas sociales del menor; el problema de la justicia y su legislación en relación con los menores, y el estado sanitario y alimentación de la niñez y juventud. La existencia de instituciones y de políticas nacionales e interamericanas en estos ámbitos es muestra de esa preocupación constante que se aprecia a lo largo del pasado siglo, todavía en una etapa que podríamos denominar pre-Convención; Cuba y Chile, en esta fase, aprobaron normativas sobre la infancia, al igual que otros países, siempre con una perspectiva tutelar.

---

4 Dávila, P. y Naya, L. M.: "La evolución de los derechos de la infancia: una visión internacional", en *Encounters on Education*, vol. 7, Faculty of Education, Queen's University, Kingston, 2006, pp. 71-93.

5 Jesualdo: *El niño y la educación en América Latina*. Unión del Magisterio de Montevideo, Montevideo, 1966, pp. 101-124.

4.1. Los códigos de la niñez en América Latina

Al margen de esta constante histórica, peculiar de América Latina, hemos de señalar que la aprobación de la Convención sobre los Derechos del Niño fue un acontecimiento importante en la región, de manera que los dos últimos decenios han supuesto un encadenado de reformas, programas y cambios legislativos de enorme relevancia para los países de América Latina. Debido a los compromisos internacionales contraídos, los países de la región se han visto, en mayor o menor medida, obligados a informar, por lo menos, al Comité de los Derechos del Niño sobre la situación de sus derechos a través de los informes. También se han visto obligados a implementar dicho tratado en las legislaciones internas. En ese sentido, la recuperación de los códigos de la niñez, a partir del texto de Brasil de 1990, es la mejor muestra de continuidad histórica en este terreno y también de eficacia jurídica. Es cierto que, a lo largo del siglo XX en América Latina se aprobaron una serie de códigos de menores y de la familia en los que se plasmaban las políticas de protección a la infancia, aunque todavía en clave filantrópico-tutelar, siguiendo los modelos de ayuda a la infancia vigentes hasta la aprobación de la Convención. Los códigos, por lo tanto, supusieron el reconocimiento de las responsabilidades del Estado, de la sociedad y de la familia en políticas encaminadas a atender las necesidades de la población infantil más vulnerable y también a garantizar los derechos de los niños, niñas y adolescentes, superando los antiguos códigos de menores y familia.

En este proceso, que abarca la década del 90 del pasado siglo, la aceptación de la Convención significó una "ruptura" con el pasado, ya que su implementación supuso una nueva concepción, regida por la defensa de los derechos del niño, en un contexto de renovación democrática. De esta manera, la Convención "impactó en América Latina en un momento en el que había una discusión importante sobre los alcances y potencialidades de las nuevas democracias latinoamericanas"[6], suposupuso una renovación de la protección de los derechos de la niñez, con la perspectiva de los derechos humanos y, también, un proceso de modernización del Estado, que ya se venía produciendo en algunos países de la región con respecto a la justicia penal de menores. Beloff señala que a finales de la década del 90 se plasma este giro en cuanto a los derechos del niño, debido a dos acontecimientos: el primero, la celebración de dos cursos (uno organizado por la UNICEF sobre temas de la niñez, y el otro, el Curso Interamericano de Derechos Humanos por el Instituto Interamericano de Derechos Humanos de Costa Rica, de amplio reconocimiento en la región), y el segundo acontecimiento fue la sentencia de la Corte Interamericana de Derechos Humanos sobre el caso "Niños de la calle-Villagrán Morales vs. Guatemala", en la que, ateniéndose al artículo 19 de la Convención Americana de Derechos Humanos, dicha Corte interpreta las obligaciones del Estado en cuanto a la protección del derecho a la vida y a su dignidad. La sentencia en cuestión consideró que el Estado de Guatemala era responsable de la muerte de cinco niños de la calle a manos de la policía, al violar el derecho a la vida y no adoptar las medidas especiales de protección, por lo que tuvo que indemnizar a las familias de las víctimas, y fue obligado a investigar lo sucedido. Estos hechos marcaron el rumbo de los códigos desde 1999.

En el fondo de muchos de los códigos que se dictaron a partir de ese año se aprecia una mayor implicación del Estado en sus obligaciones y en la garantía de los derechos fundamentales, adecuándolos a los tratados internacionales, tanto del sistema interamericano como internacional. Desde esta fecha, "ya nadie discute en América Latina que la protección de la niñez debe

---

[6] Beloff. M.: "Fortalezas y debilidades del litigio estratégico para el fortalecimiento de los estándares internacionales y regionales de protección a la niñez en América Latina", 2008, accesible en http://www.observatoriojovenes.com.ar/almacen/file/Fortalezas%20y%20debilidades_%20Mary%20Beloff.pdf, p. 9.

plantearse a partir de un enfoque de ciudadanía y de protección de los derechos humanos de niños y niñas"[7]. En este sentido, existen unas cuantas sentencias de esta misma Corte en las que se fortalece el sistema interamericano de protección de los derechos humanos para la defensa de los derechos de los niños y niñas.

Como puede apreciarse en la Tabla 1, la mayoría de códigos vigentes se dictaron a partir de 1999, o en fechas muy cercanas, cuando el sistema interamericano adquirió cierto prestigio y se mostró como referencia para los países de la región. Así, tan solo Brasil, Honduras y Panamá tienen vigentes todavía códigos anteriores a 1998. El resto de los países, o bien los dictaron en fechas posteriores o bien reformularon los que estaban anteriormente vigentes. Por lo que respecta a Guatemala, hay que señalar que el Congreso aprobó un código en 1996, pero no entró en vigor en esa fecha, pues a partir de 2001 se suspendió su aplicación indefinidamente, ya que no se encontraron los recursos necesarios para su implementación, y solo en 2003 aprobó definitivamente la Ley de Protección Integral de la Niñez y Adolescencia.

Caso aparte merecen Cuba y Chile, cuyos códigos son anteriores a la Convención, lo cual no quiere decir que no exista ningún tipo de protección a la infancia, sino más bien que sus legislaciones nacionales han diluido en normativas diversas la defensa de los derechos del niño[8]. En el análisis que hemos realizado, hemos dejado al margen estos dos países, con el objetivo de centrarnos en textos homogéneos y dictados con posterioridad a la Convención.

---

[7] Íd., p. 11.

[8] UNICEF: *Situación de los niños y niñas en Chile a quince años de la ratificación de la Convención sobre los Derechos del Niño, 1990-2005.* UNICEF, Santiago de Chile, 2005.

Tabla 1. Códigos de la niñez en América Latina y año de aprobación

Año	País	Nombre del Código
1978	Cuba	Código de la Infancia y la Juventud.
1979	Chile	Ley Orgánica de Creación del Servicio Nacional de Menores.
1990	Brasil	Estatuto del Niño y del Adolescente.
1995	Panamá	Código de la Familia.
1996	Honduras	Código de la Niñez y de la Adolescencia.
1998	Nicaragua	Código de la Niñez y la Adolescencia.
1998	Costa Rica	Código de la Niñez y la Adolescencia.
1999	Bolivia	Código del Niño, Niña y Adolescente.
2000	México	Ley para la Protección de los Derechos de Niñas, Niños y Adolescentes.
2000	Perú	Código de los Niños y Adolescentes.
2000	Venezuela	Ley Orgánica de Protección del Niño y del Adolescente.
2001	Paraguay	Código de la Niñez y la Adolescencia.
2003	Guatemala	Ley de Protección Integral de la Niñez y Adolescencia.
2003	República Dominicana	Código para el Sistema de Protección de los Derechos y fija el texto de su Ley Orgánica.
2003	Ecuador	Código de la Niñez y Adolescencia.
2004	Uruguay	Código de la Niñez y la Adolescencia.
2005	Argentina*	Ley de Protección Integral de los Derechos de las Niñas, Niños y Adolescentes. En 1997, se aprobó Ley de Protección Integral de la Niñez, la Adolescencia y la Familia.
2006	Colombia*	Código de la Infancia y la Adolescencia. En 1990, se aprobó el Código del Menor.
2009	El Salvador*	Ley de Protección Integral de la Niñez y Adolescencia (entra en vigor en 2010). En 1993, se aprobó la Ley del Instituto Salvadoreño para el Desarrollo Integral de la Niñez y la Adolescencia.

Fuente: Instituto Colombiano de Bienestar Familiar[9], elaboración propia.
* Países que han renovado sus códigos.

Con respecto a la denominación de los códigos, podemos ver que la mayoría de los Estados ha optado por utilizar un término

---

[9] Instituto Colombiano de Bienestar Familiar: *El Derecho del Bienestar Familiar*. Avance Jurídico Casa Editorial, Bogotá, 2009.

tradicional como es el de "Código de la Niñez y la Adolescencia", aunque otros han preferido denominarlos "Ley de Protección". En el caso de Panamá, la protección a la infancia está legislada por un "Código de Familia". No obstante, muchos de estos códigos son actualizaciones de diversas disposiciones legales sobre protección a la familia, derecho de los menores, leyes de protección o instituciones de acogida. Lo característico de estos códigos es que recogen en una misma norma legal los diversos aspectos que, generalmente, en las legislaciones internas de los países dependían de instancias diversas y con normativas legales dispersas. También, y a la vista de que todos los países del área adoptaron la Convención, los códigos se han convertido en la mejor manera de expresar dicho tratado internacional en un único documento. De manera que casi podríamos afirmar que son la manifestación de la Convención en los diferentes países. De ahí el interés que tiene analizar estas leyes, pues nos permite ver el grado de implementación y congruencia que ha tenido la Convención en las legislaciones nacionales.

También hay que señalar que la mayoría de los códigos, además de recoger los derechos civiles y de protección, hacen hincapié en dos cuestiones: la primera, la inclusión de derechos correspondientes a los códigos de familia, y la segunda, las garantías jurídicas en los procesos relativos a la justicia juvenil, anteriormente denominados "códigos del menor". De esta manera, puede hablarse de unas leyes integrales en cuanto a que incorporan no solo los derechos del niño, sino los derechos de las familias y sus obligaciones, y las garantías procesales alrededor del menor en conflicto con la justicia. En este sentido, la mayoría de los códigos, en sus primeros capítulos, señalan que su objeto es la protección integral de todos los niños, niñas y adolescentes. De ahí que nos refiramos a los códigos como un compendio de derechos, regidos por una política integral de la infancia que, al menos, en el plano de la legalidad interna de cada país, tiene un alto reconocimiento y se plasma en una ley, que en la mayoría de los casos deriva del reconocimiento constitucional de los derechos del niño[10]. Por otra parte, el análisis que estamos realizando se ciñe al contenido textual de los códigos, resaltando su importancia como textos legales que son, y que, a nuestro entender, se transforman en categorías válidas para el análisis del contenido ya que se trata de normas legales, de referencia obligada para la justicia o la Administración.

4.2. Estructura y contenidos de los códigos de la niñez

Una vez señalado, a grandes rasgos, el marco (la Convención sobre los Derechos del Niño) en el que tenemos que insertar los códigos de la niñez, en este apartado analizaremos algunos de sus aspectos más relevantes. Una primera observación, a pesar de que los contextos históricos y políticos de cada uno de los países de la región sean diferentes, es que, a la vista de los códigos, puede apreciarse un cierto consenso en su estructura y en las referencias que hacen a los tratados internacionales sobre derechos humanos y de la infancia, así como al propio ordenamiento jurídico del país correspondiente. El análisis que hemos realizado se ha basado en la aplicación de una serie de categorías subyacentes en la Convención que puede plantearse como un modelo de análisis. En este sentido, la lectura pormenorizada de cada uno de los códigos la hemos realizado utilizando los principios generales de la Convención[11], por entender que si los códigos han supuesto una implementación de ella, estos principios tenían que estar presentes. Es decir, de alguna manera, los códigos vienen a ser una Convención sobre los Derechos del Niño en miniatura, debido a su orden jerárquico.

Además de estos principios generales, cuya presencia en los códigos reforzaría la idea de que el legislador ha tenido presente

---

[10] SITEAL: *Primera Infancia en América Latina. La situación actual y las respuestas desde el Estado.* OEI/IIPE/UNESCO, Madrid, 2009a.

[11] Ver Capítulo 2 de esta misma obra.

el tratado internacional, hemos seleccionado otras categorías: 1) la *mención que se hace en los códigos de la Convención*, en cuanto a que es un indicador de concordancia con dicho tratado internacional; 2) la *definición de niño*, por ser un elemento que se ha establecido de manera diferente de como consta en la Convención, y 3) los *principios generales* de la Convención. Además de estos elementos clave, hemos analizado la presencia de los siguientes derechos: 4) el *derecho a la educación*, que recoge algunos aspectos de los ejes principales de la Convención; 5) los *niños en situación de riesgo social*; 6) el *derecho al trabajo*; 7) la mención a los *pueblos originarios* en algunos países; 8) los *sistemas de justicia juvenil*, y 9) las *instituciones de protección a la infancia*. Con el estudio de estos temas se recoge un número importante de los derechos de la infancia. Asimismo, con el uso de estas categorías, hemos podido detectar las congruencias y correspondencias que existn entre dichos códigos y la Convención, pero también hemos podido apreciar la especificidad de algunos códigos y la mención de ciertos derechos que, por las características del país correspondiente, parecían tener relevancia. Es el caso, por ejemplo, de los derechos de los niños de los pueblos originarios. Hemos excluido expresamente la mención a los derechos civiles (nacionalidad, nombre, información, etc.) porque su presencia es escasa, o bien porque algunos de ellos están recogidos en el derecho de familia.

Al margen de este análisis específico, se aprecia que existe, en la mayoría de los códigos, un pormenorizado rigor legislativo en cuanto a los procedimientos y garantías en la defensa de los derechos, sobre todo los que se refieren al derecho de familia (obligaciones de las familias, herencia, tutela, guarda, alimentación, adopción, etc.) y al derecho penal del menor, donde se detalla de forma minuciosa el proceso: la defensa; la intervención de la policía, del juez; las sanciones, penas, etc. En este sentido, y como no es objeto de este capítulo centrarnos en el tratamiento que dan los códigos a la familia, solamente queremos señalar que, de acuerdo con la Convención, se reconoce la responsabilidad familiar en la defensa de los derechos del niño para asegurar su desarrollo, cuidado, educación y protección integral. Existen algunos códigos que son especialmente prolijos en la normativa relativa al derecho de familia, como ocurre en los casos de Bolivia, Brasil, Colombia, Costa Rica, Ecuador, Honduras, Paraguay, Perú, Venezuela y, por supuesto, Panamá, que es un código de familia en el cual se han integrado los derechos de la infancia.

4.2.1. Mención de la Convención sobre los Derechos del Niño

El hecho de que la mayoría de los códigos se haya publicado con posterioridad a la Convención supone –como no podía ser de otro modo– que a la hora de redactar los respectivos códigos de la niñez dicho tratado esté presente. Pero además, la mayoría de los códigos hacen mención expresa a ella, observándose algunas situaciones diferentes. Así, casi todos los códigos acostumbran a mencionarla en la introducción o en los capítulos preliminares, haciendo referencia al reconocimiento del conjunto de los derechos del niño y a su marco interpretativo que, en general, es la Constitución del Estado y la Convención. De manera expresa hacen este tipo de mención los códigos de Bolivia, Colombia, Costa Rica, Honduras, Nicaragua, Panamá, Paraguay, Perú y República Dominicana. Un ejemplo de redacción de este tipo de mención es el Código de Honduras, que en su artículo 2 dice: "el objetivo general del presente Código es la protección integral de los niños en los términos que consagra la Constitución de la República y la Convención sobre los Derechos del Niño, así como la modernización e integración del ordenamiento jurídico de la República en esta materia. La Convención sobre los Derechos del Niño y los demás tratados o convenios de los que Honduras forme parte y que contengan disposiciones relacionadas con aquellos son fuentes del Derecho aplicable a los niños".

El reconocimiento de que, en el marco legal, América Latina presente una situación adecuada no hace que la realidad de los niños, niñas y adolescentes en los países de la región esté exenta de la violación de sus derechos, debido a las situaciones de exclusión social. Este discurso positivo puede encontrarse incluso en la mayoría de las constituciones de América Latina[12]. Así, puede afirmarse que las constituciones de los siguientes países dedican una extensión importante a los derechos de la infancia: Honduras, Colombia, Ecuador, Cuba, Venezuela, México, Paraguay y Bolivia. De todas ellas se puede destacar este último caso, en el que se incorpora constitucionalmente los principios del interés superior del niño, desarrollo integral y enfoque de derechos. En cambio, otras constituciones, como las de Costa Rica, Chile, Uruguay, Guatemala, Panamá, Perú o República Dominicana tratan estos derechos de una forma más declarativa y menos vinculante. Por lo tanto, se trata de menciones formales que muestran la postura afirmativa frente a la Convención y el nivel de compromiso con los tratados internacionales y la legislación nacional.

Sin embargo, si nos referimos expresamente a los códigos, existen tres casos en los que esta afirmación es mucho más general, son los de Argentina, Uruguay y Venezuela, en los que la Convención se invoca como fuente de interpretación, con expresiones como la del Código de Argentina: "la Convención sobre los Derechos del Niño es de aplicación obligatoria en las condiciones de su vigencia, en todo acto, decisión o medida administrativa, judicial o de cualquier naturaleza que se adopte respecto de las personas hasta los dieciocho años de edad", o de una manera más escueta, como lo hace el Código de Uruguay: "para la interpretación de este Código, se tendrá en cuenta la Convención sobre los Derechos del Niño". En otros casos, la cita expresa se hace con referencia a cuestiones más particulares, como en el de Ecuador, que indica la necesidad de conocer la Convención por parte de los jueces, o la obligación de divulgar este tratado entre los menores, como se recoge en el Código de El Salvador, o más expresamente en el de México, donde se indica que "las autoridades procurarán difundir información y materiales de conformidad con

---

[12] SITEAL: *op. cit.*, 2009a, pp. 66 y ss.

los objetivos de educación que dispone el artículo 3° de la Constitución y la Convención sobre los Derechos del Niño". En este sentido, el código mexicano es el que muestra mayor grado de congruencia. Al margen de estas menciones, hay que señalar que Bolivia, Guatemala y Paraguay tienen también una versión concordante de su código con los artículos de la Convención sobre los Derechos del Niño. La UNICEF de Paraguay publicó en 2005 una edición de su código con una tirada de 5.000 ejemplares, lo que muestra el interés por parte de los organismos por dar a conocer los contenidos de su código de la niñez.

4.2.2. Definición de niño

Todos los códigos de la niñez que hemos analizado destacan de forma clara que su objeto es la protección integral de los niños, niñas y adolescentes, tratan de regular el régimen de protección, prevención y atención, y garantizan el ejercicio y disfrute pleno de los derechos. Se trata, por lo tanto, de crear un instrumento jurídico para establecer y regular los derechos, garantías y deberes de la infancia.

No obstante, con respecto al artículo primero de la Convención, que se refiere a la definición de niño, que a sus efectos es "todo ser humano menor de 18 años de edad", y a pesar de que ningún país de la región hizo reserva al mismo (Argentina y Guatemala hicieron declaraciones), lo cierto es que en la mayoría de los códigos se optó por considerar sujeto de derecho del código a toda persona desde el momento de la concepción hasta el cumplimiento de los dieciocho años de edad. En este sentido, los Estados parecen acogerse al preámbulo de la Convención, cuyo contenido hace referencia a la Declaración de los Derechos del Niño de 1959, donde se considera al niño desde la concepción. Asimismo, casi todos los códigos marcan unos límites de edad diferentes con respecto a la niñez que llegaría hasta los 12 años, introduciendo la categoría de adolescentes para las personas comprendidas entre los 12-13 años y los 18. Con ello se aprecia que la mayoría de los códigos ha optado por matizar este aspecto que en la Convención fue motivo de amplio debate y de redacción consensuada. Como sabemos, algunas legislaciones de América Latina son especialmente sensibles a la interrupción del embarazo, destacando el caso de Nicaragua, que en 2009 lo ha prohibido incluso cuando esté en peligro la vida de la madre.

Esta definición de niño es compatible con el acceso al trabajo en edades inferiores a los 18 años. En muchos códigos, al referirse al derecho al trabajo o la situación laboral, se menciona expresamente a los adolescentes trabajadores, como veremos más adelante.

4.2.3. Los principios generales de la Convención

Una primera afirmación que podemos hacer, a la vista de la presencia de los principios básicos de la Convención, es que, por lo que respecta tanto a los principios generales como al resto de los artículos referentes a cada uno de ellos, los códigos de la niñez reflejan su contenido. En este sentido resulta ilustrativo que muchos códigos la mencionen expresamente, indicando la conformidad con ella y recnociéndola como marco al desarrollo del propio código. Por lo que respecta a los principios generales[13], la mayoría de los códigos hace mención explícita al principio de *no discriminación* e igualdad de oportunidades, recogiendo la variedad de situaciones en las que ellas pueden producirse (género, origen étnico, discapacidad, etc.). Mención especial hacen los códigos de la Argentina y Costa Rica a la no discriminación relacionándola con la educación. Por otra parte, se trata de un principio consagrado en la mayoría de las constituciones.

En cuanto al *interés superior del niño*, que en la Convención tiene un desarrollo transversal y está ampliamente definido[14], existen tres visiones diferentes de su interpretación. Así, países

---

[13] Ver Capítulo 2 de esta obra.
[14] Cillero, M.: "El interés superior del niño en el marco de la Convención Internacional sobre los Derechos del Niño", en *Justicia y Derechos del Niño*, nº 1, UNICEF, Santiago de Chile, 1999, pp. 125-142.

como Ecuador, El Salvador, México, Nicaragua, Panamá, Perú, República Dominicana, Uruguay y Venezuela restringen la interpretación de este principio general. En algún caso, como Argentina, llega a sustituir esta expresión por la de "máxima satisfacción", y Brasil lo subordina al ámbito familiar y a los tribunales de menores. Colombia y Costa Rica, por su parte, hacen una lectura más amplia y pormenorizada de sus ámbitos de interpretación. Finalmente, los casos de Paraguay y Guatemala unen este principio al de no discriminación. Este tipo de lecturas puede tener como consecuencia una aplicación restrictiva de este importante principio.

Con el principio de la *participación* hay que hacer constar que no es uno de los que más haya sido tenido en cuenta, pues no se lo menciona en los códigos de Bolivia, Brasil, Costa Rica, Guatemala, Honduras, México, Panamá, Perú y Uruguay. Dentro de los códigos que sí la citan habría que diferenciar entre dos interpretaciones: por una parte, los que recogen el derecho a ser oído (Argentina, El Salvador, Nicaragua, República Dominicana y Venezuela) y, por otra, los que señalan la participación efectiva en diversos ámbitos (Colombia, Ecuador, El Salvador, República Dominicana y Venezuela). Como puede observarse, estos tres últimos países hacen mención a ambos ámbitos y, además, son los que recogen que esta participación debe producirse en todos los campos: comunitarios, familiares, escolares, judiciales, etc. Por lo tanto, estos tres países conjugan mucho mejor en sus códigos el espíritu de la Convención que el resto de América Latina. No podemos olvidar que la presencia de este derecho es fundamental para los procesos de formación ciudadana en una sociedad libre, democrática y participativa.

Finalmente, por lo que se refiere al principio general de la *supervivencia,* todos los códigos la mencionan, aunque diferenciándola en dos aspectos: por una parte, el derecho a la salud, y, por otra, el derecho a la vida. Los matices con los cuales se desarrollan estos derechos son muy amplios, pues se tienen en cuenta cuestiones como la alimentación, la situación de las adolescentes embarazadas, la atención médica y sanitaria, y las características de una vida digna que, en muchos casos, se relaciona con un medio ambiente saludable. En contraste con este discurso, podemos ver que la situación en los países del área es muy desigual y pone de manifiesto, mejor que ninguno de los otros principios señalados, que la realidad tiene poco ver con lo que se recoge en este discurso. Ejemplo de ello es que un niño nacido en Bolivia tiene 4,8 veces más probabilidades de morir en su primer año de vida que uno nacido en Costa Rica, por no poner los casos de Chile o Cuba, donde las tasas son considerablemente menores[15].

4.2.4. Derecho a la educación

Como no podía ser de otra manera, todos los códigos analizados –excepto el de Panamá que, como ya hemos señalado, se trata de un código de familia– hacen mención específica al derecho a la educación. Las referencias a este derecho y a sus objetivos se encuentran en los artículos 28 y 29 de la Convención, aunque a lo largo de todo el tratado hay muchas otras que permiten hacer una interpretación educativa de ella[16]. Estos códigos diferencian, en la mayoría de los casos, los contenidos de ambos artículos. Así, con respecto al artículo 28 podemos observar, en la Tabla 2, una serie de categorías que así lo definen: derecho a la educación primaria, obligatoria y gratuita; acceso a la educación secundaria y profesional; acceso a la educación superior; orientación educativa, y absentismo escolar y disciplina.

---

[15] SITEAL: *Sistema de información sobre la primera infancia. Estado.* OEI, Madrid, 2009b, p. 58.

[16] Dávila, P. y Naya, L. M.: Educational Implications of the Convention on the Rights of the Child and its Implementation in Europe, en Alen, A. y otros (eds.): *The UN Children's Rights Convention: theory meets practice.* Intersentia, Antwerpen, 2007, pp. 243-265, y Capítulo 3 de esta obra.

Tabla 2. Elementos componentes del derecho a la educación (artículo 28 de la Convención).

	Primaria obligatoria y gratuita	Secundaria/ profesional	Ed. superior	Orientación educativa	Absentismo escolar	Disciplina
Argentina	Sí					
Bolivia	Sí	Progresiva ampliación	Sí	Sí	Sí	Sí
Brasil	Sí	Progresiva ampliación		Sí		Sí
Colombia	Sí			Sí		Sí
Costa Rica	Sí	Sí			Sí	Sí
Ecuador	Sí	Sí (bachillerato gratuito)		Sí		Sí
El Salvador	Sí	Gratuita media y especial			Sí	Sí
Guatemala	Sí	Obligatoria y gratuita hasta el bachillerato				
Honduras	Sí (laica)	Progresiva ampliación		Sí		Sí
Nicaragua	Si	Obligatoria y gratuita	Sí	Sí	Sí	Sí
Paraguay						Sí
Perú	Sí					Sí
República Dominicana	Sí	Sí		Sí	Sí	Sí
Uruguay						
Venezuela	Sí			Sí		Sí

Como puede observarse, la mención a que la enseñanza superior sea accesible sobre la base de la capacidad de los alumnos, no es recogida más que en los códigos de Bolivia y Nicaragua. En cuanto al inciso tercero del artículo 28, referente a que los

Estados partes "fomentarán y alentarán la cooperación internacional en cuestiones de educación", ninguno de los países lo menciona. Es fácil comprender la ausencia de esta categoría, ya que esta cuestión deberá tenerse en cuenta por los países desarrollados. En este caso, la mayoría de estos países son "receptores" de cooperación más que "donantes" y el objetivo de este apartado es contribuir a eliminar la ignorancia y el analfabetismo en todo el mundo[17].

Con respecto al reconocimiento del derecho a la educación, todos los códigos lo hacen, tanto en lo relativo a la obligatoriedad de la enseñanza primaria como a la gratuidad. Países como Paraguay y Uruguay no hacen mención a este derecho, lo cual no quiere decir que en sus sistemas educativos se ignore dicho derecho, como prueban sus constituciones. Las enseñanzas secundaria y profesional tienen un tratamiento menos relevante en los códigos. En algunos casos, se habla de una progresiva ampliación de estas enseñanzas, como en Bolivia, Brasil y Honduras, mientras que en otros se especifica claramente que el acceso a estos estudios está garantizado, como en Ecuador, El Salvador, Guatemala, Nicaragua y República Dominicana. Asimismo, la mayoría de países recogen en sus códigos la necesidad de disponer de orientación en cuestiones educativas y profesionales, aunque no lo hacen así Argentina, Costa Rica, El Salvador, Ecuador, Guatemala, Panamá, Paraguay y Uruguay.

Por otra parte, y aunque la realidad educativa de estos países registra altos grados de absentismo escolar[18], lo cierto es que solamente Bolivia, Costa Rica, El Salvador, Nicaragua y República Dominicana hacen mención a la necesidad de tomar medidas concretas para favorecer la asistencia a las escuelas. Algunos países hacen referencia a este tema de una manera ambigua, y otros, como en el caso de Nicaragua, lo hacen de forma más clara al se-

---

[17] Tomaševski, K.: *El asalto a la educación*. Intermon Oxfam, Barcelona, 2004.
[18] Itzcovich, G.: *Escolarización de niños y adolescentes: acceso universal y permanencia selectiva*. SITEAL, Buenos Aires, 2009.

ñalar en su artículo 47 que el Estado adoptará medidas para fomentar la asistencia regular a las escuelas, reducir las tasas de repetición y deserción escolar, garantizando modalidades educativas que no dejen a los alumnos excluidos de la enseñanza primaria y secundaria obligatoria.

Finalmente la mayoría de los países –excepto Argentina, Guatemala y Panamá– recoge en los códigos aspectos relacionados con la disciplina escolar que, según la Convención, deberá ser "compatible con la dignidad humana del niño". Al respecto, con mayor o menor precisión, los códigos señalan el sentido de las medidas disciplinarias, prohibiendo el "abuso y maltrato físico y psicológico y cualquier forma de castigo cruel y degradante", como señala, por ejemplo, el código de El Salvador, en el que se dedica un importante número de artículos al desarrollo de este derecho. No obstante, muchos de los aspectos que figuran en estos códigos de una manera positiva no reflejan la realidad educativa del país, como puede constatarse por las recomendaciones que el Comité de los Derechos del Niños realiza a los distintos Estados partes. Así, Guatemala, que no recoge la disciplina escolar en su código, recibió por parte del Comité la recomendación de desarrollar con urgencia una campaña para combatir los malos tratos en las escuelas[19].

Hemos analizado el artículo 28 de la Convención, a partir de aquí nos referiremos al 29, que recoge los objetivos de la educación, con referencia tanto al desarrollo de la personalidad, las aptitudes y la capacidad física y mental del niño hasta el máximo de sus posibilidades, como a inculcar el respeto a los derechos humanos, a sus padres, a la identidad cultural o a los valores nacionales, y a una sociedad libre, incluido el respeto al medio ambiente. Además, este mismo artículo, en consonancia con el 28, no restringe la libertad de los particulares para establecer y dirigir instituciones de enseñanza.

---

[19] Hodgkin, R. y Newell, P.: *Manual de aplicación de la Convención sobre los Derechos del Niño*. UNICEF, Ginebra, 2004, p. 460.

Tabla 3. Elementos componentes de los objetivos de la educación (artículo 29 de la Convención).

	Perso-nalidad	Respeto a los derechos humanos	Respeto a los padres, a la propia identidad y a la de otros	Educa-ción en valores	Medio ambiente	Red privada
Argentina		Sí		Sí	Sí	
Bolivia		Sí				
Brasil		Sí		Sí		
Colombia	Sí	Sí		Sí	Sí	Sí
Costa Rica	Sí	Sí (derechos de la infancia)	Sí	Sí	Sí	
Ecuador	Sí	Sí (derechos de la infancia)	Sí	Sí	Sí	Sí
El Salvador	Sí	Sí	Sí	Sí	Sí	Sí
Guatemala	Sí	Sí				Sí
Honduras	Sí	Sí (derechos de la infancia)	Sí	Sí	Sí	Sí
Nicaragua	Sí	Sí (derechos de la infancia)	Identidad	Sí		
Paraguay	Sí	Sí				
Perú	Sí	Sí (derechos de la infancia)	Sí	Sí	Sí	
República Dominicana	Sí	Sí	Sí			Sí
Venezuela			Identidad	Sí		

Como ya hemos señalado, en el año 2001, el Comité de los Derechos del Niño realizó una Observación General sobre este artículo, señalando la interpretación que debía dársele (CRC/GC/2001/1). En este sentido, cabe interpretar este artículo de una manera amplia en cuanto que recoge aspectos formativos de los niños, remarcando la necesidad de que el propósito de la educación debe ser respetuoso con los derechos humanos. Lo que sí parece observarse es que en la mayoría de los códigos se hace mención a estos objetivos, destacando, en algunos casos, que este tipo de formación tiene que ver con la formación de la ciudadanía. También otros códigos abarcan diversos aspectos que tienen que ver con la no discriminación, la participación, la educación de calidad, etc., reflejando de esta manera la transversalidad de los principios rectores de la Convención.

Con respecto al desarrollo de la personalidad, todos los códigos, excepto los de Argentina, Bolivia, Brasil, Uruguay y Venezuela, hacen mención a que la educación debe ir encaminada al "desarrollo de la personalidad", en función de la edad y características de los niños. Inculcar el respeto de los derechos humanos y las libertades fundamentales adquiere también la mayor relevancia, pues todos los países, excepto Brasil, Panamá, Uruguay y Venezuela, se refieren a ello, señalando incluso la necesidad sumar a esos derechos el conocimiento de los derechos del niño, como ocurre en Costa Rica, Ecuador, Honduras, Nicaragua, Paraguay y Perú. En ese sentido, la incorporación de programas de educación en derechos humanos en el currículo escolar es ya tradicional en la región, como lo prueban los estudios sobre "educación en derechos humanos"[20].

El respeto a los padres, a la identidad cultural, al idioma, etc. tiene acogida en la mayoría de los códigos y, en algunos casos, también se especifica "el fomento y el respeto del idioma castellano", como ocurre en El Salvador. El respeto a los "valores nacionales" también forma parte de este conjunto de derechos, que se

---

[20] Gutiérrez, J. C.: *Memorias del Seminario Internacional los Derechos Humanos de los Niños, Niñas y adolescentes.* Monterrey, México, 2006; Instituto Interamericano de Derechos Humanos: *Informe Interamericano de la Educación en Derechos Humanos.* Instituto Interamericano de Derechos Humanos, San José de Costa Rica, 2009; o Magendzo, A. (ed.): *Pensamiento e Ideas Fuerza de la Educación en Derechos Humanos en Iberoamérica.* Ediciones SM/OEI, Santiago de Chile, 2009.

ve reforzado al ser considerado también como un deber. En este sentido, la mayoría de códigos incluye algún capítulo sobre los deberes de los niños, cuestión que no aparece en la Convención y que reafirma lo contenido en los objetivos educativos. Así, se insiste en el deber de "honrar a la patria y sus símbolos", "respetar a los padres", "cumplir las obligaciones educativas" o "conservar el medio ambiente"; es decir, la mayoría de deberes que se recogen en los códigos no son más que una profundización de los derechos recogidos en este apartado, lo cual viene a incidir en la importancia que se le conceden a los objetivos de la educación. Finalmente, es alentador observar cómo en algunos códigos –como por ejemplo en Argentina, Colombia, Costa Rica, Ecuador, El Salvador, Honduras y Perú– se insiste en el respeto al medio ambiente natural.

En cuanto a la libertad de los particulares para la creación de instituciones de enseñanza, todos los países de América Latina (excepto Cuba) la incluyen en sus sistemas educativos, algunos códigos solo la mencionan, remarcando este derecho ya recogido en sus respectivas legislaciones. No obstante, la solución de la privatización de la enseñanza y el papel predominante del sistema privado de educación, como ocurre en Chile, diluye las obligaciones del Estado en defensa del derecho a la educación.

4.2.4.1. *Otros aspectos educativos de los códigos*

La presencia de la educación en los códigos no se agota en los ámbitos que hemos señalado, pues, dada su complejidad, se va diluyendo en los códigos. Así, algunos países, al citar el artículo 28, hacen referencia también a otras cuestiones e insisten, por ejemplo, en los procedimientos de impugnación de las evaluaciones recibidas por el alumnado en sus respectivos centros escolares, recogiendo, incluso, algunas funciones del profesorado y de los equipos directivos de los centros escolares. Asimismo, se considera un derecho la opción de escuela por la cercanía al lugar de residencia. También pueden mencionarse algunos casos en los que, debido a las características del propio país, se quiere hacer hincapié en la importancia de la enseñanza rural (como ocurre en Bolivia) o incluir la alimentación en la red pública de enseñanza (El Salvador y Honduras).

En relación con el derecho a la educación, vinculándolo con el artículo 23 sobre niños con discapacidad, se aprecia el valor que se le adjudica a la educación, sobre todo la encaminada a la integración escolar, como ocurre en los códigos de Argentina, Bolivia, Brasil, Colombia, Ecuador, El Salvador y Honduras. Con ello se afianza mejor el principio de no discriminación que, en algunos casos, queda así subrayado[21]. Dentro de esta concepción no discriminatoria de la educación, en muchos códigos se hace referencia al derecho de las adolescentes embarazadas a seguir recibiendo educación. Finalmente, tendríamos que sumar las referencias que se hace a la educación cuando se habla de las "medidas socioeducativas" al legislar sobre los derechos del menor en conflicto con la ley[22], a la que nos referiremos más adelante.

4.2.5. Niños en situación de riesgo social y medidas protectoras

El riesgo social en que se encuentran los niños, niñas y adolescentes en América Latina ofrece una amalgama de situaciones complejas, que comprende la explotación infantil, el maltrato, los niños en la calle, las niñas prostituidas, etc. Ante este panorama, que amenaza el cumplimiento de los derechos del niño, y que es la fuente más frecuente de violaciones, en algunos códigos se ha

---

[21] Lauzurika, A.; Dávila, P. y Naya, L. M.: "El derecho a la educación de las personas con discapacidad: una aproximación desde América Latina en los últimos quince años". En Berruezo, M. R. y Conejero, S. (eds.): *El largo camino hacia una educación inclusiva: la educación especial y social del siglo xix a nuestros días.* Universidad Pública de Navarra, Pamplona, 2009, pp. 147-160, o Capítulo 7 de esta misma obra.

[22] Beloff, M.: "Los nuevos sistemas de justicia juvenil en América Latina (1989-2006)", en *Justicia y Derechos del niño*, n° 8, UNICEF, Santiago de Chile, 2006, pp. 9-50.

llegado a definir el maltrato, para diferenciarlo de otras situaciones de riesgo. Así, el artículo 108 del Código de Bolivia lo hace de la siguiente manera: "todo acto de violencia ejercido por padres, responsables, terceros y/o instituciones, mediante abuso, acción, omisión o supresión, en forma habitual u ocasional, que atente contra los derechos reconocidos a niños, niñas y adolescentes por este Código y otras leyes; violencia que les ocasione daños o perjuicios en su salud física, mental o emocional".

De una manera extensa, el Código de Ecuador, en su artículo 67, no solamente define el concepto de maltrato, sino que matiza toda una serie de situaciones de riesgo social y define el concepto de abuso y explotación sexuales, tráfico y pérdida de niños, niñas y adolescentes, coincidiendo en la definición general con lo señalado en el Código de Bolivia, lo que expresa de la siguiente manera: "se entiende por maltrato toda conducta, de acción u omisión, que provoque o pueda provocar daño a la integridad o salud física, psicológica o sexual de un niño, niña o adolescente, por parte de cualquier persona, incluidos sus progenitores, otros parientes, educadores y personas a cargo de su cuidado; cualesquiera sean los medios utilizados para el efecto, sus consecuencias y el tiempo necesario para la recuperación de la víctima. Se incluyen en esta calificación el trato negligente, o descuido grave o reiterado en el cumplimiento de las obligaciones para con los niños, niñas y adolescentes, relativos a la prestación de alimentos, alimentación, atención médica, educación o cuidados diarios; y su utilización en la mendicidad".

En el mismo sentido, Guatemala aporta una definición mucho más restringida y, sobre todo, define no tanto el maltrato como el derecho a no ser objeto de discriminación, marginación, explotación, violencia, crueldad y opresión, y especifica la explotación o abuso sexual. También Uruguay aporta su propia definición de lo que entiende por maltrato y lo hace, en el artículo 130, de la siguiente manera: "a los efectos de este título entiéndese por maltrato y abuso del niño o adolescente las siguientes situaciones, no necesariamente taxativas: maltrato físico, maltrato psíquico-emocional, prostitución infantil, pornografía, abuso sexual y abuso psíquico o físico".

Además de estas definiciones, en algunos casos, los códigos prefieren referirse más a las situaciones de protección que a las situaciones de carencia. Así, en el caso de Colombia, el código especifica diecinueve situaciones en las cuales los niños, niñas y adolescentes deben ser protegidos: abandono físico, emocional y psicoafectivo de sus padres; explotación económica por parte de sus padres; consumo de tabaco, sustancias psicoactivas, estupefacientes o alcohólicas; prostitución, explotación sexual y pornografía; secuestro, venta y tráfico; guerra y reclutamiento; los conflictos armados internos; tortura y toda clase de tratos y penas crueles, inhumanos, humillantes y degradantes; niños y las niñas de la calle; retención en el extranjero; desplazamiento forzado; trabajo inadecuado; contagio de enfermedades infecciosas prevenibles; transmisión del VIH-sida y las infecciones de transmisión sexual y cualquier otro acto que amenace o vulnere sus derechos. En el mismo sentido se expresa el Código de Nicaragua, que recoge doce situaciones de vulnerabilidad que afectan a los niños, niñas y adolescentes, o el de Uruguay, que da cuenta de nueve. Estos son tres ejemplos que no se ajustan a la articulación de la Convención que en unos cuantos artículos (32 al 40) y en los dos protocolos facultativos logró aglutinar muchas de estas situaciones, pero también son una muestra de la intención de los países por reiterar la protección a la que están sujetos los niños y niñas en estas situaciones de vulnerabilidad.

Esta necesidad de definir el maltrato viene, sobre todo, impulsada por el interés en proponer las políticas y medidas de protección especiales. Sin embargo, parece que el legislador tuviese necesidad de contextualizar dichas medidas en unas situaciones que expliquen su razón. En este sentido, es frecuente encontrar en algunos códigos referencias a la "situación de riesgo social" que "amenazare el cumplimiento y violación de sus derechos" (art. 189 del Código de Bolivia) o que "se encuentre en situación de riesgo social" (art. 139 del Código de Honduras) o que el menor "se encuentre en circunstancias especialmente difíciles" (art. 495 del Código de Panamá). Código este último que, además, considera que un menor está en "situación de riesgo social" cuando se encuentre comprendido en una serie de realidades que el propio código define: no asistir a la escuela; dedicarse a la mendicidad; consumir bebidas alcohólicas, drogas o estupefacientes; abandonar el domicilio familiar; emplearse en ocupaciones peligrosas o contrarias a las buenas costumbres; frecuentar el trato con "gente viciosa y malviviente" o vivir "en casa destinada al vicio"; estar fuera del control de los padres o que estos sean "delincuentes, alcohólicos, drogadictos, vagos, enfermos mentales o retardados mentales profundos y por ello no puedan ofrecerle un modelo de crianza".

No obstante, y a la vista de esta amplia nómina de "situaciones de riesgo", muchos de los aspectos que aquí se recogen son objeto del Protocolo Facultativo sobre la Venta de Niños, la Prostitución Infantil y la Utilización de los Niños en la Pornografía, firmado por la mayoría de los países de la región y del que también tienen que rendir cuentas, a través de sus informes, al Comité de los Derechos del Niño. La complejidad y especificidad de estas situaciones son objeto de ese documento, y no son tratadas en profundidad en este capítulo.

Por lo tanto, ante este complejo de situaciones posibles, la mayoría de los códigos marcan las líneas de las políticas de protección, así como las instituciones encargadas de ella e, incluso, el sistema de denuncias ante esas situaciones. Así, en general, se establecen diferentes tipos de medidas de protección, bien sean administrativas o judiciales, como lo señalan los artículos 120 del código de El Salvador; 139, del de Honduras, y 125, del de Venezuela. Este último sostiene que "las medidas de protección son aquellas que impone la autoridad competente cuando se produce en perjuicio de uno o varios niños o adolescentes individualmente considerados, la amenaza o violación de sus derechos o garantías, con el objeto de preservarlos o restituirlos".

4.2.6. Derecho al trabajo

Una de las realidades que históricamente han caracterizado a la infancia en América Latina es el trabajo infantil, que en la mayoría de los códigos recibe un tratamiento diferente, a pesar de las situaciones de explotación existentes. El volumen de población infantil que trabaja, en algunos casos, es alarmante, y las causas de esta situación debemos situarlas en las condiciones de pobreza y exclusión social y familiar en la que está sumida una gran parte de su población. De esta manera, podemos entender que los códigos intenten regular esta situación, haciendo mención a una serie de características que lo definen, como puede observarse en la Tabla 4.

Tal y como podemos ver en dicha tabla, la edad mínina para el trabajo recogida en la mayoría de los códigos es la de 14 años, con la excepción de Perú, donde se sitúa en los 12 años, aunque para determinados trabajos sea superior. En este último caso, el dato contrasta seriamente con la edad de finalización de la educación obligatoria que es de 16 años, la mayor de todos los países de la región. A pesar de que los códigos de algunos países hagan mención a la existencia de una conciliación entre la educación y el trabajo, lo cierto es que, a la vista de la edad de finalización de la escolaridad obligatoria, se presentan graves problemas, como ocurre, además de en el mencionado caso de Perú, en Guatemala y El Salvador, en los que esta edad es mayor que la edad mínima para trabajar. En los casos de Bolivia, Ecuador y Nicaragua entre la edad de finalización de la escolaridad obligatoria y la mínima para trabajar hay algún período, que llega a tres años en el caso de Nicaragua, en el que los niños pueden estar al margen de la escuela y del mundo laboral.

Por otra parte, en relación con el tipo de trabajos que pueden desarrollar los niños, la mayoría de los códigos se muestra claramente contrario a la explotación laboral infantil, indicando una serie de trabajos prohibidos y señalando otros que atentan contra la dignidad de los adolescentes. Finalmente, estos códigos

Tabla 4. El trabajo infantil en los códigos de la niñez en América Latina.

	Edad mínima para el trabajo	Finalización escolaridad obligatoria	Conciliación educación	Trabajos prohibidos	Trabajos que atentan contra la dignidad	Explotación	Regulación de las situaciones laborales	Definición del adolescente trabajador	Protección del derecho
Argentina		14		Sí		Sí	Sí		
Bolivia	14	13	Sí	Sí	Sí	Sí	Sí	Sí	Sí
Brasil	14	14	Sí						Sí
Colombia	15	14	Sí				Sí		Sí
Costa Rica	15	14	Sí	Sí					Sí
Ecuador	15	14				Sí	Sí		Sí
El Salvador	14	15	Sí	Sí	Sí	Sí	Sí		Sí
Guatemala	14	15	Sí	Sí	Sí	Sí	Sí	Sí	Sí
Honduras		11	Sí	Sí	Sí	Sí	Sí		Sí
México		15							
Nicaragua	14	11	Sí	Sí	Sí		Sí		Sí
Panamá	14	14				Sí		Sí	
Paraguay		14	Sí	Sí	Sí	Sí	Sí		Sí
Perú	12	16	Sí	Sí	Sí	Sí	Sí	Sí	Sí
República Dominicana		13		Sí		Sí	Sí	Sí	
Uruguay	15	15		Sí	Sí	Sí			Sí
Venezuela	14	14	Sí	Sí	Sí	Sí	Sí	Sí	Sí

Fuente: Códigos de la Niñez y UNESCO[23]

---

[23] UNESCO: *Compendio mundial de la educación*. Instituto de Estadística de la UNESCO, Montreal, 2009.

recogen algunas normas reguladoras de las diferentes situaciones laborales, par proteger el derecho al trabajo en las edades previstas legalmente. En este sentido, los códigos de Bolivia, Guatemala, Panamá, Perú, República Dominicana y Venezuela llegan incluso a definir lo que se entiende por "adolescente trabajador". Una definición tipo puede ser la que recoge el artículo 63 del Código de Guatemala, que dice textualmente: "se entiende por adolescentes trabajadores a los que participan directamente en una actividad generadora de ingresos a nivel formal, informal o familiar. Dicho trabajo de adolescentes debe ser equitativamente remunerado y realizado en condiciones adecuadas para su edad, capacidad, estado físico, desarrollo intelectual, acorde a sus valores morales, culturales y no deberá interferir con su asistencia a la escuela". La importancia de este fenómeno debemos relacionarla ineludiblemente con la escolarización obligatoria.

4.2.7. Pueblos originarios

La realidad multiétnica y multilingüe de la mayoría de los países de la región se ve plasmada en los códigos de la niñez, aunque no todos hacen referencia demasiado explícita a esta situación, remitiendo, en algunos casos, a sus respectivas constituciones y leyes en las que se recogen los derechos de los pueblos originarios. Países como Perú, Bolivia, Colombia y Ecuador se remiten al marco legal, tanto nacional como internacional, para proteger los derechos de estos pueblos. Los códigos de Colombia y Ecuador matizan que la protección de estos derechos se realizará sin perjuicio de los principios que rigen sus culturas y organizaciones sociales, al igual que hace México, aunque sin mencionar su propia Constitución.

Un aspecto destacable de estos códigos, en cuanto a la relación de los pueblos indígenas y la educación, es que los códigos que explícitamente se refieren a ella reconocen y promueven una educación multicultural y multilingüe. Tal es el caso de Guatemala, que se refiere especialmente a las zonas de población mayoritariamente maya, garífuna y xinka. En el caso de Panamá se indica que el Ministerio de Educación elaborará y pondrá en práctica programas de educación bilingüe aplicables a las zonas indígenas. De la misma manera se expresa el Código de Nicaragua. El código más extenso en este aspecto es el de Venezuela, cuyo artículo 60 señala que "el Estado debe garantizar a todos los niños y adolescentes indígenas regímenes, planes y programas de educación que promuevan el respeto y la conservación de su propia vida cultural, el empleo de su propio idioma y el acceso a los conocimientos generados por su propio grupo o cultura".

Sorprende, en sentido contrario, el Código de Paraguay, ya que, a pesar de la existencia de la población guaraní, con el reconocimiento de su lengua en la ley, no se hace más que una mención al derecho a la salud de dicha población al afirmar, en su artículo 13, que "si fuese niño o adolescente perteneciente a un grupo étnico o a una comunidad indígena, serán respetados los usos y costumbres médico-sanitarios vigentes en su comunidad, toda vez que no constituyan peligro para la vida e integridad física y mental de estos o de terceros". En el mismo sentido, el artículo 10 recoge que la atención a la embarazada indígena, debe realizarse en el marco del "más amplio respeto a su cultura". Por otra parte, en el caso de Honduras, el artículo 50 del código recoge que el Estado "estimulará a los medios de comunicación para que produzcan y difundan programas de interés social y cultural acordes con las necesidades lingüísticas de los niños, en especial para aquellos que pertenezcan a grupos étnicos autóctonos y garífunas".

4.2.8. Los sistemas de justicia juvenil

Como hemos señalado, uno de los ámbitos en los que son especialmente extensos estos códigos es el referente a los sistemas de justicia juvenil. La razón es que, al tratarse de códigos integrales de derechos del niño, han incorporado en ellos todos los aspectos que, hasta ese momento, se recogían en los denominados códigos de menores, terminología que ha ido desapareciendo. Por otra parte, muchas de las normativas de justicia juvenil existentes hasta la aprobación de la Convención habían quedado obsoletas, y los sistemas de justicia estaban siendo objeto de modernización. Con ello se intentaba superar la concepción tutelar clásica por una más acorde con la concepción de derechos que se recoge en la Convención. En este sentido, Beloff ha acometido el estudio de la evolución de los sistemas de justicia juvenil, a través de lo recogido en los códigos de la niñez, anotando que, lo que se "advierte es que en el año 2000 este proceso de reformas alcanzó un techo y que, a partir de entonces, se ha desatado una segunda etapa de reformas legales e institucionales"[24], coincidiendo con la promulgación de códigos de la niñez y la adecuación al derecho interno de los principios de la Convención.

Los sistemas de responsabilidad penal y juvenil tienen en los códigos un desarrollo muy pormenorizado, puesto que inciden mucho en cuestiones garantistas sobre responsabilidad penal, procedimientos, garantías procesales, derecho a la defensa, medidas y sanciones, juzgados penales para adolescentes, finalidad de las sanciones, recursos, etc., lo cual, a veces, parece desvirtuar el propio código de la niñez. En este sentido, el desarrollo de este derecho está mucho más pormenorizado en los códigos que en la propia Convención. También es fácil comprender que, dada la situación de los países de la región y los sistemas obsoletos hasta entonces existentes, se haga hincapié en este aspecto.

En el orden cronológico, con su sistema de justicia juvenil recogido en el Estatuto del Niño y del Adolescente, Brasil sirvió de modelo para el resto de los países en aspectos tales como la minoría de edad, la exclusión de los adolescentes de la justicia penal de adultos, la aplicación de medidas socioeducativas, que es una novedad interesante y que asume los principios de la

---

24 Beloff, M.: *op. cit.*, 2006, p. 9.

Convención, las garantías procesales y la aplicación de la privación de libertad con carácter excepcional, entre otras. Alrededor de estas cuestiones, los diferentes códigos han sustanciado un conjunto de normas sobre justicia juvenil, como muy bien señala el citado trabajo de Beloff.

Como el interés de este capítulo es resaltar los aspectos educativos subyacentes en los códigos, incluidas también las medidas recogidas en el sistema penal para los adolescentes, haremos tan solo mención a estas medidas socioeducativas. Por ejemplo, el artículo 369 del Código de Ecuador dice que "las medidas socioeducativas son acciones dispuestas por autoridad judicial cuando ha sido declarada la responsabilidad del adolescente en un hecho tipificado como infracción penal. Su finalidad es lograr la integración social del adolescente y la reparación o compensación del daño causado". Entre estas medidas se recoge la amonestación, la imposición de reglas de conducta, la orientación y el apoyo familiar, la reparación del daño causado, los servicios a la comunidad, la libertad asistida, el internamiento (bien domiciliario, de fin de semana o en régimen de semilibertad), y, finalmente, el internamiento institucional en centros específicos. De este conjunto de medidas, la última debería ser el internamiento institucional, aunque, en la práctica, muchas veces sea la primera que se aplica. En el mismo sentido, Paraguay se refiere a la naturaleza de las medidas socioeducativas en el artículo 200, y afirma que "las medidas socioeducativas son prohibiciones y mandatos que regulan la forma de vida del adolescente con el fin de asegurar y promover su desarrollo y educación. Dichas reglas de conducta no podrán exceder los límites de la exigibilidad, conforme a la edad del adolescente"; entre ellas, las que tienen un carácter más educativo son la asistencia a programas educativos y de entrenamiento social o la reparación, dentro de un plazo determinado y de acuerdo con sus posibilidades, de los daños causados por el hecho punible.

De forma similar se expresa el Código de Guatemala, en el artículo 238, que recoge las medidas y las enumera: amonestación y advertencia; libertad asistida; prestación de servicios a la comunidad y reparación de los daños al ofendido, aunque en las órdenes de orientación y supervisión también recoge la "obligación de matricularse en un centro de educación formal o en otro cuyo objetivo sea enseñarle alguna profesión u oficio", así como la de someterse a programas de tipo formativo, cultural, educativo, profesional, laboral, de educación vial y otros similares. El Código de Honduras se expresa en el artículo 92 de la misma manera, al igual que el artículo 45 del Código de México que, entre otras medidas, recogen la realización de programas de enseñanza y formación profesional "así como otras posibilidades alternativas a la internación en instituciones, para asegurar que sean tratados de manera apropiada para su reintegración y adaptación social, en función de su bienestar, cuidando que la medida aplicada guarde proporción entre las circunstancias de su comisión y la sanción correspondiente".

Por lo tanto, lo que se observa en las medidas socioeducativas recogidas en los códigos es la posibilidad de ofrecer a los jueces de menores un amplio abanico de opciones que posibilite la aplicación de la medida más adecuada a cada uno de los casos. Como puede observarse con una lectura detenida de todas esas medidas, así como de otras de carácter familiar o comunitario, el objetivo es de integración social de los adolescentes y no el aspecto punitivo. Es de destacar que existe una red de jueces latinoamericanos que tratan de formarse en el campo de los derechos del niño a fin de poner en común las medidas más adecuadas, de acuerdo con los principios de la Convención. Periódicamente, el Instituto Interamericano del Niño, la Niña y Adolescentes ha ofrecido, desde 1998, cursos con este tipo de formación para jueces procedentes, en su mayoría, del Cono Sur.

4.2.9. Las instituciones de protección a la infancia

Uno de los aspectos más importantes de la implementación de la Convención sobre los Derechos del Niño ha sido la transformación institucional que la mayoría de los Estados se ha visto obligado a realizar a fin de cumplir los compromisos adquiridos. Las políticas públicas llevadas a cabo, en el ámbito de la infancia, en los países de la región han supuesto, sobre todo, la creación de sistemas de protección integral, como hemos señalado, y que son la mejor vía para poder coordinar todas las acciones de dichas políticas públicas. Como señala Santos, "la ratificación de la Convención y la creciente sensibilización con respecto a los derechos de la infancia ha llevado a innumerables iniciativas por parte de autoridades gubernamentales y actores de la sociedad civil. Coordinar la acción de estos múltiples actores es esencial y ha contribuido al establecimiento de distintos mecanismos nacionales. En ciertos casos bajo la dirección del Ministerio, en otros bajo una institución para la infancia y la adolescencia, algunas veces creada en virtud del Código de los Niños y Adolescentes. Sin embargo, el tema sigue siendo un enorme reto para la región"[25]. En este sentido, el Comité de los Derechos del Niño, a la vista de la diversidad de instituciones para la atención a la infancia en la mayoría de los países, recomienda que exista un órgano que coordine la información existente y supervise el cumplimiento de las acciones a favor de la infancia.

El caso de América Latina ofrece un mapa variopinto en cuanto a las instituciones existentes, a pesar de que, en la mayoría de los casos, se observan los tres niveles de jerarquía institucional que permiten desarrollar las políticas públicas, así como la existencia de planes y leyes a favor de los derechos de los niños, niñas y adolescentes. En la Tabla 5 consignamos las instituciones existentes y el nivel de dependencia, así como la existencia de leyes y planes sobre los derechos de los niños, niñas y adolescentes. Algunas de estas instituciones u organismos fueron creados por los propios códigos.

---

[25] Santos, M.: *Las políticas públicas en los sistemas de protección integral, incluyendo los sistemas locales. Retos y desafíos.* Documento presentado al xx Congreso Panamericano del Niño, la Niña y el Adolescente, Lima (Perú), 2009.

Tabla 5. Instituciones a niveles estatal, regional y locales y leyes y planes en los países de América Latina.

	Estatal	Regional	Local	Leyes y planes
Argentina	Consejo Nacional de la Niñez, Adolescencia y Familia.	Cada provincia dispone de órganos propios.	La Ciudad Autónoma de Buenos Aires tiene un Consejo de Niños, Niñas y Adolescentes. En Rosario, se llama Área de la Niñez.	Plan Nacional de Acción por los Derechos de Niñas, Niños y Adolescentes.
Bolivia	Consejo Nacional de la Niñez y Adolescencia.	Consejos departamentales prefectuales.	Defensorías municipales de la niñez y adolescencia.	Existe un plan nacional para la erradicación progresiva del trabajo infantil.
Brasil	Subsecretaría de Promoción de los Derechos de los Niños, Niñas y Adolescentes. Conselho Nacional dos Direitos da Criança e Adolescente.	Los estados de Bahía y Río de Janeiro son activos en la defensa de los derechos de la Infancia.	Existen consejos municipales.	Plan Nacional do Presidente Amigo da Criança e Adolescente.
Chile	Dentro del Ministerio de Planificación existe el Instituto de la Juventud.	En Valparaíso hay medidas sistemáticas para la aplicación de la Convención.		Ley de responsabilidad penal de los adolescentes. Sistema de protección integral de la infancia. Existe un plan de acción integrado a favor de la infancia y la adolescencia (2001-2010).

Tabla 5 (continuación)

	Estatal	Regional	Local	Leyes y planes
Colombia	Consejo Nacional de Política Social. Instituto Colombiano de Bienestar Familiar.	Comisarías de familia.	Comisarías de familia.	Ley de Infancia y Adolescencia. Existe un sistema público de bienestar familiar.
Costa Rica	Consejo Nacional de la Niñez y Adolescencia.		Juntas de protección a la infancia.	Sistema integral de protección de la niñez.
Ecuador	Consejo Nacional de la Niñez y de la Adolescencia. Instituto Nacional de la Niñez y de la familia.	Consejos cantonales.	Juntas cantonales de protección de derechos.	Sistema Nacional descentralizado de protección integral a la niñez y adolescencia. Plan decenal de protección integral (2004-2014).
El Salvador	Consejo Nacional de la Niñez y Adolescencia.	Comités Locales de Derechos de la Niñez y Adolescencia.		Ley del Instituto Salvadoreño de Protección al menor (1993) Sistema Nacional de Protección Integral de la Niñez.
Guatemala	Comisión Nacional de la Niñez y Adolescencia. Procuraduría de los DDHH.		Comisiones municipales de la niñez y adolescencia.	Ley de protección integral de la niñez y adolescencia (2003) Plan de acción nacional (2004-2015).
Honduras	Junta Nacional de Bienestar Social.			

Tabla 5 (continuación)

	Estatal	Regional	Local	Leyes y planes
Nicaragua	Consejo Nacional de Atención y Protección Integral de la Niñez y Adolescencia.			
Panamá	Consejo Nacional de la Familia y el Menor.			
Paraguay	Secretaría Nacional de la Niñez y Adolescencia. Consejo Nacional de la Niñez y Adolescencia.	Consejos Departamentales de Niñez y Adolescencia.	Consejos Municipales de Niñez y Adolescencia.	Sistema Nacional de Promoción y Protección Integral. Plan Nacional y planes sectoriales.
Perú	Ministerio de la Mujer y del Desarrollo Social. Dirección de Niños, Niñas y Adolescentes. Subdirección de defensorías.		Defensorías del Niño y Adolescente.	Ley del Consejo Nacional de la Juventud. Plan de Acción por la Infancia y la Adolescencia.
República Dominicana	Consejo Nacional para la Niñez y la Adolescencia (CONANI). Secretaría del Estado y de la Juventud.	Consejos departamentales.	Ayuntamientos infantiles y juveniles.	Ley General de Juventud. Hay un programa nacional de protección.
Uruguay	Consejo Nacional Consultivo Honorario para los Derechos del Niño/a y el adolescente. Instituto del Niño, Niña y Adolescente de Uruguay (INAU).	Representación del INAU.	Más activa que a nivel departamental. En 2009 se crea en Montevideo la Secretaría de la Infancia.	Ley de 2007 contra el castigo físico y humillante.

Tabla 5 (continuación)

	Estatal	Regional	Local	Leyes y planes
Venezuela	Consejo Nacional del Niño y el Adolescente. Se ha convertido en Instituto.	Consejo Estatal de Derechos del Niño y del Adolescente.	Consejo Municipal de Derechos del Niño y del Adolescente.	Ley Orgánica para la protección del niño y el adolescente. Existe un plan estratégico.

Elaboración propia a partir de los códigos de la infancia de los distintos Estados y del Centro de Información de la Oficina Católica para la Infancia (2008)[26].

En general, el tipo de dependencia es jerárquico, de manera que las políticas nacionales dirigen todas las acciones del resto de las administraciones participantes, regionales o locales. A pesar de la descentralización que se aprecia, lo cierto es que las funciones más importantes de dichas políticas recaen en los institutos u órganos dependientes de algún ministerio o de los institutos existentes sobre derechos del niño, o de la familia. Algunos de ellos provienen de reformas de instituciones anteriores y otros han sido creados a partir de los códigos de la niñez. En este sentido, no es tan evidente que en todos los casos prevalezcan las instituciones de rango ministerial, sino más bien son las comisiones, consejos o institutos los que asumen las políticas orientadas a la infancia, como ocurre en Guatemala, Honduras, Nicaragua, Uruguay, Bolivia, Ecuador, Costa Rica y El Salvador[27].

Con respecto a las funciones y la institucionalización se observa también un panorama muy amplio de posibilidades, aunque las leyes integrales existentes den prevalencia a que las funciones de planificación, organización, ejecución y evaluación corresponderían a las instituciones de carácter nacional, mientras que los organismos regionales y locales tendrían funciones más relacionadas con la promoción y protección de los derechos, así

---

[26] Oficina Internacional Católica de la Infancia: *Situación de los derechos del niño en América Latina*, 2008, http://www.biceal.org.

[27] SITEAL: *op. cit.*, 2009a, p. 81.

como la ejecución de los planes diseñados. Asimismo, las representaciones en dichos órganos es muy variada, y en todas ellas se aprecia, además de las administraciones correspondientes, la presencia de la sociedad civil y, sobre todo, de las ONG. En este sentido, algunos de los códigos regulan la integración de representantes de ONG en los órganos de gobierno de los institutos y otros organismos oficiales, pero también, en algunos casos, se establecen las actividades de estas organizaciones, como ocurre en Argentina, Brasil, El Salvador, Nicaragua, República Dominicana, Uruguay y Venezuela, como participación de la sociedad civil. En el caso de la República Dominicana el derecho a la participación social se desarrolla de una forma prolija, señalando, incluso, las obligaciones de las entidades sean o no gubernamentales.

Además de estos organismos de carácter gubernamental o no gubernamental, se imposible dejar de lado la existencia de una figura que se ha ido imponiendo cada vez más para la defensa de los derechos del niño y que, en los países de la región, ha tenido denominaciones diversas que podemos encuadrar bajo los epígrafes de "Defensor del niño" o "Defensorías de los Derechos del Niño". En este sentido, la mayoría de los códigos se refiere a esta figura, aunque debe distinguirse que, en algunos casos, se trata de defensorías específicas de la niñez, mientras que en otros casos sus funciones son asumidas por otras figuras encargadas de la defensa de la ciudadanía. Así, países como Argentina, Bolivia, Guatemala, Nicaragua, Paraguay, Perú y Venezuela tienen establecido en sus normativas esta figura de una manera específica, con funciones muy concretas. En otros países como Colombia, Costa Rica y México, son las defensorías de la familia, de los habitantes o el Ministerio Público los que asumen esa tarea.

La función que más prevalece entre las asignadas a dichas defensorías es la del cumplimiento efectivo de las obligaciones que las instituciones tienen en la defensa de los derechos, supervisando, velando o coordinando las garantías constitucionales en la salvaguarda de los derechos de las niñas, niños y adolescentes.

En el caso de Paraguay, por ejemplo, entre las funciones del Defensor de la Niñez y Adolescencia está la de "recibir denuncias de transgresiones a los derechos y promover las acciones correspondientes" (art. 163), y asumir su representación. También en el caso de Venezuela las funciones de la Defensoría del Niño y del Adolescente son diversas, y es considerado como "un servicio de interés público, organizado y desarrollado por el municipio o por la sociedad, con el objetivo de promover y defender los derechos de los niños y adolescentes" (art. 201).

Al igual que ocurre con la Convención, las responsabilidades gubernamentales atraviesan los códigos de la niñez, de manera que, en su articulado, podemos apreciar que la mayoría de ellos hace mención a dicha responsabilidad, incluso remarcando el carácter de deber y de las obligaciones generales del Estado para la defensa efectiva de esos derechos. Sería prolijo enumerar aquí todas y cada una de ellas, pero podríamos señalar que concuerdan con el artículo 4 de la Convención en el que se plantea la responsabilidad del Estado como una prioridad para garantizar los derechos. En algunos casos, incluso, se señala el principio de efectividad para garantizar el cumplimiento de los derechos y garantías reconocidos en la ley (Argentina). El caso de Colombia es muy exhaustivo al enumerar las obligaciones que contrae el Estado en el desarrollo de la política integral sobre los derechos del niño, llegando a recoger hasta 37 puntos concretos que van desde un nivel general sobre "garantizar el ejercicio de todos los derechos de los niños, las niñas y los adolescentes" hasta "fomentar el deporte o la recreación", pasando por la "protección contra el reclutamiento en grupos armados al margen de la ley", el "apoyo a las familias", el "registro civil de nacimiento", etc., con lo que tal exhaustividad puede desdibujar la acción efectiva del Estado. Lo mismo ocurre con los principios rectores de las políticas públicas, donde se enumera una serie de principios que van desde el interés superior del niño, a la solidaridad, pasando por la visión específica de género. Se trata de un código que ha pormenorizado exhaustivamente, al contrario de lo que ocurre en otros, estas obligaciones gubernamentales. En los casos de Costa Rica, Ecuador, México, Nicaragua, Paraguay, Uruguay o Venezuela, las menciones a las obligaciones del Estado son más generales y no especifican los ámbitos de responsabilidad gubernamental.

4.3. Visión general de los códigos en América Latina

Los códigos de la niñez dictados en la mayoría de los países de América Latina, siguiendo una larga tradición, adquirieron, con la ratificación de la Convención sobre los Derechos del Niño, una nueva perspectiva dentro de los derechos de la infancia, transformándose en el marco interpretativo y director de las políticas públicas integrales a favor de la infancia. Se trata de leyes de alto rango constitucional que resuelven conjuntamente la serie de derechos recogidos en los tratados internacionales. En este primer decenio del siglo XXI se reafirma dicha tradición, al haber implementado de una manera congruente los principios de la Convención, sobre todo en el campo educativo.

Del análisis de contenido de dichos códigos, utilizando para ello las categorías subyacentes en la Convención, se llega a una visión general de los códigos de la niñez donde se aprecia que la implementación se ajusta, con diferentes lecturas, tanto a los principios generales del tratado internacional como a los derechos de la niñez más representativos. Así, la mayoría de códigos la mencionan como marco interpretativo de sus leyes nacionales y en algunos casos de sus constituciones. Con respecto a la definición de niño, casi todos los códigos han optado por una definición más amplia y pormenorizada, al definir la infancia desde el momento de la concepción hasta la edad de los 18 años, dividiéndola en dos etapas: la infancia propiamente dicha y la adolescencia. Los principios generales de la Convención (no discriminación, interés superior del niño, supervivencia y participación) están presentes en la mayoría de los códigos, aunque este último tiene escasa presencia. El resto de los principios, a pesar de figurar, se matizan y se relacionan con otros derechos.

Si bien este es el fondo de la visión general de los códigos, en cuanto se trata de cuestiones transversales y básicas, el resto de los derechos analizados tienen sus propios matices. Con respecto al análisis comparativo del derecho a la educación, son pocos los países que no lo desarrollan en sus códigos, y en la mayoría de los casos reafirman en un sentido amplio el acceso a la educación, detectan situaciones discriminatorias y favorecen la participación. Se encuentran matices importantes en algunos aspectos de este derecho, como las políticas contra el absentismo escolar o la disciplina escolar. Este derecho está formalmente reconocido en toda la región, en cuanto a las obligaciones y responsabilidades del Estado, pero se perciben mayores dudas cuando nos referimos a otros aspectos educativos de los códigos. No obstante, hay que señalar las dificultades que plantea la exigibilidad del derecho en muchos países de la región[28]. De esta manera, podemos afirmar que se plasma mucho mejor la asequibilidad y la accesibilidad que la aceptabilidad y la adaptabilidad, siguiendo los planteamientos de Tomaševski[29]. En cuanto a los objetivos educativos, se aprecia la relevancia que los códigos conceden a la "educación en derechos humanos", que está muy extendida en América Latina. También es importante

---

[28] Pérez Murcia, L.: "La exigibilidad del derecho a la educación a partir del diseño y la ejecución de las políticas públicas educativa". En *Estudios Socio-Jurídicos*, nº 9, Universidad del Rosario, Bogotá, 2007, pp. 142-165; Latapí, P.: "El derecho a la educación: su alcance, exigibilidad y relevancia para la política educativa, *Revista Mexicana de Investigación Educativa*, enero-marzo, vol. 14, Consejo Mexicano de Investigación Educativa, México, 2009, pp. 255-287, 2009; también se puede consultar el portal sobre justiciabilidad de la Campaña Latinoamericana por el derecho a la educación: http://www.campanaderechoeducacion.org/ justiciabilidad/index.php.

[29] Tomaševski, K.: *Human Rights Obligations in Education. The 4-As Scheme.* Wolf Legal Publishers, Nijmegen, 2006, o Tomaševski, K.: "El derecho a la educación, panorama internacional de un derecho irrenunciable". En Naya, L. M. (ed.): *La educación y los derechos humanos.* Erein, San Sebastián, 2005, pp. 63-90. Ver Capítulo 3 de esta misma obra.

señalar otros aspectos educativos presentes en otros artículos de los códigos, como las medidas socioeducativas en los casos de los adolescentes en conflicto con la justicia y la relevancia que algunos países conceden a la educación intercultural bilingüe de los pueblos originarios.

El otro conjunto de derechos analizados se refiere más propiamente a derechos de ayuda y protección, pues se trata situaciones de riesgo social de niños, niñas y adolescentes, además del sistema de justicia juvenil. La mayoría de los códigos en estas cuestiones son muy prolijos, sobre todo en la justicia juvenil, y poco sistemáticos en cuanto a las situaciones de riesgo. Así, se aprecia que muchos códigos definen, por ejemplo, el maltrato, pero se conforman con relacionar una serie de situaciones de riesgo sin matizar las consecuencias y los grados de gravedad de las mismas. También se aprecia cierto interés por diagnosticar esas situaciones de riesgo que, evidentemente, se deben a la pobreza y a la exclusión social, como muchos códigos así lo reconocen. En este sentido, los códigos se muestran más débiles en cuanto a las medidas a tomar que cuando se refieren al sistema de justicia juvenil.

En el caso de la justicia juvenil, existe un alto grado de meticulosidad que se explica por los procedimientos garantistas que se establecen en los procesos penales, pero también por el hecho de que muchos códigos de la niñez han incorporado los antiguos códigos del menor, reformándolos y adecuándolos a las nuevas exigencias de la Convención. El hecho de que se especifiquen tanto las definiciones, las situaciones de protección, las medidas socioeducativas, etc. se debe, sobre todo, a que la orientación que subyace en ellos va encaminada a la plasmación de unas políticas de protección y a ofrecer una visión garantista de los procesos judiciales. No obstante, se aprecia un alto grado de congruencia con la Convención.

Por otra parte, y si bien no todos los códigos incluyen las instituciones existentes en el país para atender la infancia, lo cierto es que en todos los países se aprecia la existencia de una red de institutos, organismos, consejerías, defensorías, etc., que intentan llevar a cabo las políticas y planes integrales de protección. El régimen jerárquico de dependencia obedece a las diferentes formas de organizar la administración del Estado correspondiente.

Según esta visión general se puede concluir que la riqueza de matices que se manifiesta en los códigos de la niñez en América Latina es una muestra de la percepción educativa de los legisladores de la región. Se trata de un discurso coherente y apegado, en muchas ocasiones, a la letra de la Convención. En este sentido, puede afirmarse que se ha superado el enfoque tradicional que consideraba a los niños como menores, asumiendo el enfoque de derechos humanos y del niño como sujeto de derecho. Asimismo, y con esta perspectiva, los códigos de la niñez son un compendio integral de los derechos del niño, pero que todavía tienen sesgos procedentes de los tradicionales códigos de familia y de menores. Los códigos, por lo tanto, han significado un avance en todos los países de la región, aunque existen algunos en los que se aprecia una congruencia mayor con la Convención (Brasil, Bolivia, Colombia, Guatemala, Uruguay y Venezuela), mientras que el resto son más ambiguos a la hora de plasmar los principios básicos y la implementación de la Convención.

Todos los códigos analizados incorporan, en un lenguaje "políticamente correcto", los principios de la Convención, aunque, como señala el Comité de los Derechos del Niño, se manifiestan muchas ambigüedades e incongruencias en cuanto a la armonización de dichos códigos con la Convención; además de otros aspectos como los principios generales, maltrato o justicia juvenil. De esta manera, se puede apreciar que la congruencia en el texto difiere, no solamente del tratado internacional, sino de las situaciones prácticas de los derechos del niño en diversos países de la región.

La respuesta de los países de América Latina es intensa en el plano discursivo, a la vista de los citados códigos, aunque demasiado confiada en que la ley sea suficiente para reformar y cambiar la situación real de los niños, niñas y adolescentes. El valor concedido a la educación, en los diferentes ámbitos que hemos analizado (los principios generales de la Convención, el derecho y los objetivos de la educación, el trabajo infantil y otros aspectos socioeducativos), es una muestra de esa misma confianza en la palabra escrita y confirma que el horizonte educativo es la mejor inversión para proteger y defender los derechos de la infancia, a pesar de las dificultades presentes para exigir el cumplimiento de la ley.

EDUCACIÓN INCLUSIVA, CAMBIOS DE PARADIGMAS Y AGENDAS RENOVADAS EN AMÉRICA LATINA

MASSIMO AMADIO
RENATO OPERTTI
Oficina Internacional de Educación - UNESCO[1]

5.1. Introducción

Principalmente a partir de esta década, América Latina se encuentra inmersa en discusiones sobre las teorías y las prácticas en torno a las agendas educativas. En el marco de visiones críticas de las propuestas y resultados alcanzados a lo largo de los años 80 y 90, se están gestando renovadas agendas educativas signadas, entre otros aspectos relevantes, por: 1) el fortalecimiento de una visión de la educación como derecho universal y bien social público, así como del rol del Estado en liderar, orientar, complementar y evaluar los procesos de cambio; 2) el imperativo de democratizar las oportunidades educativas (en acceso, procesos y resultados) con un marcado énfasis en la educación de la primera infancia y la enseñanza media; 3) el acento sobre el respeto y la atención a las diversidades culturales, lingüísticas, sociales e individuales, por ejemplo, a través de la educación bilingüe intercultural, y 4) la búsqueda de vínculos

---

[1] Massimo Amadio es especialista principal de programa, y Renato Opertti, especialista de programa, Oficina Internacional de Educación de la UNESCO (UNESCO-OIE, Ginebra, Suiza). Los autores son responsables de la información contenida en el presente documento, la cual no refleja necesariamente el punto de vista o la posición de la UNESCO-OIE. En varias oportunidades a lo largo del Capítulo se remitirá al sitio de Internet de la UNESCO-OIE, que se encuentra en: www.ibe.unesco.org.

y sinergias entre los modelos de desarrollo, la distribución equitativa de oportunidades y la educación visualizada como política cultural, social y económica.

Sin embargo, los cambios conceptuales –dispares nacionalmente en objetivos, contenidos y alcances– no han logrado concretarse en un cambio de paradigma sobre las maneras de concebir y de gestionar la educación pese a las anomalías detectadas. Por ejemplo, ver los procesos de reforma a través de subsistemas educativos y fraccionados en partes; no considerar suficientemente a la educación como un asunto social que involucra una pluralidad de instituciones y de actores; creer en la "magia" de los cambios generados por políticas de descentralización y privatización desprendidas de finalidades y objetivos educativos universales; abrigar una visión de cambio curricular como prescripción de arriba hacia abajo, y no como proceso de desarrollo gestado a nivel de escuelas y de aulas, y la introducción permanente de innovaciones por fuera de los marcos de organización de los sistemas educativos sin animar, provocar o lograr su reestructuración.

Los cambios conceptuales inconclusos parecen denotar, por lo menos, tres aspectos centrales: 1) la cohabitación "incómoda e híbrida" de agendas educativas de las décadas precedentes y de la actual, de conceptos e instrumentos que se van acumulando sin un debate crítico y sin propuestas sobre los mismos; 2) el notorio desfase entre elaborados discursos de cambio social y educativo, muchas veces sustentados en marcos normativos relevantes, y su concreción en tanto que propuestas curriculares y pedagógicas que impacten positivamente en los centros educativos y en las aulas[2], y 3) las dificultades de concebir y tejer una visión holística

---

2 "En la mayoría de los países de la región los varios dispositivos legales existentes consideran la educación como un derecho humano fundamental y el reto principal de política educativa asumido por buena parte de los países es asegurar una educación de calidad para todos". Amadio, M.: "Inclusive Education in Latin America and the Caribbean: Exploratory Analysis of the National Reports Presented at the 2008 International Conference of Education". En *Prospects*, vol. 39, n° 3, Springer, Dordrecht, 2009, pp. 293-305, p. 303.

de los cambios educativos que permita superar una tradición de análisis de los temas educativos excesivamente compartimentado por nivel o subsistema. Sin una visión de conjunto que abarque el mediano y largo plazo, y que precise fines a alcanzar para el conjunto del sistema educativo, la discusión seguirá esencialmente atrapada en los instrumentos, en las respuestas a coyunturas, en las declaraciones retóricas sin anclaje real, en los forcejeos corporativos y, más aún, los resultados obtenidos nos seguirán desilusionando.

De cara al desafío de apoyar los procesos de renovación, nos proponemos aportar elementos para contribuir modestamente a la discusión en torno a un cambio posible de paradigma[3] a partir del concepto de educación inclusiva como principio rector para transformar los sistemas educativos de una manera holística, comprehensiva y profunda[4].

A la luz de sustentar y de fundamentar los cambios educativos, el valor agregado del concepto de educación inclusiva remite por lo menos a cuatro aspectos principales: 1) permite revisitar los conceptos de equidad y de calidad atendiendo al logro de una síntesis dinámica y compleja entre los mismos (equidad y calidad van de la mano)[5]; 2) contribuye a fortalecer el desarrollo de políticas pú-

---

[3] El concepto de paradigma refiere, por un lado, al núcleo básico de valores, actitudes y creencias compartidos y diseminados por los miembros de una determinada comunidad, y por otro lado, al conjunto de respuestas y soluciones que se han dado frente a diversos órdenes de problemas (por ejemplo, a través de modelos).

[4] Como se señala en las Conclusiones y Recomendaciones de la 48ª reunión de la Conferencia Internacional de Educación (CIE, 25-28 de noviembre de 2008, Ginebra, Suiza) sobre el tema "Educación inclusiva: el camino hacia el futuro", se puede concebir a la educación inclusiva como "un principio rector general para reforzar la educación para el desarrollo sostenible, el aprendizaje a lo largo de toda la vida para *todos* y un acceso a las oportunidades de aprendizaje en condiciones de igualdad para todos los niveles de la sociedad". Las Conclusiones fueron adoptadas por los representantes de 153 Estados miembros de la UNESCO y pueden ser consultadas en el sitio de Internet de la UNESCO-OIE.

[5] Los informes PISA (Programa Internacional de Evaluación de Estudiantes de la Organización para la Cooperación y el Desarrollo Económico —OCDE— evidencian que es posible congeniar altos niveles de calidad y de equidad en los resultados del

---

blicas universales dirigidas efectivamente a *todos* en un marco de atención educativa a las diversidades; 3) reposiciona la discusión en torno a ejes duales de política que han permeado fuertemente las agendas regional y nacional como son, por ejemplo, centralización-descentralización, estatismo-privatización y autonomía o no de los centros educativos[6], enfatizando el desarrollo de sistemas educativos inclusivos asentados en la diversidad de ofertas, procesos y centros educativos en un marco de políticas universales, y 4) aporta un principio transversal que comprende la planificación de políticas y la asignación de recursos en el marco de los planes de desarrollo social y educativo, las interfaces entre la inclusión social y la educación inclusiva, y el desarrollo de currículos, escuelas, y prácticas de aula inclusivas.

Los alcances de una visión amplia de la educación inclusiva, como un eje posible del cambio conceptual, se inscriben y adquieren significado a través de las reflexiones y debates entablados antes, durante y después de la 48ª reunión de la Conferencia Internacional de Educación (CIE) ya mencionada. Específicamente nos referimos al Taller Subregional preparatorio realizado en Buenos Aires[7], a las propias deliberaciones en la

---

aprendizaje y en la adquisición de competencias básicas de vida. Véase: Schleicher, A.: "Securing Quality and Equity in Education: Lessons from PISA". En *Prospects*, vol. 39, n° 3, Springer, Dordrecht, 2009, pp. 251-263.

[6] López y Corbetta señalan que en educación "el debate sobre las políticas públicas en las dos últimas décadas permitió instalar una matriz basada en oposiciones e incompatibilidades que hoy obstaculiza la posibilidad de pensar acciones orientadas a la integración social y educativa". Los autores mencionan las oposiciones "centralización-descentralización", "sociedad política-sociedad civil", "políticas sociales-políticas intersectoriales", "universalismo-focalización" y "largo plazo-corto plazo". Véase: López, N. y Corbetta, S.: "Hacia una nueva generación de políticas. Una invitación a revisar viejas tensiones en el campo de las políticas sociales y educativas". En López, N. (comp.): *De relaciones, actores y territorios. Hacia nuevas políticas para la educación en América Latina*. UNESCO-IIPE Sede Regional Buenos Aires, Buenos Aires, 2009, pp. 305-325.

[7] El Taller Subregional sobre Educación Inclusiva (12-14 de septiembre de 2007) contó con la participación de diez países de laS regiones Andina y Cono Sur, y fue coorganizado por el Ministerio de Educación, Ciencias y Tecnología de la Argentina, la UNESCO —a través de la División de Educación Básica (Sector Educación en París), la

CIE 2008, y al Taller Regional de seguimiento que tuvo lugar en Santiago de Chile[8].

El presente documento se estructura alrededor de los siguientes puntos: 1) temas y desafíos de la educación inclusiva en América Latina en el marco de una perspectiva interregional comparada sobre la base del ciclo de trece reuniones preparatorias de la CIE 2008; 2) principales temas y desafíos considerados durante la CIE 2008; 3) qué temas priorizar y qué desafíos abordar a partir de la CIE 2008, y 4) en qué sentido el concepto de educación inclusiva puede transformarse en una de las llaves posibles para contribuir a efectivizar un cambio de paradigma en la educación a nivel regional.

5.2. Temas y desafíos identificados en la fase preparatoria de la Conferencia Internacional de Educación de 2008

Entre 2007 y 2008, la UNESCO-OIE, a través principalmente de la Comunidad de Práctica (COP) en Desarrollo Curricular[9], organizó

Oficina Regional de Educación para América Latina y el Caribe (UNESCO-OREALC) y la UNESCO-OIE–, y la Escuela de Educación de la Universidad de San Andrés, Argentina. El taller congregó un grupo altamente cualificado de tomadores de decisión (principalmente, viceministros), educadores, especialistas de currículo, formadores de formadores, investigadores y académicos. Más información sobre el taller está disponible en el sitio de Internet de la UNESCO-OIE.

[8] El Taller Regional sobre "Implementación de políticas en educación inclusiva en América Latina: caminos recorridos y desafíos pendientes" (18-20 de noviembre de 2009) fue organizado por la UNESCO a través del Sector Educación (París), la OREALC y la UNESCO-OIE en colaboración con el "Programa Emblemático" (*Flagship*) de "Educación para Todos (EPT) para el Derecho a la Educación de Personas con Discapacidad: Hacia la inclusión". Participaron representantes de 16 países de la región, y, al igual que en el caso del taller de Buenos Aires, se logró conformar un grupo altamente calificado de tomadores de decisión, educadores, especialistas en currículo, formadores de formadores, investigadores y académicos. Información y documentación sobre el taller puede consultarse en el sitio de Internet de la UNESCO-OIE.

[9] La COP en Desarrollo Curricular es una iniciativa coordinada por la UNESCO-OIE con el objetivo de apoyar a las diferentes regiones y países en el diseño e imple-

DERECHOS DE LA INFANCIA Y EDUCACIÓN INCLUSIVA EN AMÉRICA LATINA

juntamente con otras oficinas de la UNESCO y otros organismos de las Naciones Unidas, ministerios de educación e instituciones de la sociedad civil, nueve talleres y cuatro conferencias regionales sobre la educación inclusiva como fase preparatoria de la 48ª reunión de la CIE[10]. Los encuentros tuvieron lugar en todas las regiones del mundo, destacándose la activa participación de gobiernos, instituciones de la sociedad civil y organizaciones internacionales en un marco de pluralidad y de colaboración intelectual que ha involucrado a un total de más de 900 participantes provenientes de 128 países.

El ciclo de reuniones tuvo como objetivo principal iniciar un proceso consultivo y participativo destinado a identificar los temas y desafíos principales relacionados con la educación inclusiva con miras a informar sobre el proceso de preparación y organización de la Conferencia de 2008. El análisis comparado de las trece reuniones permitió identificar siete temas como un marco posible para la construcción de una agenda interregional. Sucintamente se hace referencia a ellos, con mayor énfasis en los temas curriculares y de formación docente, seguidos de una sintética presentación de los resultados de los debates que tuvieron lugar en el Taller Subregional de Buenos Aires (septiembre de 2007).

1) *Educación especial, integración y educación inclusiva*: delicadas opciones y equilibrios. En general, predomina la idea de superar el debate integración/inclusión, generando visiones y prácticas inclusivas en los diversos tipos de escuelas. No se trata de crear escuelas inclusivas en contraposición a otros tipos de escuelas, sino que todas puedan adoptar un enfoque inclusivo.

---

mentación de cambios y reformas curriculares en el marco de los objetivos de la EPT. Para más información sobre la COP consúltese el sitio de Internet de la UNESCO-OIE.

[10] Véase Opertti, R. y Belalcazar, C.: "Tendencias de la educación inclusiva a nivel regional e interregional: temas y desafíos". En *Perspectivas*, vol. 38, n° 1, Springer, Dordrecht, 2008, pp. 149-179. Los informes finales de los talleres y de las conferencias regionales están disponibles en el sitio de Internet de la UNESCO-OIE.

En el taller de Buenos Aires, el debate entre los participantes se desarrolló en torno a la inclusión social y educativa más que respecto al eje integración/inclusión. Se señaló que la desigualdad social y los niveles de pobreza que afectan a la región tienen un fuerte impacto en la concepción y la aplicación de la educación inclusiva en términos de la justicia social. Una educación de calidad es necesaria para lograr una mayor inclusión; sin embargo, la educación no puede por sí misma compensar las desigualdades sociales y económicas. Los estudiantes no pueden aprovechar efectivamente las oportunidades educativas cuando no gozan de un mínimo nivel de calidad de vida y de desarrollo humano (por ejemplo, en términos de salud, alimentación, vivienda y protección). La educación inclusiva no puede llevarse a cabo sin una sociedad justa (pisos mínimos de equidad social), lo que implica una relación dialéctica entre la justicia social y la educación inclusiva, que incluye además valorar la diversidad dentro de la cohesión social.

2) *Relaciones complejas y tensiones entre la inclusión social y la educación inclusiva.* ¿La sociedad del conocimiento genera más exclusión que inclusión? Se democratiza el acceso a la educación, pero se constatan fuertes y crecientes brechas en términos de resultados de aprendizajes y de adquisición de competencias necesarias para la inserción laboral y social.

En la reunión de Buenos Aires, se enfatizó el hecho que la sociedad del conocimiento y de la información puede generar más exclusión y desigualdad que una sociedad industrial. Se destacó también que las escuelas son moldeadas y definidas de acuerdo con una demanda de escolarización, en lugar de responder a las necesidades sociales y de conocimiento. Esto lleva muchas veces a que se acote el debate sobre la inclusión a facilitar el acceso al sistema educativo formal más que a democratizar el acceso al conocimiento bajo diferentes modalidades y ofertas educativas.

También se observó que en la región la educación sigue siendo desigual en términos de acceso, y más aún en resultados.

Los sistemas de educación latinoamericanos han intentado democratizar el acceso a la escuela mediante la inclusión de grupos sociales anteriormente excluidos. Sin embargo, la brecha en los resultados educativos sigue siendo amplia, e impide que estos grupos adquieran competencias y conocimientos básicos. Niños y niñas pobres, de sectores rurales, mujeres y personas con necesidades especiales son los más afectados por la exclusión de la educación y del aprendizaje.

La lucha contra la exclusión implica, necesariamente, jerarquizar el rol de la escuela como centro clave de justicia, facilitando la articulación y el desarrollo de las políticas sociales. La escuela se entiende, además, como centro comunitario facultado para el cambio social. Con esta perspectiva, las escuelas deben ser capaces de responder a los problemas integrales de desarrollo de los niños. Para esto, deben promover una amplia participación de la sociedad civil y de las organizaciones locales, con el fin de generar sistemas de protección y atención integral.

3) *Participación en el diseño y en la implementación de la educación inclusiva*: la necesidad de una fuerte voluntad política en los niveles centrales que legitime y sustente el *empowerment* de las comunidades a nivel local con el fin de eliminar las barreras que obstaculizan su participación en el quehacer educativo.

Los participantes en el taller de Buenos Aires señalaron que las decisiones políticas deben ser adoptadas a través de un diálogo efectivamente participativo que promueva la cohesión social y el compromiso de la sociedad en su conjunto. Los grupos religiosos, los medios de comunicación, las empresas, los sindicatos, los movimientos sociales, entre otros, deben participar en la formulación e implementación de políticas de educación inclusiva y de desarrollo socioeconómico. Convencer a las elites del valor y de la necesidad de la inclusión forma parte medular de un diálogo amplio que debería llevar a tomas de conciencia y cambios de actitudes. Se constata una escasa visibilidad y transparencia de los temas de educación inclusiva en la sociedad.

Los medios de comunicación tienen un papel clave en la difusión de los principios de la educación inclusiva a fin de generar el compromiso y extender la participación de toda la sociedad. Los responsables políticos y agentes sociales deberían dedicar una mayor reflexión y debate sobre el tipo de sociedad que se desea. En particular, esto debe ser considerado en la revisión de las formas, de los contenidos y de las consecuencias de la exclusión en el marco de una sociedad del conocimiento. Una sociedad justa requiere diferentes actores que garanticen la cohesión social, la transparencia, los niveles básicos de integración y equidad.

4) *Rol de la educación inclusiva en el marco de un compromiso renovado en torno a los objetivos de la Educación para Todos (EPT).* ¿Cómo visualizar la calidad educativa (objetivo 6 del Marco de Acción de Dakar[11]) asumiendo el concepto de educación inclusiva? ¿Inclusión como síntesis de equidad y calidad?

En la reunión de Buenos Aires, los participantes entendieron que, en la medida en que se considere a la educación inclusiva como la progresiva búsqueda de una síntesis entre equidad y calidad, resulta imprescindible justificar ante los ministerios de educación y demás interesados en la región las razones por las que se acuña este concepto y cuál podría ser su valor agregado respecto a los propios conceptos de equidad y calidad que han permeado y permean discursos anteriores y actuales sobre procesos de reforma educativa y curricular.

Siguiendo el enfoque de la educación inclusiva en términos de justicia social, con respecto a las políticas es imprescindible tomar en cuenta la reducción de las desigualdades, de la fragmentación social y de los niveles de pobreza. Las políticas edu-

---

11 "Mejorar todos los aspectos cualitativos de la educación, garantizando los parámetros más elevados, para que todos consigan resultados de aprendizaje reconocidos y mensurables, especialmente en lectura, escritura, aritmética y competencias prácticas esenciales." Foro Mundial sobre la Educación: *Marco de Acción de Dakar - Educación para Todos: cumplir nuestros compromisos comunes.* UNESCO, París, 2000, p. 17.

cativas tienen aún el reto de alcanzar una cobertura universal con una educación de calidad para todos los sectores de la población, a fin de garantizar la adquisición de las competencias, saberes y valores necesarios para una integración exitosa a la vida política, social y económica. Esto debe considerar, sin embargo, el riesgo de estigmatización que pueden causar ciertas políticas focalizadas en los grupos excluidos de la educación y que pueden formalizar a estos grupos dentro de patrones educativos condescendientes (por ejemplo, "como son pobres, no podemos enseñarles de la misma forma que a aquellos que son ricos…").

En cierta medida se busca, por un lado, democratizar el concepto de calidad como procesos de aprendizaje que atienden expectativas y necesidades de todos los educandos, y no reducirlo simplemente a la provisión de condiciones/insumos y/o a la constatación de resultados de aprendizaje; y, por otro lado, asociar más fuertemente el concepto de equidad a la igualación en los resultados, y no solo a facilitar el acceso y a la compensación de desigualdades.

5) *Promover y asegurar el derecho a una educación equitativa de calidad,* lo que implica un complejo y tenso equilibrio entre el derecho y las responsabilidades de familias, comunidades y gobiernos. Los múltiples prejuicios hacia entornos de aprendizaje heterogéneos que provienen de dentro y fuera del sistema educativo constituyen un factor fuerte de exclusión de oportunidades de aprender y de participar.

En Buenos Aires, los colegas latinoamericanos señalaron que las políticas educativas deben considerar la creación de ambientes acogedores y amigables en los que se alienten las relaciones de colaboración y conciencia democrática entre los estudiantes y docentes.

Como primer espacio de socialización fuera de la familia, las instituciones educativas deben ser heterogéneas, permitiendo la socialización entre todos los distintos estratos socioeconómicos, ya que frecuentemente las escuelas no ofrecen un espacio para "el otro". En ese sentido, las escuelas deberían promover procesos de socialización que impliquen vivir y aprender juntos dentro de la diversidad, como una manera de recuperar el sentido de la educación pública y, más globalmente, como un aspecto clave del desarrollo humano, la inclusión social y el fortalecimiento de la democracia. Hay que brindar atención al doble imperativo de reducir las desigualdades sociales y económicas, y de contrarrestar los procesos de segmentación y segregación.

6) *¿Influye el currículo en el logro de una educación inclusiva?* Conceptos, estructuras, contenidos y procesos de evaluación curriculares pueden ser claves para lograr la inclusión, o bien para excluir de oportunidades efectivas de aprendizaje. ¿Un currículo inclusivo?

El currículo es crecientemente visualizado como una herramienta central para lograr que un concepto amplio de educación inclusiva se traduzca en *prácticas* de escuelas y de aulas inclusivas. Tres subtemas informan el debate bajo una mirada interregional.

En primer lugar, la constatación de una serie de problemas en los procesos de desarrollo curricular: currículos sobrecargados de información y de contenidos disciplinares, demasiado académicos y fuertemente permeados por los exámenes; el recurrir de manera excesiva a la transmisión de información y a modos frontales de enseñanza, y la falta de articulación institucional, curricular y pedagógica entre la educación inicial, la primaria y la media. En segundo lugar, el desafío de superar la separación entre la enseñanza primaria y media a través de programas de educación básica que democraticen oportunidades de formación desde los niveles inicial al medio. Y en tercer lugar, la necesidad de compartir y de aprender de prácticas diversas que han probado ser exitosas, como son los modelos de escuela comprehensiva[12] y el desarrollo de enfoques basados en competencias[13].

---

[12] Un ejemplo es el modelo de escuela comprehensiva en Finlandia. Un conjunto de factores constituyen claves explicativas de los buenos resultados obtenidos: 1) énfasis en la igualdad de oportunidades (equidad y calidad van juntas); 2) un modelo comprehensivo obligatorio y no selectivo de escuela básica de nueve

Al considerar los objetivos de calidad y equidad, los participantes en el taller de Buenos Aires mencionaron la necesidad de incorporar nuevas formas de enseñanza y de organización del aprendizaje en las propuestas curriculares. El currículo debe asegurar que todos los niños/as, jóvenes y adultos aprenderán de manera equitativa garantizando estándares universales de aprendizaje como un derecho.

Un currículo inclusivo aspira a una educación de calidad, y hace referencia a enfoques participativos en relación con la organización del aprendizaje. Para su logro, la aplicación de las políticas curriculares debe tomar en cuenta la participación de los distintos actores involucrados, particularmente las resistencias, los temores y las aprehensiones expresadas y vivenciadas por los docentes.

El currículo debe ser diseñado y aplicado con flexibilidad para responder mejor a las diferentes expectativas, necesidades y ritmos de aprendizaje de los educandos. Los enfoques por competencias representan posibles modelos adecuados para la revi-

---

años; 3) administración flexible que apoya fuertemente a la escuela; 4) confianza en escuelas, directores, maestros y estudiantes; 5) apoyo personalizado y tutoría centrados en el aprendizaje y el bienestar de los estudiantes; 6) formas de evaluación a medida del desarrollo progresivo de los estudiantes (no hay exámenes ni *ranking*, sí hay intervención temprana y segundas oportunidades), y 7) docentes altamente calificados y autónomos que han cursado programas de formación de maestros de calidad. Véase: Halinen, I. y Jarvinen, R.: "En pos de la educación inclusiva: el caso de Finlandia". En *Perspectivas*, vol. 38, n° 1, Springer, Dordrecht, 2008, pp. 97-127.

[13] Los enfoques por competencias pueden considerarse como un eje transversal de mejoramiento de los procesos de calidad educativa. Entre otras cosas, las competencias pueden contribuir a definir el perfil de egreso, la estructura, los contenidos y los sistemas de evaluación curriculares, los modelos de gestión escolar, las prácticas de aula y, fundamentalmente, los vínculos entre docentes y alumnos. A través de las competencias generamos, movilizamos e integramos recursos —entre otros, valores, actitudes, saberes y destrezas— para encarar y dar respuesta a situaciones de aprendizaje. No se trata solamente de aplicar conocimientos y capacidades o de desarrollar destrezas. Las competencias son construcciones histórico-sociales que se desarrollan a través de situaciones de aprendizaje que implican una dimensión valórico-actitudinal ineludible. Para un análisis de los enfoques por competencias desde una perspectiva interregional, véase: *Prospects (Open File: Curriculum change and competency-based approaches: a worldwide perspective.* Guest Editor: R. Opertti), vol. 37, n° 2, Springer, Dordrecht, 2007.

sión de los currículos, facilitando que cada estudiante pueda adquirir las competencias básicas partiendo desde sus intereses, expectativas y formas de aprendizaje, relacionándose a la vez con el contexto local, nacional, regional y global.

También se señaló que uno de los campos a promover es la educación intercultural bilingüe en los currículos de educación primaria y media secundaria, además de los diversos modelos formales y no formales que ayuden a la ampliación y mejora de la educación de la primera infancia (como parte integral de la educación básica) y la educación de los jóvenes y adultos. Por último, se llamó la atención acerca de cómo los actuales sistemas de evaluación del currículo pueden promover la exclusión, particularmente aquellos excesivamente focalizados en los exámenes.

7) *Cambiar el perfil y el rol del docente así como apoyar su desarrollo profesional.* Lograr la inclusión supone, entre otras cosas, trabajar articuladamente en torno al tipo de docente deseado, jerarquizar su rol en la atención de las diversidades y apoyar de manera permanente su trabajo en el aula. Cuatro subtemas informan el debate bajo una mirada interregional:

- La constatación de la existencia de dos órdenes complementarios de problemas: la fuerte resistencia de los docentes a trabajar en escuelas y aulas heterogéneas, y la insuficiencia de competencias y conocimientos sobre cómo abordar las diversidades en los perfiles y en las maneras de aprender de alumnas y alumnos.
- El predominio del discurso de la desviación que establece jerarquías situando a cada estudiante según sus competencias cognitivas, sobre el inclusivo que enfatiza el potencial de aprendizaje de cada estudiante, que debe ser descubierto y estimulado de manera progresiva.
- Los currículos de formación docente carecen, en general, de un marco conceptual y de los instrumentos metodológicos para hacer frente a la diversidad de expectativas y necesidades de los educandos.

– Compartir prácticas que parecen funcionar bien en diferentes regiones: trabajo interdisciplinario en equipos docentes; apoyo a los docentes en escuelas comunes con relación a los estudiantes con necesidades especiales; la consideración de las escuelas especiales como centros de recursos de apoyo a las escuelas regulares; tutorías que impliquen un apoyo pedagógico personalizado; redes de colaboración entre escuelas (por ejemplo, comunidades de prácticas docentes), y coordinación estrecha con instituciones sociales (concepción y gestión de políticas sociales).

En el taller de Buenos Aires los participantes enfatizaron tres aspectos de la problemática que están fuertemente ligados entre sí: 1) la devaluación del rol, profesión y práctica docente, en términos de su reconocimiento por la sociedad, lo cual implica componentes simbólicos y materiales; 2) las debilidades en la formación y en el desarrollo profesional docente, particularmente evidenciadas por la ausencia o pobreza de marcos conceptuales y herramientas para atender las diversidades de los alumnos en el marco de múltiples contextos culturales, sociales e individuales, y 3) el enfoque tradicional de un docente que "implementa" un currículo que prescriben otros desde fuera de las aulas y que, en su accionar, está permeado por la exigencia de impartir los contenidos prescritos sin flexibilidad o adaptaciones.

También se señaló que las alternativas frente a estas cuestiones complejas son motivo de ásperos debates y fuertes enfrentamientos entre instituciones y actores de dentro y fuera del sistema educativo, donde se combinan y confunden componentes ideológicos, programáticos, disciplinares y corporativos, entre otros relevantes. En todo caso se mencionó la dificultad de llevar a cabo debates fundados en las evidencias como, por ejemplo, las relacionadas con los enfoques por competencias como un eje estructurador de cambios curriculares.

Una mirada de largo aliento permite visualizar mejor la relevancia de modificar los currículos de formación docente como principales sostenedores de los cambios de paradigma deseados en las teorías y en las prácticas de la educación inclusiva, desde algunos enfoques aislacionistas de la educación especial a una educación de calidad para todos. En tal marco, el rol del formador de formadores es central para liderar procesos de cambio en las concepciones educativas globales y en las miradas disciplinares. Asimismo, se enfatizaron las calificaciones y habilidades pedagógicas que necesitan los docentes al desarrollar una educación inclusiva personalizada en función de las diferentes habilidades de los estudiantes asistentes a las escuelas rurales.

Con un currículo flexible en la mano, los docentes deben entender que, a pesar de sus diferencias, los educandos tienen la capacidad para desarrollar todo su potencial de aprendizaje. Las estrategias pedagógicas centradas en el educando deben estar diseñadas de manera que lo reconozcan y se construyan sobre la diversidad entendida como oportunidad y recurso de aprendizaje, y no como un problema.

5.3. La Conferencia Internacional de Educación de 2008 y algunas de sus implicaciones

La Conferencia Internacional de Educación, celebrada entre el 25 y 28 de noviembre de 2008 en Ginebra (Suiza), abordó un desafío entendido como crucial para el presente y el futuro de los países: las numerosas formas de exclusión provenientes de fuera y dentro del sistema educativo, las cuales obstaculizan el logro de los objetivos de EPT y –en consecuencia– la construcción de sociedades con más igualdad de oportunidades y mayor cohesión social. Se tuvieron particularmente en cuenta los resultados derivados de las reuniones preparatorias que han sido mencionados en el punto anterior.

Los trabajos de la Conferencia se desarrollaron en forma de un debate de introducción en sesión plenaria ("De la educación inclusiva a una sociedad inclusiva"); cuatro talleres temáticos, seguidos de una sesión plenaria de síntesis, y un debate de conclusión ("La educación inclusiva: de la visión a la práctica"). Los talleres temáticos se centraron en cuatro subtemas: enfoques, alcance y contenido (para entender mejor la teoría y la práctica de la educación inclusiva); políticas públicas (para evidenciar la importancia del rol de los gobiernos en el desarrollo y la implementación de políticas de educación inclusiva); sistemas, interfaces y transiciones (para crear sistemas educativos que ofrezcan oportunidades de aprendizaje a lo largo de toda la vida); y educandos y docentes (para promover un entorno de aprendizaje en el cual los docentes estén preparados para atender las diversas necesidades y expectativas de los alumnos).

Pese a las inevitables limitaciones de tiempo, esta estructura permitió un diálogo franco, plural y abierto, donde se contemple la complejidad y variedad de instituciones y actores implicados en los procesos de cambio y desarrollo educativo.

La 48ª reunión de la CIE ha permitido avanzar en la discusión en torno a un concepto amplio de educación inclusiva, al jerarquizarla como un principio orientador para el logro de una educación de calidad para todos. El debate en torno a su desarrollo deja de ser visto únicamente a través de ejes disyuntivos para transformarse en discusiones conceptuales y operativas sobre cómo los sistemas educativos conciben y gestan inclusión en diversos niveles, desde las visiones a las prácticas. Se trata de entender y de ver la pertinencia y relevancia de diferentes modelos educativos a la luz de la democratización de las oportunidades de formación para atender la diversidad de expectativas y necesidades de todos. Ya no es un tema de inclusiones acotadas a una serie de ofertas educativas y escuelas que buscan superar la dicotomía educación especial/integración, sino de cómo se organizan y funcionan sistemas educativos en el marco de políticas sociales integradas signadas por la inclusión social.

El avance conceptual acordado en la Conferencia de 2008 sobre una visión amplia de la educación inclusiva y las oportunidades de construcción colectiva para el futuro que abre, contrasta fuertemente con una teoría y una práctica de inclusión en países de diversas regiones que se ciñen aún por un concepto tradicional de inclusión, como sinónimo de integración de estudiantes con necesidades especiales, por propuestas institucionales y curriculares de atención a las diversidades por la vía de la separación y la segregación, así como prácticas docentes asentadas en el ideal de una homogeneidad cultural y social, y en el perfil "estándar" de los alumnos. Un desafío mayor, que forma parte precisamente de las actividades de seguimiento de la Conferencia, consiste en generar espacios de construcción colectiva sobre marcos conceptuales y herramientas que permitan desarrollar la educación inclusiva como un eje transversal del marco de organización y de funcionamiento de los sistemas educativos, con especial énfasis en la dimensión curricular y en la diversificación de las prácticas pedagógicas.

Sobre la base de los resultados de los debates de la CIE 2008, la educación inclusiva puede ser entendida a partir de cuatro características fundamentales y niveles de intervención en el desarrollo de políticas y programas, es decir: es un enfoque transversal que comprende diversas dimensiones (desde la política educativa hasta el aula), niveles (el aprendizaje a lo largo de toda la vida, incluidos ambientes y ofertas formales y no formales) y unidades (los marcos nacionales, los currículos centrados en la escuela, los grupos de clase y los docentes, y la unidad individual del estudiante y su currículo personalizado) con el fin de lograr una educación de calidad distribuida equitativamente. La transversalidad se opera en el desarrollo de políticas y programas que atiendan la presencia (el acceso a la educación y la asistencia a la escuela), la participación (la calidad de la experiencia de aprendizaje con las perspectivas y vivencias de los estudiantes) y los logros (los procesos de aprendizaje y los resultados a través del currículo).

Es la búsqueda permanente de mejores modos de responder a la diversidad[14], es decir, un proceso dinámico y evolutivo

---

14 Véase: Ainscow, M. y Miles, S.: "Por una educación para todos que sea inclusiva: ¿Hacia dónde vamos ahora?". En *Perspectivas*, vol. 38, n° 1, Springer, Dordrecht, 2008, pp. 17-44.

para entender, abordar y responder a la diversidad de todos los estudiantes a través de una educación personalizada, y de la consideración de sus diversos perfiles sociales y culturales como contextos y oportunidades para mejorar los aprendizajes. En particular, dicha educación personalizada puede entenderse si se incluyen al menos las siguientes dimensiones centrales: lograr que niñas y niños se comprometan en el aprendizaje a través de una variedad de oportunidades de aprendizaje y modos de enseñanza; tomar las decisiones adecuadas en relación con el aprendizaje con el apoyo de tutores (orientación); tener la participación de los padres en la creación de acogedores entornos familiares de aprendizaje, y conseguir que los docentes guarden altas expectativas para todos los niños independientemente de sus antecedentes y necesidades[15].

Trata de facilitar y viabilizar la comprensión, la identificación y la eliminación de las barreras a la participación y al aprendizaje. El desafío es cambiar la mirada, de "culpar y sancionar" a los estudiantes con bajos logros de aprendizaje por la consideración de los obstáculos, con una perspectiva multidimensional que engloba factores culturales, sociales y educativos. Tales factores pueden provenir tanto de fuera como de dentro del sistema educativo, es decir, los contextos sociales y la llamada "caja negra" de factores institucionales e intraescolares. Muchas veces las barreras surgen de "actitudes profesionales arraigadas, prejuicios con motivo de raza, sexo y clase social, o interpretaciones culturales erróneas"[16].

Da prioridad a las políticas y a los programas hacia los grupos de alumnos que están en riesgo de ser marginados y excluidos, y con bajos logros de aprendizaje, ofreciendo oportunidades

---

[15] Véase: United Kingdom Department for Education and Skills: *National conversation on personalised learning*. Department for Education and Science, London, 2004.

[16] Véase: Rambla, X. *et al.*: "La educación inclusiva frente a las desigualdades sociales: un estado de la cuestión y algunas reflexiones geográficas". En *Perspectivas*, vol. 38, n° 1, Springer, Dordrecht, 2008, pp. 81-96.

de aprendizaje equivalentes en todas las escuelas y para la diversidad de poblaciones.

Así, la educación inclusiva implicaría cuatro niveles complementarios de intervención: 1) orienta procesos de planificación de las políticas de manera clara y unitaria incluyendo aspectos de gobernanza y de financiamiento; 2) sirve para visualizar de mejor manera los enlaces y las sinergias entre la inclusión social y la educación inclusiva (marco intersectorial de políticas); 3) apoya el desarrollo de escuelas y currículos inclusivos con el objetivo de abordar y responder efectivamente a las expectativas y necesidades de todos los alumnos, y 4) promueve la diversificación de las prácticas de enseñanza para comprometer a docentes y alumnos en los procesos de aprendizaje.

Una adecuada combinación y sinergia entre políticas y programas para desarrollar los cuatro aspectos clave de la educación inclusiva mencionados se funda en una visión holística e integrada de la educación. Bajo esta visión, la educación inclusiva puede contribuir, desde la teoría a las prácticas, a un reposicionamiento del compromiso en torno a los objetivos de la EPT, lo cual es esencial si se aspira a alcanzarlos a tiempo (2015). Ciertamente estamos ante la oportunidad de poder hacer converger los principios de equidad y de calidad, y de plasmar un enfoque holístico del sistema educativo, a través de una teoría y una práctica de la educación inclusiva que contribuyan a democratizar las oportunidades de formación y se transformen en uno de los ejes articuladores de la EPT.

5.4. Debates posteriores a la CIE 2008 en América Latina

En el marco de la implementación de las Conclusiones y Recomendaciones de la CIE 2008, se ha puesto en marcha desde 2009 un plan de seguimiento con el objetivo de generar espacios de diálogo y de construcción colectiva sobre una concepción amplia de la educación inclusiva[17]. Como parte del mismo, la UNESCO organizó el Taller Regional en Santiago de Chile (noviembre de 2009) mencionado en la introducción.

Uno de los resultados más relevantes de este taller fue la identificación, por parte de un grupo muy calificado de participantes, de núcleos temáticos que evidencian la necesidad de inscribir la problemática de la educación inclusiva en agendas más globales de cambios educativos fundadas precisamente en la visión amplia y holística de inclusión acordada en la Conferencia de 2008. La opción por un sistema educativo incluyente, de "traje a medida más que de confección" y de un universalismo de política pública, asentado más en la diversidad que en la homogeneización cultural y social, implica necesariamente repensarlo de una manera holística, incluyendo sus formas de organización, sus rutinas de funcionamiento, la administración y la asignación de recursos y, de manera particular, dar respuestas sólidas a un desafío fundamental: la generación de currículos, escuelas y docentes inclusivos. A continuación se presentan algunos de los temas más relevantes que han sido debatidos en la reunión de Santiago de Chile.

5.4.1. Agotamiento de las políticas actuales y voluntades para repensarlas

La diversidad cultural, lingüística y social, así como las brechas crecientes en los resultados educativos y en la adquisición de competencias básicas de vida, plantean enormes desafíos a los sistemas educativos para alcanzar el objetivo de garantizar una educación de calidad a todos los ciudadanos en un marco de equidad. Reconociendo el agotamiento de las políticas actuales para dar respuestas tanto a los viejos inconvenientes como a los

---

17 Véase: Opertti, R.: "La educación inclusiva, perspectiva internacional y retos de futuro". En Berruezo, R.: *El largo camino hacia una educación inclusiva. Aportaciones desde la historia de la educación*, Volumen III. Universidad Pública de Navarra, Pamplona, 2009, pp. 117-138.

temas emergentes, se necesitan renovados enfoques para interpretar los problemas y hacerse nuevas preguntas, y un cambio de paradigma y modo de operar que dé respuesta a la nueva situación regional, signada por demandas muy heterogéneas que plantean un escenario de elevada complejidad para la definición y el desarrollo de políticas públicas.

Un análisis más en profundidad de la exclusión es parte central de la renovación de miradas y de enfoques. La exclusión marca la ruptura del vínculo con la sociedad y se conversa relativamente poco sobre la necesidad de políticas inclusivas, máxime si se tiene en cuenta que la exclusión educativa y social tiene una larga historia en la región y que las acciones destinadas a combatirla no han alcanzado los resultados esperados.

La exclusión tiene que ver con diversos imaginarios de sociedad –no es evidente que todos estén de acuerdo con una educación de calidad para todos o con una distribución más justa y equitativa de los beneficios del crecimiento económico– y con actitudes diferentes que tensionan la cohesión y la integración social, por ejemplo, elites partidarias o reticentes a prestar más atención a la exclusión y a realizar esfuerzos solidarios para mejorar la calidad de vida de las personas en situación de pobreza o de vulnerabilidad, padres que aceptan o rechazan ambientes heterogéneos de aprendizaje para sus hijos o las resistencias de diversos sectores de la sociedad a una educación media obligatoria. Asimismo, las demandas de los excluidos compiten muchas veces en condiciones de desigualdad con las de los que están escolarizados, conformando un entorno político complejo.

De cara a abordar decididamente los variados aspectos de la exclusión, se requiere mayor voluntad política y del conjunto de la sociedad para efectivizar una educación para todos frente a las opciones y las realidades de una educación para casi todos o para los mejores. Los Estados tienen un rol orientador y garante en el derecho a una educación de calidad sin exclusiones.

5.4.2. La inclusión y su imbricación con otras temáticas

El debate sobre la educación inclusiva parece inscribirse en tres direcciones de cambio de los sistemas educativos: de un enfoque homogeneizador a una perspectiva de igualdad en la diversidad; de programas sectoriales a iniciativas intersectoriales, y de la educación a la sociedad.

La discusión sobre la educación inclusiva con una perspectiva transformadora de los sistemas educativos lleva necesariamente a plantearse una serie de temas que son centrales para entender los desafíos de la inclusión como democratización de la educación y de la sociedad.

Un primer tema tiene que ver con los nuevos términos de la relación entre equidad e igualdad. La tendencia en América Latina es hacia el diseño de políticas orientadas a la igualdad en los logros educativos –por ejemplo, una educación secundaria de calidad para todos–. Dicha igualación presupone comprender más acabada y matizadamente las desigualdades sociales y las diversidades, así como crear entornos de aprendizaje que puedan responder a expectativas y necesidades de grupos específicos en el marco de políticas educativas universales.

Las diversidades se incorporan crecientemente a las agendas educativas a través de la consideración de los pueblos originarios, afrodescendientes, migrantes, refugiados/desplazados y nuevas culturas juveniles. Esto ha contribuido a repensar el concepto de equidad, que ya no aparece circunscripto solamente a la igualación en el acceso y/o a acciones compensatorias como se mencionara anteriormente, sino que también implica la promoción de desigualdades justas, como señala Amartya Sen[18] (en los 80, y en los 90 se hablaba preferentemente del concepto de discriminación positiva), para, en efecto, lograr las igualdades en los resultados. La equidad surge, entonces, como la búsqueda de la igualdad a partir del reconocimiento de la diversidad[19].

---

[18] Sen, A.: *Inequality re-examined*. Clarendon Press, Oxford, 1992.
[19] Véase: López, N. y Corbetta, S.: *op. cit.*, 2009, p. 309.

La reconceptualización de la idea de equidad sirve de sustento para repensar el perfil de las políticas públicas, transitando desde un igualitarismo estructurado sobre la igualdad formal de oportunidades y la accesibilidad, a un igualitarismo equitativo asentado en comprender y atender las diversidades. El universalismo se enfrenta hoy al desafío de comprender y tomar conciencia de los límites borrosos entre la exaltación de la diversidad y la aceptación de la desigualdad.

Resulta necesaria una agenda renovada de las políticas de equidad en la región que tenga como propósito garantizar la igualdad en el acceso al conocimiento, considerando al mismo tiempo las necesidades, características e identidades de los diversos grupos sociales y contextos. ¿Cómo hacer compatible la atención a la diversidad con la cohesión social bajo un marco universalista de acción pública? La equidad debería de estar en el corazón de las políticas educativas generales, y no limitarse a acciones periféricas y desarticuladas que terminan estableciendo un régimen de prestaciones segmentado que contribuye a perpetuar las desigualdades y está lejos de comprender y de responder a las diversidades.

Un segundo tema se refiere a los desafíos que enfrenta la inclusión en la sociedad del conocimiento, más amplio que la sola referencia al sistema escolar. ¿Qué mecanismos y procedimientos se requieren para atender la necesidad de la distribución equitativa del conocimiento –el conocimiento socialmente válido– y cómo se organiza el entorno social para garantizar oportunidades a lo largo de la vida?

Se esbozan, por lo menos, tres puntos para desarrollar la inclusión como facilitadora de la democratización del conocimiento: las competencias como desempeños de pensamiento complejo ante actividades y problemas con idoneidad y ética, buscando la realización personal, la calidad de vida y el desarrollo social; una didáctica con una visión holística para la inclusión, multidisciplinaria y con énfasis en la creatividad; y las nuevas tecnologías de la información y comunicación (portadoras del conocimiento complejo) como el caballo de Troya de la innovación para la inclusión.

Otro tema concierne a la centralidad y, sin embargo, la baja importancia que parece tener la educación ciudadana en América Latina. Sin cultura democrática construida en las escuelas, se debilita la sustentación de la democracia del mañana y no se generan las bases de cohesión y de funcionamiento de los sistemas políticos. Tres subtemas informaron el debate en el taller de Santiago. En primer lugar, la debilidad de la inclusión se origina en que, aparentemente, no se quiere tener una educación igualitaria. La cultura política parece aceptar la segmentación, pese a sus costos y consecuencias crecientemente visibles: disminuye la capacidad de educación de la ciudadanía democrática que la escuela puede/debe poseer; inhibe el efecto pares y perjudica el aprendizaje escolar de las mayorías; mella el compromiso socioafectivo con su labor de los educadores y de las familias; es fuente de gran frustración juvenil, y limita la voz de la sociedad para exigir. En segundo lugar, se observa una erosión curricular de los referentes fuertes de la cohesión y de la relación con el sistema político. En tercer lugar, se percibe una serie de tensiones curriculares, a saber, entre la comunidad política mayor (nacional) y la inmediata (local); entre educación cosmopolita y patriótica; entre educar en la lealtad y en la crítica al orden político (vida en común), y entre los valores de las tradiciones liberal (énfasis en los derechos), comunitaria (énfasis en la participación) y republicana (énfasis en los deberes).

El fortalecimiento de la educación ciudadana, en sentido amplio, que implique la recreación de las relaciones entre sistema educativo y construcción democrática es necesario para la sustentabilidad de la inclusión social y educativa, y más globalmente para legitimar y fortalecer las bases culturales de la democracia.

En cuanto al debate sobre la gobernabilidad de los sistemas educativos, en el marco más general de los problemas de gobernabilidad de la sociedad, reflexionando sobre el sentido de los cambios en el largo plazo en lugar de solamente discutir acerca de los mecanismos y procedimientos de la gestión y administración como ocurrió en el pasado, es un tema prioritario en la agenda educativa latinoamericana. Para superar los problemas que genera la desigualdad se requieren cambios importantes en la gobernabilidad de los sistemas educativos, lo cual implica ajustes relevantes en la distribución del poder y de las relaciones entre Estado, escuela, familia y comunidades, así como la construcción de nuevos consensos políticos, institucionales, normativos y pedagógicos, que de no llevarse a cabo comprometerán seriamente el logro de los objetivos de inclusión.

Los sistemas educativos inclusivos requieren de buena gobernanza que permita: 1) buscar una adecuada relación entre los niveles centrales y locales signada por la consistencia entre modo de regulación del sistema, regulaciones de instancias intermedias y autorregulación de los centros; 2) combinar autonomía y descentralización con orientación, apoyo y seguimiento, puesto que una descentralización sin mecanismos de compensación y amortiguación puede acentuar la exclusión y las desigualdades, y 3) fomentar políticas intersectoriales, el trabajo colaborativo entre diferentes actores y la articulación interinstitucional a nivel local.

El tema de la intersectorialidad constituye una dimensión crítica de las interfaces entre inclusión social y educativa. Su conceptualización nos interpela en un doble sentido: por un lado, sobre si es posible tener una educación justa en sociedades injustas, o, expresado de otra forma, cuál es el mínimo de equidad social para que la educación sea exitosa[20]; por otro lado,

---

[20] "Garantizar a cada niño el ejercicio de sus derechos implica —como mínimo— garantizar al conjunto de la sociedad niveles adecuados de bienestar. Pero esto es poco probable —como ya se hace visible en la región— si los Estados no recuperan su capacidad de orientar las economías hacia equilibrios en los que la distribución del ingreso sea más justa, las oportunidades de empleo dejen de limitarse a los sectores más favorecidos, y donde operen mecanismos que neutralicen la tendencia propia de los mercados a profundizar las desigualdades. Solo una discusión más profunda sobre el modelo de desarrollo que impera en la región dará lugar a políticas que posibiliten un escenario de crecimiento y desarrollo donde los derechos de la

cuánto de definición de política y/o de gerenciamiento está implicado en el tránsito de la sectorialidad a la intersectorialidad.

En un marco de intersectorialidad, resulta necesario repensar la relación entre la escuela como un eje articulador fundamental de las políticas sociales y el territorio como espacio único de articulación de las múltiples dimensiones de la vida (económica, social, cultural, demográfica, productiva, ambiental). La *territorialización* de la escuela debería habilitar el desarrollo de propuestas locales pertinentes en el marco de una visión global nacional compartida.

5.4.3. La inclusión como movimiento

La inclusión es un enfoque en evolución, genera tensiones y demandas complejas y es, en cierta medida, un movimiento contrahegemónico debido, principalmente, a tres razones básicas.

En primer lugar, la desigualdad y la segregación en las sociedades y los sistemas educativos. ¿Cuánta inclusión es posible en sociedades y sistemas educativos altamente desiguales y segregados? La escuela es el primer espacio en el que individuos diferentes se encuentran como iguales. La estratificación y segmentación de las escuelas limita la capacidad de enseñar la igualdad, la democracia y la valoración de las diferencias y la diversidad. En segundo lugar, la necesidad de una transformación de la educación general y de los sistemas educativos, que implican un conjunto de cambios en diferentes áreas y niveles del sistema que también es de gran complejidad. Los sistemas homogéneos y asimétricos no favorecen la inclusión. En tercer lugar, la comprensión de la educación inclusiva como una manera de integrar los conceptos y las prácticas de equidad y calidad para asegurar la

---

niñez se conviertan en una realidad." IIPE-UNESCO Buenos Aires y OEI: *Primera infancia en América Latina: La situación actual y las respuestas desde el Estado. Informe sobre tendencias sociales y educativas en América Latina 2009.* Instituto Internacional de Planeamiento de la Educación de la UNESCO en Buenos Aires (IIPE-UNESCO) y Organización de Estados Iberoamericanos para la Educación, la Ciencia y la Cultura (OEI), Buenos Aires-Madrid, 2009, p. 167.

democratización de las oportunidades de formación en términos de acceso, procesos y resultados.

5.4.4. Políticas y legislación para la inclusión

La necesidad de desarrollar políticas educativas de largo plazo con un enfoque de derechos, sustentado en una amplia participación social (familias, estudiantes, comunidad y sociedad en general) constituye un desafío ético-político. Se trata de refundar el horizonte normativo de la educación a través de procesos deliberativos con el conjunto de la sociedad.

Los cambios de política deben sustentarse en la revisión de la legislación con la perspectiva de la inclusión, la atención a la diversidad y los principios consignados en diversas convenciones internacionales. La legislación por sí sola no es suficiente[21], pero es necesaria para fundamentar las políticas y para sustentar la planificación y la asignación de recursos.

Al respecto, los marcos normativos deberían ser más detallados y garantizar cambios a nivel de la práctica y de los recursos necesarios para su implementación. Es necesario revisar la coherencia entre las diversos legislaciones y establecer normas que eliminen todo tipo de discriminación. Además, es necesario revisar las políticas de admisión y adoptar medidas legales para que no haya discriminación alguna en la admisión de los alumnos en las escuelas públicas, o financiadas con fondos públicos, de forma que haya una distribución equilibrada en los centros de aquellos estudiantes con mayores necesidades. Por último, es preciso fortalecer los sistemas de protección y garantía existentes para la exigibilidad del derecho a la educación.

---

[21] "Los progresos en el terreno de las legislaciones educativas nacionales y los marcos curriculares prescritos requieren acompañarse del desarrollo de mecanismos que permitan asegurar que estos se traduzcan en prácticas a nivel de escuela y aula." UNESCO: *Situación educativa de América Latina y el Caribe: Garantizando la educación de calidad para todos.* UNESCO-OREALC, Santiago de Chile, 2007, p. 148. Véase también: Amadio, M.: *op. cit.*, 2009.

5.4.5. Inclusión desde el nivel inicial y más allá

En una región fuertemente marcada por la desigualdad, no resulta sorprendente que se ponga énfasis, como fue el caso en la reunión de Santiago, sobre la necesidad de extender los programas de Atención y Educación de la Primera Infancia (AEPI), sobre todo entre los grupos sociales más desfavorecidos y vulnerables, puesto que estos servicios pueden contribuir a reducir las desventajas, apoyar a las familias y fomentar la integración e inserción social a largo plazo[22].

Es preciso, también, tratar de reducir las desigualdades en los logros de aprendizaje y la distribución del conocimiento en los niveles primario y medio[23]. Se debería contar con una educación primaria capaz de retener, enseñar e igualar (la extensión de la jornada escolar y las escuelas de tiempo completo son dos estrategias que parecen haber obtenido resultados apreciables en términos de mejora de los aprendizajes), mientras que el acceso universal a la educación media –principalmente el ciclo básico (primeros tres años)– debería ser considerado como un piso mí-

---

[22] Cabe anotar que "la lectura de la información que facilitan las encuestas de hogares permite destacar algunas conclusiones que ayudan a construir el panorama educativo de los primeros años de vida de los niños y niñas en la región. En primer lugar, se repite en este nivel la misma lógica de expansión que pudo apreciarse, en su momento, con la educación primaria y que se da también, en la actualidad, con la educación media. Esta expansión se inicia por los sectores medios y altos urbanos, donde las tasas son casi universales a los 4 o 5 años de edad, y se va ampliando gradualmente hacia los sectores socialmente más postergados, ya sea en los márgenes de las ciudades o en las zonas rurales. Las comunidades indígenas suelen quedar, en este proceso, relegadas a las últimas etapas de la expansión". IIPE-UNESCO Buenos Aires y OEI: *op. cit.*, 2009, p. 134.

[23] "[...] los estudiantes latinoamericanos tienen oportunidades de aprendizaje desiguales originadas en las inequidades socioeconómicas con las que llegan al sistema escolar que se potencian con oportunidades de aprendizaje desiguales debido a las escuelas a las que asisten." Duarte, J.; Bos, M. S. y Moreno, M.: *Equidad y calidad de la educación básica en América Latina. Análisis multinivel de los resultados del Segundo Estudio Regional Comparativo y Explicativo (SERCE) en función del nivel socioeconómico de los estudiantes*, Documento de Trabajo n° 4, División de Educación del Banco Interamericano de Desarrollo (BID). Washington, diciembre de 2009, p. 30.

nimo de equidad porque constituye un instrumento esencial para forjar ciudadanía, combatir la pobreza y la marginalidad, y está estrechamente relacionado con el acceso a empleos más calificados y productivos[24].

5.4.6. La atención a las diversidades

En la reunión de Santiago se subrayó la importancia de seguir avanzando desde estrategias uniformes y homogeneizadoras hacia enfoques que consideren la diversidad con igualdad buscando un razonable equilibrio entre lo común y lo diverso. ¿Cómo construir una identidad común, o comunidad moral, que incorpore grupos y modos de vida particulares? ¿Cuál es el núcleo simbólico común que une a los diferentes?

La diversidad cultural emerge como un tema central en las agendas educativas que promueven la inclusión: la educación interpelada desde la cultura, de la nación homogénea al mundo plural, de la invisibilidad a la visibilidad y politización de la diferencia, de educar igual para igualar oportunidades a educar pluralmente para promover el desarrollo integral de todas las personas.

La atención de las diversidades se transforma crecientemente en un eje de cambio de los sistemas educativos en variados aspectos: 1) flexibilización y diversificación de los marcos, las ofertas y los procesos educativos; 2) diseño de currículos inclusivos como procesos dinámicos para atender la diversidad de expectativas y de necesidades de los estudiantes en un marco de permanente

---

24 "[...] en todos los países, la escolarización de los sectores más integrados se encuentra garantizada. Cualquiera sea el país en que un niño nace, si es parte de los sectores más acomodados de la sociedad obtendrá una oferta educativa adecuada. En cambio, si un niño es pobre, su situación educativa variará en función del país donde le tocó nacer o vivir su infancia, pues no todos los países pueden hoy garantizarle una oferta educativa adecuada. Es por esto que las diferencias en las tasas promedio de escolarización de los países no hacen más que denunciar la diferente capacidad que estos tienen para alcanzar con su oferta educativa a los sectores más postergados, mientras los sectores más altos siempre se encuentran escolarizados." IIPE-UNESCO Buenos Aires y OEI: *op. cit.*, 2009, p. 140.

búsqueda de equilibrios entre lo global, lo regional, lo nacional y lo local; 3) estrategias de enseñanza diversificadas y sistemas de evaluación que entiendan la diversidad como recurso y oportunidad facilitadora de los aprendizajes, y 4) la aceptación y valorización de la diversidad de culturas y lenguas a través de la socialización en valores y actitudes referidos a la tolerancia, la comunicación y la apertura del espíritu, la interculturalidad, la lucha contra la discriminación/estigmatización, son temas reconocidos como claves en las agendas de educación inclusiva.

5.4.7. Una agenda integrada sobre el rol y el desarrollo profesional docente

La centralidad de los procesos pedagógicos y de los docentes como codesarrolladores del currículo en el marco del fortalecimiento de las instituciones educativas es una dimensión crítica al intentar cerrar la brecha entre las teorías y las prácticas de la inclusión.

Invertir más en los docentes y en otros profesionales de la educación, desarrollar políticas integrales e intersectoriales para incrementar sus capacidades y motivaciones, y mejorar sus condiciones de trabajo, surge como una prioridad impostergable. Resulta también necesario hacer hincapié en las representaciones que tienen los docentes de la desigualdad y de la exclusión, y en cómo cambiarlas en el marco de la aplicación de políticas educativas que tomen más en cuenta la dimensión subjetiva de los principales actores del proceso pedagógico: los docentes y los alumnos[25].

Asimismo, hay que fortalecer la comprensión y la atención de las diversidades en los programas de formación docente, también a partir de una reflexión sobre quiénes son los actuales

---

[25] Porter, L.: "Políticas de subjetividad para la igualdad de oportunidades educativas. Un diálogo entre Juan Carlos Tedesco y Luis Porter". En *Revista Electrónica de Investigación Educativa*, vol. 8, n° 1, Instituto de Investigación y Desarrollo Educativo, Ensenada, 2006.

alumnos y cómo enseñar a una diversidad creciente de estudiantes en contextos cada vez más complejos e inciertos. Se trata de facilitar y apoyar el desarrollo de instituciones de formación docente abiertas a la diversidad.

Finalmente, en el marco de estrategias de desarrollo profesional docente, se debería promover una cultura de acogida y colaboración en los centros educativos donde los docentes logren impulsar buenos aprendizajes en virtud de la colaboración entre ellos, y con los padres y la comunidad.

5.5. A modo de conclusión

En América Latina y entre diferentes públicos y actores –entre otros, gobiernos, sociedad civil y ciudadanía en general– se constata un creciente y extendido consenso sobre la imperiosa necesidad de reformar la educación en el marco de una visión comprehensiva y holística. El impulso reformista, sustentado en variadas combinaciones, sinergias y conflictos entre las voluntades políticas y las capacidades profesionales, ha permitido avanzar, principalmente, con relación a la actualización de los marcos normativos, extendiendo el derecho a la educación, a la mejora de las condiciones y de los insumos para enseñar y aprender, y a la atención a poblaciones tradicionalmente excluidas. No obstante estas buenas noticias, en general, la región sigue sin encontrar las maneras de congeniar e integrar equidad y calidad en entornos, ofertas y procesos educativos que democraticen los resultados de aprendizaje y la adquisición de competencias básicas de vida y de formación ciudadana.

Frente a esta situación y a la multiplicidad de acepciones e implicaciones de las dimensiones de equidad y calidad, el concepto de educación inclusiva que se acordó en la CIE 2008 ofrece la oportunidad de repensar la exigencia de democratizar las oportunidades de formación para contribuir a la construcción de sociedades más justas y equitativas. La educación inclusiva puede ayudar a fortalecer la relación entre equidad y calidad. Por un lado, profundiza el concepto de equidad al enfatizar la comprensión y atención de las diversidades culturales, lingüísticas, sociales e individuales como elementos centrales en el desarrollo de propuestas educativas que complementan enfoques universalistas para lograr la igualación de los resultados. Por otro lado, ayuda a fortalecer el concepto de calidad como procesos múltiples de mejora de la educación que entienden precisamente la diversidad de perfiles, de condiciones y de maneras de aprender de los estudiantes como oportunidades para desarrollar y lograr aprendizajes más relevantes y pertinentes. La inclusión implica, esencialmente, diversificar entornos, ofertas y procesos pedagógicos para atender las diversidades, compensar las diferencias y garantizar oportunidades equitativas de desarrollo colectivo e individual en un marco universalista de política pública.

Una agenda fortalecida en torno a la educación inclusiva supone revisar las maneras en que se organizan y funcionan los sistemas educativos de cara a incluir a *todas* y *todos* en términos de acceso, asistencia, procesos, participación y resultados. Necesariamente, una visión amplia de la educación inclusiva, desgarrada de los ejes duales educación especial/integración e integración/inclusión, debe reflejarse en un fortalecimiento de las políticas públicas universalistas. Un universalismo que, por un lado, vincule fuertemente los temas de educación inclusiva al desarrollo de una formación ciudadana comprehensiva para afianzar las democracias y la cohesión social; y que, por otro lado, se desprenda del enfoque tradicionalmente igualitarista que combina homogeneidad de propuestas para todos con una focalización acotada a compensar diferencias, hacia una visión más incluyente por la vía de garantizar prestaciones de calidad y de atender las diversidades de todas y todos.

CAPÍTULO 6

LA EDUCACIÓN INICIAL EN AMÉRICA LATINA Y LOS DERECHOS DEL NIÑO

LUIS MIGUEL LÁZARO

Universidad de Valencia - Universitat de València

En muchos países de América Latina, en la actualidad, un porcentaje muy elevado de sus niños y niñas podría perfectamente compartir la impresión que Jean-Jacques Rousseau nos traslada en el pórtico de sus *Confesiones* (1782) cuando afirma que su nacimiento "fue la primera de sus desgracias". Para muchos de ellos, esto es algo rigurosa y lamentablemente cierto. La falta de oportunidades de todo tipo es su dura realidad en la infancia y su horizonte como adultos, enredados en el círculo de la pobreza en la región del planeta con un mayor índice de desigualdad. Hace ya tiempo que existe un consenso muy generalizado al considerar que una de las notas que en la actualidad mejor caracterizan la realidad educativa latinoamericana es la presencia de la desigualdad y su negativa influencia en los distintos niveles y aspectos de sus sistemas educativos nacionales. Es una convicción bien asentada entre el conjunto de los profesionales de la educación, los académicos, las organizaciones políticas y sindicales, los gobiernos, las organizaciones no gubernamentales de la región, y las organizaciones internacionales que trabajan allí. Una apreciación que, necesariamente, hemos de contextualizar en el marco socioeconómico general, porque las disparidades y los desequilibrios también los encontramos de forma intensa en el resto de sectores y actividades de sus sociedades.

En 2003, un informe del Banco Mundial era muy claro al respecto: "el país de la región con la menor inequidad en los ingresos sigue siendo más desigual que cualquier país de la Organización de Cooperación y Desarrollo Económico (OCDE) o de Europa Oriental"[1]. Una desigualdad social y económica que hunde sus raíces en la historia de la región. No en vano, ya a principios del siglo XIX Alexander von Humboldt denuncia la existencia en la región de "una monstruosa desigualdad de derechos y fortunas"[2]. En la misma línea, Landes establece, precisamente, que el resultado final en términos de desarrollo económico de los procesos de colonización de América del Norte frente América Latina y el Caribe es claramente favorable al Norte "por la distribución más equitativa de su riqueza"[3]. Una situación en la que, a juicio de Pérez Díaz, "América Latina heredó una estructura social desigual y la extremó considerablemente"[4]. Una realidad que sigue actuando y lastrando el conjunto de avances que en todos los terrenos necesitan los países latinoamericanos con la perspectiva del logro de sociedades menos desiguales.

En el ámbito de la educación, para el Instituto Internacional de Planeamiento Educativo de la UNESCO parece innegable que "hay ya suficiente evidencia acumulada como para sostener que los sistemas educativos latinoamericanos no han logrado una distribución equitativa de conocimientos socialmente significativos, y que los grupos sociales más desfavorecidos –sea por su situación económica, su origen étnico o su ubicación geográfica– quedan sistemáticamente excluidos de una educación de calidad"[5]. Una realidad que se encua-

---

[1] De Ferranti, D.; Perry, G. E.; Ferreira, F. H. G. y Walton, M.: *Inequality in Latin America and the. Caribbean: Breaking with History?* The World Bank, Washington, DC, 2003, p. 1.

[2] Elliot, J.: *Do the Americas Have a Common History?* The John Carter Brown Library, Providence, Rhode Island, 1998, p. 43

[3] Landes, D. S.: *The Wealth and Poverty of Nations. Why Some Are So Rich and Some So Poor.* W.W. Norton & Company, New York, 1998, p. 311.

[4] Pérez Díaz, V.: *Sueño y razón de América Latina.* Taurus, Madrid, 2005, p. 87.

[5] SITEAL: *Informe sobre tendencias sociales y educativas en América Latina 2006.* IIPE-UNESCO/OEI, Buenos Aires, 2007, p. 19. Puede verse el estudio de la desigualdad en el Capítulo 2, pp. 41-50.

dra en un contexto regional que, a pesar de todo, y como ponían de relieve sus ministros de Educación en la Declaración de Buenos Aires de marzo de 2007, ha contemplado en los distintos países latinoamericanos indudables avances en la lucha contra el analfabetismo, en los esfuerzos sostenidos por incrementar de forma sustancial la cobertura educativa en todos los niveles del sistema educativo al tiempo que se aumentaban los años de escolaridad obligatoria, se realizaban inversiones para mejorar las infraestructuras y condiciones sanitarias y alimenticias de la infancia, sin olvidar, en el plano más directamente pedagógico, afrontar procesos de reforma educativa más o menos intensos con el rediseño de los currículos, la mejora de la formación del profesorado, la introducción de mecanismos de evaluación institucional y de racionalización y mejora de la administración educativa. Todo en el marco histórico de "un proceso sostenido de logro de consensos y establecimiento de prioridades a escala regional e internacional" que se ha orientado, con notable éxito, "a garantizar el derecho universal a la educación, pasando de su declaración a su exigibilidad"[6].

6.1. Equidad, educación de calidad y educación inicial

A pesar de lo ahora señalado, es imposible obviar que hay sectores sociales que se encuentran aún en una situación de desigualdad en lo que se refiere al acceso, la prosecución de estudios y los logros de aprendizaje[7]. Una discriminación que los máximos

---

[6] Machinea, J. L.; Bárcena, A. y León, A. (coords.): *Objetivos de Desarrollo del Milenio: una mirada desde América Latina y el Caribe*, Capítulo III, "La educación como eje del desarrollo humano". CEPAL, Santiago de Chile, 2005, pp. 94-102

[7] Equidad en educación entendida como la planteaba recientemente la OCDE en su doble proyección de "igualdad de oportunidades" para que la situación personal o social de los individuos —su sexo, origen social o etnia, por ejemplo— no sea un obstáculo en la realización de todo su potencial educativo, y de "inclusión" para garantizar un mínimo de instrucción básica para todos. Field, S.; Kuczera, M. y Pont, B.: *En finir avec l'échec scolaire. Dix mesures pour une éducation équitable.* OCDE, Paris, 2007, pp. 31-32.

responsables educativos de los países de la región juzgan "incompatible con la construcción de sociedades justas, capaces de incluir a todos, en el marco de procesos de desarrollo económico y social sostenidos y sostenibles". Desde presupuestos éticos, y con el respaldo institucional de la UNESCO, los responsables ministeriales consideran que, en el corto y medio plazo, "el principal desafío de la región es asegurar el derecho de todos a una educación de calidad a lo largo de la vida que sea relevante, pertinente, equitativa, y a través de una acción pública eficaz y eficiente". Un derecho que no dudan en considerar "una opción ética que condiciona nuestro futuro y que ha de basarse en el principio de igualdad de oportunidades y en el derecho a la no discriminación, expresados en la Convención Relativa a la Lucha contra las Discriminaciones en la Esfera de la Enseñanza" [8].

Pronunciamientos que van en la misma línea que la Declaración de Scarborough y compromisos para la acción de agosto de 2005 de la Organización de Estados Americanos. En ella los ministros de Educación de las Américas reafirmaban, en el contexto del hemisferio, su compromiso con la consecución de las metas de educación concretas de las Cumbres de las Américas, en el sentido de "promover los principios de la equidad, calidad, pertinencia y eficacia en todos los niveles del sistema educativo y de asegurar, para el año 2010, el acceso universal y cumplimiento de todos los niños y las niñas a una educación primaria de calidad y el acceso a la educación secundaria de calidad de un mínimo del 75% de los jóvenes, con índices crecientes de eficiencia terminal y oportunidades de educación a lo largo de la vida a la población en general" [9].

---

[8] UNESCO: *Segunda reunión intergubernamental del Proyecto Regional de Educación para América Latina y el Caribe, realizada en la ciudad de Buenos Aires los días 29 y 30 de marzo de 2007*, ED 2007 / PRELAC II/REF.1.

[9] OEA/Inter-American Council for Integral Development (CIDI): *Cuarta Reunión de Ministros de Educación. Scarborough, República de Trinidad y Tobago, 10 a 12 de agosto de 2005*, OEA/SER. K/V.7.1, CIDI/RME/doc. 4/05.

Desde los sectores más críticos y comprometidos de la sociedad civil, la visión de la realidad educativa latinoamericana no es, precisamente, muy complaciente. Así, por ejemplo, las instituciones que constituyen el Foro Latinoamericano de Políticas Educativas, desde el presupuesto de que "nuestras sociedades son profundamente injustas, desiguales y discriminatorias", denunciaban en 2007 que, con esa perspectiva, "las políticas neoliberales y los programas de ajuste fiscal aplicados por los gobiernos latinoamericanos durante las últimas décadas, se han constituido en uno de los principales obstáculos para el cumplimiento del derecho a la educación"[10]. Por su parte, las plataformas, foros, movimientos y organizaciones de la sociedad civil de la región y globales que estuvieron reunidos en Brasilia durante los días 8 y 9 de noviembre de 2004, tuvieron un especial interés por expresar a los participantes de la 4ª reunión del Grupo de Alto Nivel de Educación Para Todos, convocada por la UNESCO en la misma fecha y ciudad, que "a pesar de algunos avances en relación con el acceso en educación primaria en América Latina en las décadas pasadas, su baja calidad reprodujo las desigualdades e inequidades, profundizando la exclusión social, política, económica y cultural en el continente, afectando de manera perversa a las poblaciones más marginales"[11]. Consideración que, a su vez, debe ser enmarcada con la perspectiva apuntada en el último Informe de Seguimiento del Programa Educación para Todos en el sentido de que existen evidencias suficientemente contrastadas para asegurar que "acabar seis o incluso nueve años de escolarización en los países en desarrollo no asegura el desarrollo de las competencias cognitivas básicas o incluso la alfabetización funcional y los conocimientos básicos de aritmética"[12].

---

[10] Foro Latinoamericano de Políticas Educativas (FLAPE): *Derecho a la educación y participación ciudadana: un desafío democrático pendiente* (30 de marzo de 2007). En: http://foro-latino.org/flape/boletines/declaraciones.htm.

[11] Campaña Latinoamericana por el Derecho a la Educación (CLADE): *Declaración de Brasilia*, Brasilia, 2004. En: http://www.campanaderechoeducacion.org/.

[12] Watkins, K. [director of the EFA Global Monitoring Report Team]: *EFA Global Monitoring Report 2009. Overcoming Inequality: why Governance Matters.* UNESCO Publishing/Oxford University Press, Paris-Oxford, pp. 28-29.

Uno de los niveles educativos que, junto con el de la educación secundaria, mejor refleja la referida desigualdad en el acceso a la educación es, sin duda, el de la inicial o preescolar, poco priorizada en las últimas décadas con unas políticas forzosamente centradas en acciones concertadas en la esfera pública para actuar de forma generalizada en la reducción del analfabetismo y el incremento de las tasas de escolarización en el nivel de primaria. Los avances evidentes en este último terreno han permitido recuperar como uno de los objetivos prioritarios la atención al nivel de educación preescolar. En ello ha influido el creciente convencimiento de que no tiene demasiado sentido avanzar en la extensión de la escolarización si esta no va acompañada de una oferta que propicie una verdadera educación de calidad para todos; y aquí las evidencias científicas se acumulan e indican el relevante papel que puede jugar para ello la paulatina extensión de, al menos, uno o dos años de educación inicial[13]. En ese sentido, la UNESCO señala que "las políticas bien concebidas en materia de atención y educación de la primera infancia constituyen un antídoto poderoso contra las desventajas heredadas". Aunque, lamentablemente, "los servicios de buena calidad prestados a la primera infancia siguen siendo inaccesibles para la mayoría de los niños del mundo"[14].

Desde luego, no ha sido menos influyente en esa creciente consideración al nivel inicial el hecho de que la agenda educativa internacional lo haya incluido de forma clara en sus objetivos en el corto y medio plazo. Trayectoria que arranca en marzo de 1990 en Jomtien, Tailandia, por la Declaración Mundial sobre Educación para Todos, con la "visión ampliada" de la educación básica que entonces se reclama, en la que, con el decidido impulso e iniciativa de la UNICEF, se establece claramente que "el aprendizaje comienza con el nacimiento. Ello exige el cuidado

---

[13] Lamb, M. E.: "Socio-Emotional Development and Early Schooling: Experimental Research". En *Prospects*, vol. 34, nº 4, Springer, Dordrecht, 2004, pp. 401-409, y Schady, N.: *Early Childhood Development in Latin America and the Caribbean*. World Bank Policy Research Working Paper 3869, Washington, DC, 2006, pp. 5-11.

[14] Watkins, K.: *op. cit.*, 2009, p. 42.

temprano y la educación inicial de la infancia, lo que puede conseguirse mediante medidas destinadas a la familia, la comunidad o las instituciones, según convenga"[15]. Diez años más tarde, la posición es refrendada entre los seis objetivos del programa mundial Educación para Todos establecidos en Dakar con la vista puesta en su logro en el 2015, donde el primero de ellos hace una referencia explícita a extender el cuidado y educación de la primera infancia. Indudablemente, también han pesado mucho los pronunciamientos ibero y latinoamericanos reclamando de expertos, gobiernos e instituciones la atención adecuada a la educación inicial, tales como ese mismo año 2000 la Declaración de Panamá, "la educación inicial en el siglo XXI", que adopta la X Conferencia Iberoamericana de Educación, celebrada en Ciudad de Panamá en julio de ese año[16]. La Declaración de Morelia (2004/2006) considera que "en el tercer milenio, el desarrollo, cuidado y educación de la primera infancia temprana –aprender a ser, aprender a hacer, aprender a aprender y aprender a convivir– debería ser considerado como un estadio crítico en el camino del niño hacia su desarrollo social y humano"[17]. O la de los propios ministros de Educación de las Américas, en la Declaración de Scarborough de 2005, ya citada, en la que acuerdan reconocer "la necesidad de ampliar la estructura educativa desde la educación inicial por su muy positivo impacto en la calidad de la educación y en la reducción de la desigualdad"[18]. Los gobiernos de la región entienden que el cumplimiento de

---

[15] "Déclaration mondiale sur l´éducation pour tous. Répondre aux besoins éducatifs fondamentaux". Art. 5, en Haggis, S. M: *L'éducation pour tous: les objectifs et le contexte.* UNESCO, Paris, 1993, p. 106.

[16] *Cumbres y Conferencias Iberoamericanas.* X Conferencia Iberoamericana de Educación, 3-4 de julio de 2000. En: http://www.oei.es/xcie.htm.

[17] Los siete principios de la Declaración de Morelia se basan en el compendio de AMEI sobre *Educación Infantil Temprana: Desafíos del Tercer Milenio* (2004), orientado por la contribución de los miembros del Grupo Internacional de Trabajo, quienes se reunieron en Morelia los años 2005/2006.

[18] Organization of American States. Inter-American Council for Integral Development (CIDI) (2005): *Declaración de Scarborough y compromisos para la acción.* En: http://www.oest.oas.org/ivministerial/espanol/cpo_documentos.asp.

los Objetivos de Desarrollo del Milenio es solo un punto de arranque que debe, necesariamente, ser complementado con objetivos más ambiciosos. Con esa perspectiva destacan "dos objetivos centrales para la región: la expansión de la educación y atención integral de la primera infancia y el aumento de la conclusión del nivel secundario"[19].

Para la sociedad civil latinoamericana, en la construcción de una Agenda Regional en Educación, se trata de ir más allá de la simple retórica oficial para profundizar en los compromisos gubernamentales con la educación. Un punto de arranque para su creciente activismo en los últimos años a favor de la educación y su mejora, desde todos los aspectos posibles, lo constituye, sin duda, el Pronunciamiento Latinoamericano sobre Educación para Todos con oportunidad del Foro Mundial sobre la Educación de Dakar en 2000. En él, como punto de partida, se defiende la recuperación de "los planteamientos originales de la Educación para Todos y su 'visión ampliada de la educación básica'". Es decir, "una educación capaz de satisfacer las necesidades básicas de aprendizaje de *todos* (niños, jóvenes y adultos), dentro y fuera del sistema escolar (familia, comunidad, lugar de trabajo, bibliotecas y centros culturales, medios de comunicación, acceso a las modernas tecnologías, etc.) y a lo largo de toda la vida". Sostienen, además, que resulta "indispensable recuperar para la educación y para la política educativa la *visión multisectorial,* entendiendo que los problemas no se explican ni se resuelven exclusivamente desde lo educativo, sino desde una política económica y social responsable del bienestar de las mayorías". Asimismo, "la *visión de sistema,* superando la visión fragmentada y parcelada por edades, niveles, componentes o modalidades; y la *visión de largo plazo,* superando el cortoplacismo inmediatista al que fuerzan a menudo las lógicas de la política y las del financiamiento internacional"[20].

---

19 Machinea, J. L.; Bárcena, A. y León, A. (coords.): *op. cit.,* 2005, p. 104.
20 El texto original, finalmente asumido de forma amplia como tal pronunciamiento, era de Pablo Latapí y Sylvia Schmelkes de México, y Rosa María Torres de

Aunque admiten que, "en términos de construcción de consensos y del establecimiento de compromisos nacionales a favor de la educación en determinadas coyunturas o situaciones nacionales, los planteamientos de esta agenda se pueden cruzar con alguna de las etapas de la educación", defienden una concepción de la Agenda Educativa de la Región que entienda "las diversas etapas de la escolarización como un continuo educativo y por ende ir más allá de la segmentación del sistema educativo"[21]. Lo hacen, desde luego, en lógica coherencia con su demanda de una visión ampliada del concepto de Educación para Todos tal y como –ya se ha señalado– se planteó por primera vez[22] en la Conferencia de Jomtien en 1990 y se mantuvo en la de Dakar en 2000. Con esa perspectiva, reclamar la recuperación del sentido ampliado de ese concepto de educación facilitaría la puesta en primer plano de la educación inicial en la región al definir una concepción de educación que se extiende a lo largo de la vida, en múltiples contextos e instancias; claramente, pues, va más allá de la simple educación básica, o, como los Objetivos de Desarrollo del Milenio (odm) definen, una educación primaria universal.

Unos propósitos que, al enfatizar con tanta intensidad la necesidad de trabajar solo ese nivel educativo como estrategia prioritaria, y al no ser ese el más grave o urgente para la región, colocan a América Latina en una posición muy periférica en la Agenda Global de Educación y, de hecho, a juicio de los grupos comprometidos con la CLADE, supone un claro empobrecimiento de objetivos con respecto a esas cumbres previas. Recuerdan, a

---

Ecuador. En: http://www.fronesis.org/pronuncia.htm. Este pronunciamiento ha sido actualizado recientemente, en septiembre de 2010. El documento es accesible en http://www.scribd.com/doc/37461140/II-PronunciamientoLatinoamericano-por-una-Educacion-para-Todos.

[21] Campaña Latinoamericana por el Derecho a la Educación (CLADE): *En busca de una Agenda Educativa Latinoamericana. Memoria del III Encuentro Latinoamericano de la Sociedad Civil para la Incidencia en Políticas Educativas*, Porto Alegre, Brasil, enero de 2005. En: http://www.campanaderechoeducacion.org/.

[22] "Améliorer le milieu d´apprentissage: éducation, santé et nutrition de la première enfance", en Fordham, P.: *L´éducation pour tous: une vision élargie.* UNESCO, Paris, 1994, pp. 33-44.

este propósito, que las metas de Dakar son seis y no una, la educación básica. Posición de rechazo que, por la misma razón y además del enfoque "mercantilista" que tiene, hacen extensiva a la Fast Track Initiative que el Banco Mundial puso en marcha en 2002 como un partenariado (trabajo compartido) entre, por un lado, agencias y países donantes y, por el otro, países en desarrollo para conseguir asegurar un progreso acelerado hacia el Objetivo de Desarrollo del Milenio cifrado en la educación primaria universal para el 2015, proporcionando con este fin una financiación complementaria y específica a todos aquellos gobiernos que mostrara un compromiso fuerte con el logro de ese plan[23]. Una iniciativa que, en realidad, solo ha servido a Honduras, Nicaragua y Guyana desde el mismo año en que se puso en marcha con siete países, a los que se incorporó en 2008 Haití[24].

6.2. Derechos del niño y educación inicial en América Latina

Con la aprobación de la Convención sobre los Derechos del Niño en 1989, se pudo apreciar un mayor interés de los gobiernos por los problemas de la infancia[25]. Durante la década de los años '90, muchos países latinoamericanos introducirán algunos cambios

---

[23] The Education For All-Fast Track Initiative Secretariat: *Quality Education For All Children: Meeting the Challenge. Annual Report 2007*. Chapter 1, "A Good Primary Education for All Children By 2015", World Bank, Washington, 2007, pp. 1-9.

[24] Dando como conseguida la escolarización primaria universal para Bolivia y algunas pequeñas islas caribeñas. *Ibídem*, p. 9. A fecha de 30 de noviembre de 2008 eran treinta y seis los países en desarrollo encuadrados en el programa. The Education For All-Fast Track Initiative Secretariat: *The Road to 2015: Reaching the Education Goals. Annual Report 2008*. World Bank, Washington, 2008, p. 32. Cifra que, al finalizar el año 2009, con la incorporación al programa de Bhutan, alcanzaba los cuarenta países.

[25] Mason, S. P.: "Children's Rights in Education". En *Prospects*, vol. 29, n° 4, Springer, Dordrecht, 1999, pp. 181-190, y Gibbons, E. D.: "La Convención sobre los Derechos del Niño y la implementación de los derechos económicos, sociales y culturales en América Latina", en Yamin, A. E. (comp.): *Derechos económicos, socia-*

relevantes en la educación inicial en el marco de las reformas educativas de esos años, planteando la meta de universalizar, al menos, el ciclo superior del nivel[26]. Es un proceso de atención legislativa y presupuestaria que, incluso sin establecer su obligatoriedad y con impulso limitado, arranca con claridad mucho antes de ese decenio: Panamá en los años 40; Costa Rica en los 50; Cuba y Honduras en los 60; y Venezuela y Ecuador en los 80[27].

Así, la realidad de América Latina en el terreno de los avances en la atención a la educación infantil, incluso con las inevitables limitaciones del contexto[28], por comparación con otras regiones del mundo, tal y como puede observarse en la Tabla 1, ha sufrido en los últimos años, ciertamente, transformaciones evidentes de signo positivo[29].

les y culturales en América Latina. Del invento a la herramienta, Plaza y Valdés/IDRC (International Development Research Centre, México-Ottawa, 2006, pp. 324-326. Ver Capítulo 2 de esta misma obra.

[26] Myers, R. G.: La educación preescolar en América Latina. El estado de la práctica. PREAL, Santiago de Chile, 1995, p. 11.

[27] SITEAL: Primera infancia en América Latina: la situación actual y las respuestas desde el Estado. Informe sobre tendencias sociales y educativas en América Latina 2009. OEI/IIPE-UNESCO, Buenos Aires, Madrid, 2009a, p. 142.

[28] Peralta, M. E. y Fujimoto, G.: La Atención Integral de la Primera Infancia en América Latina: Ejes centrales y los desafíos para el siglo XXI. OEA, Washington, 1998, pp. 106 y ss.

[29] Ese era el balance global que para la región planteaba al finalizar el siglo pasado la Organización de las Naciones Unidas para la Educación, la Ciencia y la Cultura: "La educación preescolar ha demostrado una importante evolución cuantitativa y una mayor relevancia dada por la sociedad". UNESCO/OREALC: Situación educativa de América Latina y el Caribe: 1980-2000. UNESCO, Santiago, Chile, 2001, p. 11.

Tabla 1. Niños escolarizados en la enseñanza preescolar
y tasas brutas de escolarización en la enseñanza preescolar, por región
(1999 y 2006).

	Total de niños escolarizados			Tasas brutas de escolarización		
	Año escolar finalizado en		Evolución 1999-2006	Año escolar finalizado		Evolución 1999-2006
	1999 (millones)	2006 (millones)	%	1999 %	2006 %	%
MUNDO	112	139	24	33	41	26
Países en desarrollo	80	106	32	27	36	32
Países desarrollados	25	26	3	73	79	9
Países en transición	7	7	2 (*sic*)	46	62	36
África Subsahariana	5	9	73	9	14	49
Estados árabes	2	3	26	15	18	22
Asia Central	1	1	8 (*sic*)	21	28	38
Asia Oriental y el Pacífico	37	37	- 1 (*sic*)	40	45	12
Asia Oriental	37	36	- 1	40	44	11
Pacífico	0,4	1	24	61	74	22
Asia Meridional y Occidental	21	39	81	21	39	84
América Latina y el Caribe	16	20	24	56	65	16
Caribe	1	1	18 (*sic*)	65	79	21
América Latina	16	20	24	55	64	16
América del Norte/ Europa Occidental	19	20	4 (*sic*)	75	81	7
Europa Central y Oriental	9	10	1	49	62	26

Fuente: UNESCO, *Education for All-Global Monitoring Report 2009.*

Lógicamente, si atendemos a la concreta situación que en ese terreno presentan los diferentes países latinoamericanos, con contextos bien diversos y puntos de partida muy desiguales, como refleja la Tabla 2, podemos observar –con los datos estadísticos más recientes– panoramas nacionales bien contrastados en la atención educativa a la primera infancia. Con todo, como la UNESCO ha resaltado, es un hecho bien significativo que del total de treinta países en los que la educación preescolar es obligatoria, nada menos que un tercio sean Estados latinoamericanos[30]. Naciones que a lo largo de la última década han ido estableciendo la obligatoriedad entre uno y tres años de duración –caso de México[31] desde el curso 2008/09–, la mayoría a partir de los cinco años de edad de los alumnos.

Si bien es cierto que, como muestran aquellos países –Francia, Italia, España, Bélgica, Reino Unido o Países Bajos[32]– donde la educación preescolar no tiene régimen de obligatoriedad y a pesar de ello sobrepasan porcentajes superiores al 90% de matrícula en el nivel de preescolar, ese no es un elemento decisivo y determinante en los logros que pueden alcanzarse en este ámbito. Pero, también internamente, en la propia región se ha pasado de una situación en la que antes de los años 60 eran muy pocos los programas nacionales que atendían la educación del nivel de preescolar, dejado en manos de la iniciativa privada para servir a las familias de clase media y superior que vivían en las ciudades[33], a otra en la que como consecuencia de los cambios sociales, familiares y económicos y la presión social creciente para conseguir la implicación y compromiso de los gobiernos en la provisión adecuada de ese nivel educativo, el panorama ha cambiado en gran manera. No obstante, a

---

[30] UNESCO: *Rapport mondial de suivi sur l'EPT 2007. Un bon depart. Éducation et protection de la petite enfance.* UNESCO, Paris, 2007, p. 139.

[31] México –seguido de Brasil– es, del grupo de países más poblados, el que alcanzaba en los primeros años del nuevo milenio unos mayores niveles de cobertura en preprimaria, 76 y 63% respectivamente sobre una media para este conjunto de países del 32%. UNESCO: *Early Childhood Care and Education in E-9 Countries: Status and Outlook*, ED-2004/WS/5, UNESCO, Paris, 2003, p. 17.

[32] UNESCO: *op. cit.*, 2007, p. 140.

[33] *Id.*, p. 131, y Myers, R. G.: *op. cit.*, 1995, pp. 5-8.

pesar de ello, están lejos de desaparecer las sangrantes desigualdades que por origen social, lugar de residencia, etnia o, en menor medida, sexo condicionan las posibilidades y oportunidades de beneficiarse de la oferta en ese nivel educativo, máxime en una necesaria perspectiva de calidad. Desigualdades que, como nos recuerda el informe de UNESCO para el seguimiento del programa mundial de Educación para Todos de 2009, están condicionando de forma intensa los lentos avances en los objetivos educativos planteados con el horizonte de 2015[34].

Con la perspectiva de cambios positivos de la política educativa orientada al nivel de la educación inicial, han jugado un papel destacable presiones como las que, a lo largo de los años '90, proyecta para todos los países de la región el Comité de los Derechos del Niño. Institución que, en una muestra constante de la preocupación por la salvaguarda de los derechos de la infancia, censura a los Estados partes que invierten poco en educación y que permiten la discriminación educativa de las minorías étnicas, las desigualdades sociales en el ingreso a la educación, las diferencias en acceso a una educación de calidad entre zonas urbanas y zonas rurales, o la discriminación que introduce la privatización creciente de los servicios educativos. Críticas que, en su acción fiscalizadora, también hace extensibles a la situación de la educación preescolar denunciando su baja cobertura en países como Bolivia, El Salvador, Nicaragua, Panamá y Chile, y mostrando su satisfacción por los avances en el grado de cobertura del nivel en países como Costa Rica, o los esfuerzos por ampliarla de forma efectiva en Guatemala y México[35].

---

[34] Watkins, K.: *op. cit.*, 2009. A destacar el Capítulo 2, "The Dakar Goals: Monitoring Progress and Inequality", pp. 40-125, y en especial el epígrafe "Early Childhood Care and Education: a Long Way to Go", pp. 42-55.

[35] Comité de los Derechos del Niño: *Compilación de observaciones finales del Comité de los Derechos del Niño sobre países de América Latina y el Caribe (1993-2006)*. UNICEF, Santiago de Chile, 2006, accesible en Internet en http://www.unicef.cl/unicef/public/archivos_documento/196/compilacion_1993_2006.pdf, pp. 99-100, 149, 220, 290-291, 310, 358-359, 398 y 440. Ver Capítulo 2 de esta misma obra.

Tabla 2. Estructura, matriculación bruta por sexos, privatización, ratio profesor-alumno, y cualificación del profesorado de la educación preescolar en países de América Latina 1999-2007.

Países	Edad entrada	Duración	Tasa bruta de matrícula en % 1999				Tasa bruta de matrícula en % 2007				% Asiste a privada 2007	Ratio alumno-maestro 2007	% Profesorado cualificado 2007		
			Total	Niños	Niñas	IPG	Total	Niños	Niñas	IPG*			Total	H	M
Argentina	3	3	57	56	57	1,02	67	66	67	1,01	31	19	--	--	--
Bolivia	4	2	45	44	45	1,01	49	49	49	1,00	10	41	--	--	--
Brasil	4	3	58	58	58	1	61	61	61	0,9	24	20	--	--	--
Chile	3	3	77	77	76	0,99	56	55	57	1,04	56	19	--	--	--
Colombia	3	3	37	37	38	1,02	41	41	40	0,97	41	22	--	--	--
Costa Rica	4	2	84	84	85	1,01	61	61	61	1,00	13	13	81	60	82
Cuba	3	3	109	107	111	1,04	111	111	112	1,00	-	16	100	-	100
Ecuador	5	1	64	63	66	1,04	100	99	101	1,01	39	17	75	62	76
El Salvador	4	3	43	42	43	1,01	49	49	50	1,03	19	31	90	55	93
Guatemala	3	4	46	46	45	0,97	29	28	29	1,01	20	24	--	--	--
Honduras	3	3	22	21	22	1,05	38	38	39	1,03	--	26	--	--	--
México	4	2	74	73	75	1,02	114	114	114	1,01	15	28	--	--	--
Nicaragua	3	3	27	27	28	1,04	54	53	54	1,02	16	22	39	43	39
Panamá	4	2	39	39	40	1,01	70	71	70	0,99	16	18	41	8	43
Paraguay	3	3	29	29	30	1,03	34	34	34	1,01	28	--	--	--	--
Perú	3	3	55	54	56	1,02	72	72	73	1,03	24	21	--	--	--
Rep. Domin.	3	3	32	31	32	1,01	32	32	32	1,01	52	22	77	73	77
Uruguay	3	3	60	59	60	1,02	80	80	81	1,01	33	23	--	--	--
Venezuela	3	3	45	44	45	1,03	62	62	62	1,00	20	15	86	70	87

* Índice de Paridad de Género; 1 indica la igualdad.

Fuente: UNESCO Institute for Statistics: *Global Education Statistics Across the World*, UNESCO-UIS, Montreal, 2009, pp. 66-69.

Los cambios han alterado la primitiva configuración de la oferta, no existiendo ahora diferencias significativas en las oportunidades de acceso de niños y niñas a esta educación[36], y donde, en especial, se ha reducido de forma significativa el peso de la iniciativa privada en la oferta ya que –como puede verse en la Tabla 2–, para 2007, en países como Cuba, Costa Rica, México, Nicaragua, Panamá, El Salvador, Bolivia, Guatemala y Venezuela el porcentaje bruto de escolarización en el nivel en centros privados está en el 20% o por debajo de él. En Uruguay, Perú, Argentina, Paraguay y Brasil, la tasa se encuentra entre el 20 y el 35%; y solo países como Colombia, Chile, República Dominicana y Ecuador están por encima del 39%[37].

En esa línea, el Comité de los Derechos del Niño hacía un llamamiento a los Estados partes para que intentaran garantizar a todos los niños una "educación en el sentido más amplio", reconociendo "la función primordial de los padres, la familia ampliada y la comunidad, así como la contribución de los programas organizados de educación en la primera infancia ofrecidos por el Estado, la comunidad o las instituciones de la sociedad civil". Todo ello fruto del conocimiento que al Comité aportan las investigaciones que demuestran que "los programas de educación de calidad pueden repercutir de forma muy positiva en la transición con éxito de los niños pequeños a la escuela primaria, en sus logros educativos y en su integración social a largo plazo"[38]. La UNESCO señala a este propósito cómo diversas investigaciones sobre el tema han puesto de manifiesto que los Programas de Atención Educativa a la Primera

---

[36] Atendiendo al índice de paridad de género de las tasas brutas de escolarización en el nivel preescolar, en 1999 solo Chile y Guatemala no alcanzaban la paridad en perjuicio de las niñas. En 2007, con los últimos datos estadísticos disponibles, esa situación se produce solo en Panamá, Brasil y Colombia. UNESCO Institute for Statistics: *Global Education Digest 2009. Comparing Education Statistics Across the World.* UNESCO-UIS, Montreal, 2009, pp. 66-69.

[37] Íd.

[38] Comité de los Derechos del Niño: *Observación General número 7 (2005). Realización de los derechos del niño en la primera infancia,* CRC/C/GC/7, 14 de noviembre de 2005, pp. 15-16.

Infancia "pueden mejorar el bienestar físico, así como el desarrollo motor, el desarrollo socioafectivo, el desarrollo del lenguaje y las competencias cognitivas básicas". Igualmente contribuyen a mejorar "el estado de preparación para ingresar en la escuela, aumentar las probabilidades de ingreso en el primer grado de primaria, reducir las escolarizaciones tardías, así como las repeticiones de curso y las deserciones escolares, e incrementar las tasas de terminación de estudios y el aprovechamiento escolar"[39]. Influencia que puede rastrearse, de forma no homogénea, en las iniciativas de reforma educativa en los años 90 de Guatemala (1991), México (1993), Colombia (1994), Bolivia (1995), Brasil (1996), El Salvador (1996), República Dominicana (1997) y Paraguay (1998)[40].

La reorientación de la política educativa del nivel, con la perspectiva de ajustarla a la Convención, se verá también favorecida por declaraciones específicas de compromiso como la Declaración de La Habana de 1999, Calidad de la educación: equidad, desarrollo e integración ante el reto de la globalización, planteada en el marco de la IX Conferencia Iberoamericana de Educación. En ella se hace una apuesta clara por el refuerzo de "la educación inicial para favorecer un mejor desempeño de los niños en grados posteriores y como factor de compensación de desigualdades". Lo hacen en línea con el mantenimiento de "nuestro compromiso con la Convención sobre los Derechos del Niño y con los acuerdos asumidos en la Cumbre Mundial en Favor de la Infancia, reconociendo la importancia de las conclusiones de la IV Reunión Ministerial Americana sobre Infancia y Política Social"[41]. Enfoque compensatorio que, sin duda, avalan con rigor estudios sobre el desarrollo cognitivo de la primera infancia en América Latina, como el de Paxson y Schady en 2005, sintetizado así: "Dos niños nacen el mismo día en Ecuador. Uno nace en un hogar que se

---

[39] Burnett, N. (director): *Bases sólidas: atención y educación de la primera infancia. Informe de Seguimiento de la* EPT *en el Mundo 2007.* UNESCO, París, 2007, p. 122.

[40] SITEAL: *op. cit.,* 2009, p. 142.

[41] *Cumbres y Conferencias Iberoamericanas.* IX Conferencia Iberoamericana de Educación, La Habana, 1999, http://www.oei.es/ixcie.htm.

encuentra en el quintil superior de la distribución de la riqueza en el país, y el otro en el quintil inferior. A los 3 años, ambos alcanzan un nivel aproximadamente equivalente en un examen de reconocimiento léxico. A los 5 años, el niño del hogar más rico obtiene resultados aproximadamente 40% más altos. Cuando ingresan en la escuela primaria, los niños de los hogares más pobres están tan rezagados que tienen pocas posibilidades de ponerse al mismo nivel que el resto en algún momento"[42].

Sin embargo, con esa perspectiva de la aplicación y desarrollo de la Convención sobre los Derechos del Niño, no es demasiado halagüeña la situación a propósito de su vinculación más que conveniente con el acceso a una educación inicial de calidad, sea o no en el ámbito formal. Básicamente no lo es porque, a pesar de que, en efecto, mediada la década de los 90 todos los países de la región la habían ratificado y algunos de ellos habían puesto en marcha procesos de reforma legislativa específicos para armonizar con ella la legislación nacional[43], como apunta Pilotti: "La situación de la infancia en América Latina revela, sin embargo, enormes brechas entre lo deseable, expresado en la Convención, y lo coyunturalmente factible". La difusión muy formalista de la Convención entiende que "no ha contribuido al análisis de estas distancias y a la elaboración de estrategias para acortarlas", porque, a su juicio, se "tiende a sobrestimar el papel de las leyes como instrumentos de cambio social, disociando el discurso de los derechos del niño de la realidad socioeconómica y cultural en la que se manifiestan las injusticias que afectan a la infancia"[44].

---

[42] Watkins, K.: *op. cit.*, 2009, p. 48. Sobre un estudio de Paxson, C. y Schady, N.: *Cognitive Development Among Young Children in Ecuador: The Roles of Wealth, Health and Parenting* (Documento de trabajo de investigación sobre políticas, 3605). Banco Mundial, Washington, DC, 2005.

[43] En este sentido, la aprobación de los diferentes códigos de la niñez en la región es una muestra de este proceso de implementación. Ver Capítulo 4 de esta misma obra.

[44] Pilotti, F.: *Globalización y Convención sobre los Derechos del Niño: el contexto del texto*, OEA, Washington, 2000, p. 4. También, Lansdown, G.: "Progress in implementing the convention on the rights of the child: Factors helping and hindering that process". En *Prospects*, vol. 29, n° 4, Springer, Dordrecht, 1999, pp. 191-201.

Efectivamente, ahí reside, en esencia, la base del problema señalado porque, como nos recuerda Hallak, "es posible que se formulen y aprueben políticas educacionales teniendo en cuenta los derechos humanos, pero muy frecuentemente el acceso a la escuela y a una buena educación están determinados por consideraciones del mercado y las prevalecientes desigualdades sociales, económicas, culturales y geográficas (incompatibles con las convenciones sobre derechos humanos)"[45]. En el caso concreto de la educación inicial, se hace particularmente cierto. Así, es un hecho que, como ya se ha señalado, los gobiernos latinoamericanos han ido introduciendo la obligatoriedad de la educación inicial de forma paulatina, lo que debe valorarse de manera muy positiva en tanto que significa "el reconocimiento de la primera infancia como una etapa educativa propia y la voluntad política para velar que todos los niños y niñas sean educados". Sin embargo, atendiendo a la realidad educativa regional "los gobiernos deben garantizar la equidad en la oferta y en la calidad de atención integral a la primera infancia, dada la distribución desigual actual de oportunidades educativas". Todavía más si consideramos que, como apunta Umayahara, "la obligatoriedad de los padres a escolarizar a sus hijos o hijas en sí misma no garantiza la oferta universalizada ni la calidad de servicios"[46].

En la práctica, de hecho, como puede apreciarse en la Tabla 3, subsiste, en la generalidad de los países de la región, un limitado

---

[45] Hallak, J.: *Globalización, derechos humanos y educación*. Instituto Internacional de Planeamiento de la Educación/UNESCO, París, 2001, p. 16.

[46] El caso europeo, señalado arriba, es un excelente ejemplo de cómo sin necesidad de establecer el nivel como obligatorio muchos países del continente lo han convertido en cuasi universal por la vía de los hechos. Umayahara presenta los casos de Chile y Cuba, para el tramo de 5 a 6 años, como un ejemplo de esa misma tendencia y resultado, y de cómo se desarrolla la autonomía con la que muchas veces cursa la práctica real de las familias y el Estado y la norma legal. Umayahara, M.: "En búsqueda de la equidad y calidad de la educación de la primera infancia en América Latina", *Revista Latinoamericana de Ciencias Sociales,* Centro de Estudios Avanzados en Niñez y Juventud Cinde - Universidad de Manizales, Manizales, 2004, p. 7. http://bibliotecavirtual.clacso.org.ar/ar/libros/colombia/ cinde/revis2/ mamiumayahara.pdf.

acceso a los beneficios de los programas de Atención y Educación de la Primera Infancia (AEPI) para los grupos sociales más pobres y marginados. En ese sentido, la UNESCO señala, en el Informe de seguimiento del Programa Mundial de Educación para Todos de 2007, que "las disparidades de los ingresos van más allá de los indicadores de asistencia". Cita, en concreto, el caso de Brasil, donde "la tasa media de escolarización en la enseñanza preescolar es del 29% para los hogares más pobres y superior al 50% en el caso de las familias más acomodadas, una abrumadora mayoría de los niños provenientes de los hogares más ricos asisten a escuelas privadas con mejores recursos". Sobre un estudio específico realizado en Río de Janeiro, indica que "el gasto promedio por niño en los establecimientos preescolares privados es doce veces que el que se destina en los establecimientos preescolares estatales"[47].

Y no debe olvidarse que existe escasa prioridad en el gasto público para este nivel educativo, ni tampoco que, como se observa en la Tabla 2 para los países de los que existe información estadística, subsisten porcentajes significativos de descualificación profesional –tanto inicial como en servicio– en países como Ecuador, República Dominicana, Nicaragua o Panamá, especialmente cuando los que se ocupan de atender educativamente el nivel son hombres en una etapa de altísima tasa de feminización de la profesión docente[48]. Tampoco debe pasarse por alto que, en muchos países de la región, el profesorado que trabaja en él adolece todavía de una formación profesional de calidad[49]. A este propósito, el SITEAL pone en evidencia que, de los diversos programas activos de atención integral a la primera infancia en la

---

47 Watkins, K.: *op. cit.*, 2009, p. 51. Sobre un estudio de Azevedo de Aguiar, G., Barker, G., Nascimento, M. y Segundo, M.: *Early Childhood in Brazil: General Overview and Current Issues*. Fundación Bernard van Leer, The Hague, 2007. (Documentos de trabajo sobre desarrollo de la primera infancia, 44.)

48 En 2007, en todos los países de la región, la tasa está por encima del 90%, con la única excepción de Ecuador, con el 87%. En Cuba es total la feminización del profesorado del nivel. UNESCO Institute for Statistics: *op. cit.*, 2009, p. 69.

49 UNESCO: *Informe de seguimiento de la EPT en el mundo 2007. Panorama regional América Latina y el Caribe*, 2007, ED/2007/EFA/MRT/PI/LAC/1, p. 1.

región, son bien escasos los que "dan especial énfasis a la formación sistemática de los docentes como una cualidad educativa prioritaria de la intervención". Excepciones que señala son el Programa de formación inicial para profesores en ejercicio de educación infantil (Proinfantil) de Brasil; el Programa Familia Brasileña Fortalecida por la Educación Infantil; el Plan Decenal de Educación de la República Dominicana por medio de su Proyecto de Fortalecimiento para el nivel inicial, y el Programa de Renovación Curricular y Pedagógica de la Educación Preescolar (PRONAE) de México[50]. De manera general, ese mismo Informe, después del análisis de los diversos programas de atención a la primera infancia de la región, señala que "si bien la formación, capacitación o actualización docente resulta casi siempre parte de las acciones destinadas a la primera infancia, pocas son las iniciativas que se abocan a la formación específica del personal responsable de la atención y formación de los niños y niñas pequeños, ya se trate de docentes, técnicos o promotores, entre otros agentes sociales". Una situación que solo cambia en aquellos casos "en que se trata de la atención de sectores o poblaciones especialmente vulnerables desde el punto de vista social y educativo"[51].

6.3. La visión y aspiraciones en educación de la sociedad civil latinoamericana

No lo ven de forma muy diferente en la sociedad civil de la región al defender "la calidad de la educación como calificativa del derecho a la educación". Así, las organizaciones coordinadoras, las iniciativas ciudadanas nacionales y las redes participantes del II Encuentro Latinoamericano de Sociedad Civil para la Incidencia en Políticas Educativas, Reflexionando sobre la

---

[50] SITEAL: *op. cit.*, 2009, p. 154.
[51] Íd., p. 156.

Tabla 3. Niños de 5 años escolarizados y sector de gestión educativa al que asisten, según área geográfica, clima educativo del hogar y grupos de países, América Latina, *circa* 2007[52].

	Área geográfica		Clima educativo del hogar			Total
	Urbano	Rural	Bajo	Medio	Alto	
Grupo 1						
% de escolarizados	92,8	71,0	85,1	90,7	95,1	91,6
% que asiste al sector público	63,4	77,5	85,1	74,5	39,1	64,0
Grupo 2						
% de escolarizados	87,3	79,3	76,4	89,0	97,4	85,4
% que asiste al sector público	76,0	93,7	93,5	79,6	50,4	80,0
Grupo 3						
% de escolarizados	80,5	59,9	57,2	76,3	90,0	72,4
% que asiste al sector público	43,9	62,8	60,7	51,2	34,9	50,0
Grupo 4						
% de escolarizados	63,9	39,6	35,7	69,9	83,2	51,4
% que asiste al sector público	41,5	57,3	50,6	50,9	32,3	47,8
Total						
% de escolarizados	85,3	67,2	67,0	86,3	94,9	80,4
% que asiste al sector público	70,0	84,4	86,3	74,7	45,3	73,3

Fuente: SITEAL, 2009, pp. 133 y 185.

52 La agrupación de los países que el SITEAL presenta ajusta variables socioeconómicas, demográficas y culturales que les confieran una cierta homogeneidad. En el Grupo 1: Argentina, Chile y Uruguay. En el Grupo 2: Brasil, México, Colombia, Costa Rica y Panamá. En el Grupo 3: Ecuador, Perú, Bolivia y Paraguay. Y en el Grupo 4: El Salvador, Nicaragua, Honduras, República Dominicana y Guatemala.

Calidad Educativa, realizado en la ciudad de Santa Cruz entre el 11 y 13 de diciembre de 2003, en su Declaración Por una Educación de Calidad para Todos y Todas, manifiestan que "la educación de calidad es un derecho fundamental de toda persona y, como tal, la construcción de políticas y estrategias públicas en educación es una responsabilidad que compete tanto a los gobiernos como a las organizaciones de la sociedad civil". Y, además, exigen que "los gobiernos de nuestros países desarrollen políticas y estrategias que contribuyan a mejorar sustancialmente la calidad de vida y la educación, en el marco de la construcción de una sociedad solidaria, inclusiva, equitativa y justa". Al año siguiente, las plataformas, foros, movimientos y organizaciones de la sociedad civil latinoamericana y global que estuvieron reunidos en Brasilia durante los días 8 y 9 de noviembre de 2004 expresan a los participantes de la IV Reunión del Grupo de Alto Nivel de Educación Para Todos (EPT), convocada por la UNESCO en la misma fecha y ciudad, su preocupación porque ven "la educación en América Latina como un derecho en riesgo". Allí plataformas como la Campaña Global de Educación, la Campaña Latinoamericana por el Derecho a la Educación, el Consejo Internacional del Forum Mundial de Educación, la Campanha Nacional pelo Direito à Educação (Brasil), y una veintena de redes y movimientos latinoamericanos y nacionales se reafirman en que "la educación debe entenderse y garantizarse como un derecho humano fundamental, responsabilidad y obligación del Estado y eje de las políticas de desarrollo comprometidas con la justicia social".

En el pronunciamiento difundido por este activo movimiento de la sociedad civil, Llamado para la acción. Declaración de Panamá, ratifican los principios de las declaraciones previas. De esta forma, las redes, plataformas, movimientos y organizaciones de la sociedad civil de dieciocho países de América Latina, reunidas en asamblea en torno a la Campaña Latinoamericana por el Derecho a la Educación, durante los días 22 y 23 de marzo de 2007 en Ciudad de Panamá, se manifiestan a un tiempo convencidas de que la educación es un derecho humano fundamental de carácter colectivo y muy preocupadas por la situación en la que se encuentra el ejercicio de este derecho en la región. Con esa perspectiva, confirman su alegato de Santa Cruz y enfatiza: "la relación directa entre el modelo de desarrollo basado en la estructura capitalista neoliberal y las deficiencias de los sistemas educativos que reproducen pobreza, exclusión y discriminación". También su posición en Brasilia, al apostar por "la educación como derecho humano fundamental que debe ser garantizado por los Estados, como base de un modelo de desarrollo comprometido con la justicia, la inclusión social, la equidad, la diversidad y la sostenibilidad ambiental", sin dejar de manifestar su "preocupación de que este derecho se encuentre gravemente amenazado por la aplicación en el continente de políticas que reducen la agenda global en educación". Reclaman la consideración de la educación como "un derecho humano fundamental de carácter colectivo" que, mediante una educación pública y gratuita, debe ser garantizado por el Estado, señalando que "el carácter integral e interdependiente del derecho a la educación con los demás derechos humanos y con la democracia y el desarrollo", de modo que la educación sea un "principio para la transformación social, la dignificación del ser humano y la construcción de democracia y justicia social". Finalmente, una de sus principales preocupaciones sigue siendo exigir y luchar por que gobiernos y organizaciones internacionales recuperen una "visión ampliada" de la educación que se ha ido perdiendo paulatinamente, para que "se asuma un enfoque integral de Educación Básica, articulando todos sus niveles desde la educación en la primera infancia hasta el final de la educación secundaria o media".

Por su parte, el pronunciamiento efectuado en la Declaración de Valparaíso de julio de 2007, en coincidencia con la XVII Conferencia Iberoamericana de Educación, en un contexto donde "la fragilidad en la cohesión social se expresa en sistemas educativos que hoy reproducen las desigualdades existentes", reclama como uno de los ejes centrales para definir la calidad de la educación "el desarrollo de políticas de equidad en torno a la búsqueda de la igualdad de aprendizajes para todos y todas, reconociendo las diferencias y la diversidad, atendiendo diversos contextos culturales". Y en el último de sus manifiestos sobre el tema, planteado en la V Asamblea de la Campaña Latinoamericana por el Derecho a la Educación celebrada en la ciudad de Guatemala, en el marco del III Foro Social de las Américas, en la primera semana de octubre de 2008, la Carta de Guatemala, desde "la certeza de que el derecho a una educación de calidad y liberadora es clave para la construcción de sociedades en las que se respeten los derechos humanos y el medio ambiente, la justicia social y se propicie la igualdad y la soberanía de los pueblos", podemos encontrar, además, "como acción prioritaria", una demanda explícita de "atención del desarrollo de la primera infancia y de la educación infantil, particularmente en las poblaciones más vulnerables"[53]. Con un enfoque global similar no puede olvidarse a este respecto el diagnóstico que aportaba el SITEAL en el sentido de que el "acceso desigual a la educación representa un obstáculo a los procesos de desarrollo social y económico en América Latina, ya que es difícil concebir una sociedad justa e integrada sobre la base de una distribución desigual del conocimiento. Con esta perspectiva, promover políticas de equidad en educación es un modo de fortalecer las posibilidades del desarrollo económico y social en la región"[54].

6.4. La consolidación de tendencias en defensa de la educación como derecho humano

Los ministros de Educación de la región, en noviembre de 2007, reconocían solemnemente que "el acceso equitativo y oportuno

---

[53] *Declaraciones de la Campaña Latinoamericana por el Derecho a la Educación, 2003-2008.* En: http://www.campanaderechoeducacion.org/.

[54] SITEAL: *op. cit.*, 2006, p. 19.

a la educación integral de calidad y adecuada a los contextos locales y a las realidades del mundo es un derecho humano, un bien público y una prioridad política, incluso en el marco de la atención integral a la primera infancia, y resaltamos la necesidad de dar prioridad a los grupos más vulnerables y con necesidades educativas especiales"[55]. Esta perspectiva de la educación como un derecho inalienable es un elemento que ha acabado por consolidarse en las reformas educativas emprendidas en la región a lo largo de los últimos tres lustros[56]. No obstante, la realidad reciente es que el Panorama social de la CEPAL de 2007 precisa que, por comparación con otros niveles, "los avances en el acceso al nivel preescolar han sido moderados", incluso existen dentro del Programa Regional de Indicadores Educativos (PRIE), apoyado por la UNESCO, "la meta de universalización de la educación inicial, lo que implica un incremento a 100% de la tasa neta de matrícula de los niños de 3 a 5 años de edad en América Latina"[57]. Sin embargo, tomando como referencia 2005, poco más del 84% de los niños y niñas con un año menos que el legal para entrar a la enseñanza primaria asistía al nivel de educación inicial. Cifra que supone un incremento del 24% con respecto a la situación de la región a comienzos de los años 90. Como es habitual, las diferencias entre países eran notables. Así, Argentina, México y Uruguay superaban el 85% de escolarizados de 5 años; Bolivia y Honduras no llegaban al 70%; Costa Rica y Guatemala no lograban el 40%, y Chile y la República Dominicana no habían alcan-

---

55 OEA: *Compromiso Hemisférico por la Educación de la Primera Infancia*. V Reunión de Ministros de Educación, 15 y 16 de noviembre de 2007, OEA/SER.K/V. CIDI/RME/doc.10/07, Cartagena de Indias, Colombia, Washington, 16 de noviembre de 2007, http://www.sedi.oas.org/dec/Vministerial/.

56 López, N.: *Las nuevas leyes de educación en América Latina: una lectura a la luz del panorama social de la región*. Con la colaboración de Valeria Buitrón. Campaña Latinoamericana por el Derecho a la Educación, IIPE-UNESCO, Buenos Aires, 2007, p. 47.

57 CEPAL: *Panorama social de América Latina 2007*, Capítulo III, "Calidad de la Educación: las desigualdades más allá del acceso y la progresión educativa". En *Panorama social de América Latina 2007*, CEPAL, Santiago de Chile, 2007, pp. 157-198..

zado todavía una tasa neta de escolarización en el nivel de educación inicial que igualara el porcentaje promedio de América Latina a comienzos de los años 90[58].

Es una situación que se producía contra toda evidencia de los indudables beneficios que la educación en ese nivel educativo puede aportar, ya que propicia, por ejemplo, un mayor rendimiento escolar, un incremento de la matrícula en primaria, o un menor abandono del sistema educativo[59]. Por no hablar de mayores retornos sociales, oportunidades de empleo y productividad. La atención a este nivel educativo resulta, así, básica para abordar una formación asentada en el ejercicio de los derechos humanos que asegure una educación de calidad inclusiva que ha de empezar en la etapa de educación inicial[60], porque, además, esa educación "marca la diferencia a lo largo de la vida para los niños de nivel socioeconómico bajo, pues muchas veces pueden acceder simultáneamente a servicios de alimentación y nutrición, servicios de atención primaria en salud, de apoyo familiar, entre otros"[61]. Así lo ven también los ministros de Educación de la región, cuando en su

---

[58] Íd. y SITEAL: *op. cit.*, 2009, p. 69.

[59] Diversos estudios evidencian que, por ejemplo en la Argentina, "la asistencia a la enseñanza preescolar entre los 3 y 5 años de edad incrementó el aprovechamiento en lengua y matemáticas (en una desviación estándar de 0,23 a 0,33). Medido a través de puntuaciones obtenidas en exámenes de tercer grado, el efecto se duplicó en el caso de los alumnos de familias pobres". En el caso de Uruguay, la escolarización en el nivel de preescolar "tuvo un efecto positivo en los años escolares finalizados, las tasas de repetición y la distorsión entre la edad y el grado". Así, "A los 10 años de edad, los niños que habían asistido a la enseñanza preescolar tuvieron una ventaja de aproximadamente un tercio de año sobre los niños que no habían asistido al preescolar. A los 16 años, habían acumulado 1,1 año de escolarización adicional y tenían un 27% más de probabilidades de permanecer en la escuela". Watkins, K.: *op. cit.*, 2009, p. 50. Sobre estudios de Berlinski, S.; Galiani, S. y Gertler, P. J.: *The Effect of Pre-Primary Education on Primary School Performance*, Instituto de Estudios Fiscales, Londres, 2006 (Documento de trabajo, 06/04), y Vegas, E. y Petrow, J.: *Raising Student Learning in Latin America: The Challenge for the 21st Century*, Banco Mundial, Washington, DC, 2007.

[60] Blanco Guijarro, M. R.: "La educación de calidad para todos empieza en la primera infancia", *Enfoques Educacionales*, n° 7, Universidad de Chile, Santiago de Chile, 2005, pp. 14-18.

[61] CEPAL: *op. cit.*, 2005, y SITEAL: *op. cit.*, 2009, pp. 68-69.

Compromiso Hemisférico por la Educación de la Primera Infancia asumen que "la primera infancia, que es una fase decisiva en el ciclo de la vida del ser humano y su atención integral nos permitirá enfrentar los retos de la pobreza, la inequidad y la exclusión social"[62]. Una perspectiva que, afortunadamente, empieza a vislumbrarse en algunos procesos de reforma educativa recientes en América Latina.

Entre los años 2000 y 2009 han sido sancionadas o revisadas las leyes educativas de Perú, El Salvador, Nicaragua, Guatemala, Argentina y Uruguay, y se debate un proyecto de Ley de Educación Productiva, Intercultural, Intracultural y Descolonizadora en Bolivia desde finales de 2006 a cargo de un Congreso Nacional de Educación. Otras leyes en Venezuela a cargo del Ministerio del Poder Popular para la Educación y en Chile. De esas leyes, es muy significativo que cinco sean de países que realizaron ya sus reformas en los años 90, en un contexto diferente del que ahora encontramos, un escenario hoy "marcado por el aumento significativo de las desigualdades, la profundización de los procesos de exclusión social y la crisis de cohesión social"[63]. Así, se pasa de unas políticas educativas encaminadas a "garantizar el acceso a la escuela hacia otras que ponen el énfasis en el acceso al conocimiento". De una política educativa que "se centra en la igualdad de oportunidades hacia otra que pone el énfasis en la igualdad en los logros educativos"[64]. Y en ese enfoque, como señala Néstor López, destaca de manera especial la atención a la educación inicial de la primera infancia con "una concepción integral de las acciones orientadas a garantizar calidad en los servicios educativos que no está presente en los otros niveles de la educación básica. Para este grupo específico de niños, la educación es concebida como un desafío que excede a los alcances de la escuela y que apela a una articulación con políticas de salud, crianza, de-

---

[62] OEA: *op. cit.*, 2007.
[63] López, N.: *op. cit.*, 2007, p. 13.
[64] Íd., p. 46.

sarrollo comunitario, participación, etc.". De esta forma, "las políticas de equidad orientadas a garantizar el acceso universal a este nivel son políticas que articulan recursos de diversas áreas de gobierno, promoviendo así acciones integrales que van mucho más allá de la escuela"[65].

Ese tipo de enfoque integral de lucha contra la pobreza es utilizado de forma paulatina desde la década del 90[66], pero especialmente en los últimos años, en los diversos programas gubernamentales que en la región desarrollan iniciativas novedosas de protección social y de lucha contra la exclusión social, y para quebrar la transmisión intergeneracional de la pobreza[67]. En ellos se incorporan, de manera específica, componentes vinculados a la atención de la primera infancia, genuinamente influenciados por la Convención sobre los Derechos del Niño, sobre un modelo de "transferencias condicionadas de renta" en efectivo para aquellos hogares que cumplan requisitos como cuidar la salud y vacunación de sus hijos asistiendo a los centros médicos, y garantizando asimismo la asistencia y retención escolar de su prole. En estos programas encontramos dos enfoques hegemónicos: "uno basado en incentivos, originado en la teoría económica, que asume que es posible introducir cambios de manera indirecta, y otro de naturaleza psicosocial, que busca alterar el funcionamiento de la familia, para así cambiar el comportamiento de sus miembros"[68]. No obstante, como apuntan Cohen y Franco, buena

---

65 Íd., p. 47.

66 Cohen, E. y Franco, R.: "Los programas de transferencias con corresponsabilidad en América Latina: similitudes y diferencias". En Cohen, E. y Franco, R. (coords.): *Transferencias con corresponsabilidad. Una mirada latinoamericana.* FLACSO/México-SEDESOL, México, 2006, pp. 30-31.

67 De todos ellos, sin duda, los más conocidos y con un mayor impacto cuantitativo y cualitativo son Oportunidades de México (2002), inicialmente en 1997 con el nombre de Programa de Educación, Salud y Alimentación (PROGRESA), y Bolsa Familia (2003) a partir de la unificación de todos los programas de esas características del gobierno federal de Brasil: Bolsa Escola (2001), Bolsa Alimentação (2001), Auxílio Gas (2002) y Cartão Alimentação (2003).

68 Cohen, E. y Franco, R.: *op. cit.*, 2006, pp. 75 y 52.

parte de estos programas de la región no prestan la debida atención a la educación preescolar[69]. Falla, en muchos casos, como apunta el SITEAL, la oferta, porque "si bien existe una amplia demanda, en términos de promover un abordaje integral de la primera infancia y favorecer el desarrollo de iniciativas intersectoriales, los esfuerzos que se llevan a cabo desde el sector educación todavía son insuficientes, lo que coloca en un severo riesgo la atención educativa de la población de este tramo de edad"[70].

Sin duda, en ese enfoque integral y multisectorial, articulado tanto en el plano de la educación formal como en el de la no formal, está buena parte de las posibilidades de avance en el logro de una educación preescolar inclusiva de calidad que en América Latina sea la plasmación de unas políticas que entrañen el respeto a los derechos del niño, en su cuidado y formación. El hecho de que avances significativos en el contexto regional en esa perspectiva no sean, desde luego, imposibles lo pone claramente de manifiesto la posición de organizaciones como la CEPAL y la UNESCO, que apuestan por la profundización en el compromiso con la consecución de los Objetivos de Desarrollo del Milenio (ODM) establecidos en la Cumbre del Milenio de las Naciones Unidas del año 2000. Su propuesta en esa dirección se proyecta en fijar una meta adicional, ratificada en 2006, al Objetivo 2 –que todos los niños y niñas terminen un ciclo completo de la etapa primaria en 2015– para elevar al 100% la tasa neta de matrícula de los niños de entre 3 y 5 años de edad en

---

69 Íd., p. 48.

70 SITEAL: *op. cit.*, 2009, p. 161.

71 CEPAL/UNESCO: *Invertir mejor para invertir más. Financiamiento y gestión de la educación en América Latina y el Caribe*, Santiago de Chile, Comisión Económica para América Latina y el Caribe y Organización de las Naciones Unidas para la Educación, la Ciencia y la Cultura, serie Seminarios y Conferencias, nº 43, Santiago de Chile, 2005, p. 30. Con esa perspectiva de ajustar los ODM a la realidad y concretas necesidades educativas latinoamericanas, que van mucho más allá de la atención a la universalización de la educación primaria, el complemento al Objetivo 2 contempla asimismo la universalización del primer ciclo de la secundaria, el in-

todos los países de la región para el año 2015[71]. Entre otros beneficios, como proporcionar una más fácil incorporación de la mujer al mercado laboral, se considera que avanzar en ese logro "eleva la eficiencia del sistema educacional, pues reduce el número de años necesarios para completar la educación básica y media, y contribuye a cerrar las brechas entre los niños de distintos estratos sociales precisamente en las edades en que esas desigualdades afectan más negativamente las oportunidades de bienestar futuro"[72]. Atendiendo a los muy diferentes puntos de partida de los distintos países de la región, así como a las claras limitaciones de su potencial "exigibilidad" jurídica y política[73] a los Estados, el objetivo se plantea mediante un desarrollo paulatino, y así se habla, exactamente, de la "universalización *progresiva*" de la educación preprimaria[74].

Superadas, tal parece, algunas de las dificultades que existían para determinar los costos reales de los programas de educación preescolar en la región sobre bases fiables y adecuadas[75], se avanzan ya magnitudes económicas concretas del esfuerzo de los gobiernos para alcanzar el logro planteado de reducir desigualdades

cremento de matrícula en el segundo ciclo y la erradicación gradual del analfabetismo adulto para 2015.

[72] Íd., p. 33.

[73] Son muchos los analistas que, de manera general, denuncian el insuficiente desarrollo de los mecanismos de exigibilidad jurídica y política para garantizar derechos legalmente consagrados, y compromisos, pactos o acuerdos establecidos en el nivel nacional o supranacional. Barrios B. y Ana G.: "El derecho humano a la educación en América Latina: entre avances y desafíos", en Yamin, A. E. (comp.): *op. cit.*, 2006, p. 205.

[74] Villatoro, P.: *Hacia la ampliación del segundo objetivo del milenio. Una propuesta para América Latina y el Caribe*, CEPAL, Santiago de Chile, serie Políticas sociales, n° 132, Santiago de Chile, 2007, pp. 6-8. Como precisa Villatoro, "Con el concepto 'progresivo' se apunta a una expansión gradual de la preprimaria, que se iniciaría con los niños y niñas en edad de asistencia al grado anterior al ingreso a la educación primaria [el grupo de edad de 5 años] y que luego debería continuar con los niños y niñas más pequeños", p. 26.

[75] Waiser, M.: *Early Childhood Care and Development Programs in Latin America: How Much do They Cost?* The International Bank for Reconstruction and Development/The World Bank, LCSHD, Washington, DC, Paper Series n° 19, 1999, pp. 23-24.

de acceso y ampliación de la cobertura hasta hacerla universal. Un escollo de no poca relevancia que complica su alcance está fijado en que, a causa de la baja cobertura del nivel en la mayoría de los países y a que una parte importante de la oferta de preescolar está cubierta por el sector privado, el esfuerzo sostenido que deberán afrontar los gobiernos latinoamericanos desde el sector público es más que notable. La CEPAL y la UNESCO, en el contexto de la ampliación regional del Objetivo 2 del Milenio con metas propias, entienden que "no debe extrañar que los recursos necesarios para alcanzar la cobertura universal en este nivel representen poco más del 42% de los recursos totales que se requieren para lograr las cuatro metas contempladas, lo que implica una cifra cercana a 64.600 millones de dólares"[76]. La valoración global de esa situación que plantea el informe coordinado por Néstor López para el SITEAL es un buen retrato del punto en que se encuentra la educación inicial en América Latina hoy, dado que "si bien es mucho lo que se avanzó hacia la universalización de la educación inicial, todavía es mucho lo que queda por hacer". Con esa perspectiva, la "brecha que aún permanece merece prioridad absoluta, pues en tanto no se logre que todos los niños y las niñas tengan acceso a una oferta educativa de calidad, quienes hoy más la necesitan son precisamente quienes se encuentran privados de disfrutar de este derecho"[77].

Una referencia final que camina en esa misma dirección. En la XVIII Conferencia Iberoamericana de Educación, celebrada a impulso de la OEI en Sonsonate (El Salvador) y en la que se reunieron todos los ministros de Educación iberoamericanos los días 19 y 20 de mayo de 2008, se presentaba el texto de un ambicioso proyecto que fue respaldado por todos los representantes gubernamentales del área educativa, las "Metas educativas 2021. La educación que queremos para la generación de los Bicentenarios". Un conjunto de fines en los diferentes niveles y sectores educati-

---

[76] CEPAL/UNESCO: *op. cit.*, 2005, p. 35.
[77] SITEAL: *op. cit.*, 2009, p. 140.

vos con objetivos muy concretos en cada uno de ellos y con indicadores fiables y homogéneos para hacer su seguimiento y establecer finalmente su éxito o fracaso, evidenciando que más allá de la financiación existen otros problemas no menos determinantes que son complementarios de ese enfoque inicial. Entre ellos se plantea el compromiso para "extender la educación temprana" en la consideración de que es una garantía para el aprendizaje posterior, "especialmente para aquellos niños y niñas que se desenvuelven en contextos sociales desfavorables"[78]. Así, se establece una "meta general tercera" fijada en "aumentar la oferta de educación inicial y potenciar su carácter educativo", con dos objetivos específicos relacionados con ella. La número siete que busca "aumentar la oferta de educación inicial para niños y niñas de 3 a 5 años", determinando para ello como nivel de logro "conseguir que entre el 50% y el 100% de los niños de 3 a 5 años reciba atención educativa temprana en 2015, y que el 100% la reciba en 2021". Y la meta específica número ocho planteada para "potenciar el carácter educativo de esta etapa y garantizar una formación suficiente de los educadores que se responsabilizan de ella", con un nivel de logro fijado en "conseguir que entre el 30% y el 70% de los educadores que trabajan con niños y niñas de 3 a 5 años tenga la titulación establecida en 2015, y que entre el 60% y el 100% disponga de ella en 2021"[79].

Este enfoque de atención educativa se inscribe, en buena lógica, en un programa más amplio de "atención integral a la primera infancia", preocupado por paliar los efectos negativos de la pobreza sobre las oportunidades y desarrollo de capacidades de niños y niñas, en el que los Estados garantizan "las condiciones básicas de alimentación y de salud, la provisión de estimulación variada y la incorporación progresiva de los niños y de las niñas en centros educativos que contribuyan, junto con la familia, a su

---

[78] Organización de Estados Americanos: *Metas educativas 2021. La educación que queremos para la generación de los Bicentenarios. Documento para debate. Primera versión.* OEI, Madrid, 2008, p. 99.

[79] Íd., p. 107.

desarrollo y a su aprendizaje". Se plantean para ello como metas específicas: "sensibilizar a la sociedad sobre los derechos de la infancia y contribuir a la erradicación del trabajo infantil. Apoyar el desarrollo de políticas sociales y educativas integrales. Colaborar con los Ministerios de Educación para mejorar la oferta de educación infantil. [Y] Elaborar un sistema integral de indicadores sobre la infancia"[80]. Contemplan, asimismo, estrategias y líneas de acción que, si consiguen ser realmente algo más que un nuevo hito retórico y atienden sobre todo a los grupos más vulnerables asentando las metas propuestas en las agendas públicas de los gobiernos de la región y comprometiendo en su logro al conjunto de la sociedad civil, abrirán buenas perspectivas en la lucha contra las desigualdades en educación y a favor del avance en la materialización de los derechos de los niños latinoamericanos. Como tiene escrito el maestro García Márquez en *El coronel no tiene quien le escriba*: "La ilusión no se come —dijo ella. —No se come, pero alimenta —replicó el coronel".

---

[80] Íd., p. 120.

CAPÍTULO 7

INFANCIA, DISCAPACIDAD Y DERECHO A LA EDUCACIÓN EN AMÉRICA LATINA

ASIER LAUZURIKA
PAULÍ DÁVILA
LUIS M. NAYA
Universidad del País Vasco/Euskal Herriko Unibertsitatea

En la actualidad, entre 500 y 600 millones de personas en el mundo sufren algún tipo de discapacidad, de las cuales entre 120 y 150 millones son niños y niñas. Además, del 15 al 20% del alumnado tiene alguna necesidad educativa especial durante su vida escolar[1]. No obstante su peso como colectivo, solo el 2% de los niños con discapacidad tiene acceso a algún tipo de educación o rehabilitación y, según datos del Banco Mundial, en América Latina y el Caribe únicamente del 20 al 30% asiste a la escuela. Existe, asimismo, una clara relación entre discapacidad y exclusión social[2]. Además de la creciente importancia de la discapacidad y de su incremento cuantitativo, se observa la "necesidad de

---

[1] Muñoz, V.: *El derecho a la educación de las personas con discapacidades. Informe del relator especial sobre el derecho a la educación.* Aplicación de la resolución 60/251 de la Asamblea General, 15 de marzo de 2006, A/HRC/4/29, 2007. En este informe se acusa de la permanencia de las actitudes y los valores negativos existentes con relación a las personas con discapacidad; los conocimientos inadecuados entre profesores/as y administradores/as escolares; la falta de atención a las necesidades específicas de las mujeres con discapacidad; la falta de accesibilidad física a la escuela y a materiales educativos, y, en resumen, la atención inadecuada a las necesidades de las personas con discapacidad en la educación como un todo.

[2] De Lorenzo, R.: *Discapacidad, sistemas de protección y trabajo social.* Alianza Editorial, Madrid, 2007.

aprovechar las capacidades y conocimientos y la contribución al desarrollo que pueden hacer las personas con discapacidad"[3].

Por otra parte, la perspectiva actual sobre la inclusión social, y más concretamente sobre la educación inclusiva, no se circunscribe exclusivamente al ámbito de las personas con discapacidad[4]. Se han superado las restricciones históricas que en este campo existieron, y se aboga por la construcción de una educación para todos y entre todos; en definitiva, de una educación inclusiva, en contraposición a la educación excluyente y segregadora heredada, propia de una sociedad también excluyente. No obstante, y teniendo claro que el concepto de inclusión social y educativa abarca un campo más amplio que el de las personas con discapacidad, hemos decidido centrar este capítulo en este colectivo con una doble perspectiva. Por una parte, desde el plano normativo a través de los tratados internacionales y, por otra, desde el análisis de las observaciones realizadas sobre este tema por el Comité de los Derechos del Niño a los informes presentados por cada uno de los países de América Latina.

Pero, ¿qué entendemos por discapacidad? A lo largo de la historia han existido diferentes concepciones de la discapacidad, habiéndose creado sobre la base de ellas diferentes modelos de atención, desde las propuestas más segregadoras y excluyentes hasta aquellas que plantean la inclusión total. Como muestra de la concepción de discapacidad que se tenía a principios del siglo XX en América Latina tenemos la definición de Marta Villalba, profesora del Centro de Aplicación del Instituto Pedagógico Nacional de Mujeres de Lima en 1931, que aplica el término *anormal* "a aquello que es irregular o se aparta de la regla general; por consiguiente, llamaremos niños anormales a aquellos que por debilidad mental, perturbaciones psíquicas, anomalías fisiológicas, o por

---

[3] De Lorenzo, R.: "Propuestas sobre el futuro de las personas con discapacidad en el mundo", en Campoy, I. (ed.): *Los derechos de las personas con discapacidad: perspectivas sociales, políticas, jurídicas y filosóficas.* Dykinson, Madrid, 2004, pp. 205-222, p. 207.

[4] Ver Capítulo 4 de esta misma obra.

causas extrínsecas a la personalidad individual, quedan rezagados o se apartan de la *media* o índice de regularidad"[5]. Trasladando esto al campo educativo, estos serían "seres infantiles que por diferentes anomalías no pueden seguir en las clases ordinarias, requiriendo, por lo tanto, enseñanza especial"[6]. Incluso se llegaba a clasificar a los "anormales", según la caracterización que de ellos hacían Binet y Simon en su estudio "Les enfants anormaux", publicado en 1907, como imbéciles, débiles e inestables; según lo cual los niños son educables, de una manera u otra, o no[7]. Esta concepción ha tenido una permanencia demasiado larga.

No obstante, los tiempos cambian y hoy en día no se dan por válidas definiciones ni clasificaciones como las expuestas. La definición que nos ofrece Pérez, sirve como muestra de lo que hoy se enmarca en este concepto: "la discapacidad, circunstancia personal y hecho social resultante de la interacción de un entorno inadecuado pensado para el parámetro de persona 'normal' con la diferencia que presentan algunas personas, es una manifestación más de la diversidad humana, que una sociedad inclusiva y abierta ha de acoger como elemento enriquecedor que ensancha la humanidad y le agrega valor"[8]. Con esta perspectiva, "no es la discapacidad lo que obstaculiza plena y efectivamente la

---

[5] Villalba, M.: "La educación de los niños anormales". En *Boletín del Instituto Internacional Americano de Protección a la Infancia*, Tomo V, n° 1, Montevideo, julio 1931, pp. 120-141, también puede consultarse Gutiérrez, C. y Urgilés, G.: "Historia y perspectiva de la educación especial en Latinoamérica", en Samaniego, P. (dir.): *Personas con discapacidad y acceso a servicios educativos en Latinoamérica*. Comité Español de Representantes de Personas con Discapacidad, Grupo Editorial Cinca, Madrid-Quito, 2009, pp. 115-170.

[6] Villalba, M.: *op. cit.*

[7] Íd.; para un planteamiento general sobre la inclusión en las instituciones educativas puede consultarse Porras, R.: "Marco conceptual", en Samaniego, P. (dir.): *Personas con discapacidad y acceso a servicios educativos en Latinoamérica*, Comité Español de Representantes de Personas con Discapacidad, Grupo Editorial Cinca, Madrid-Quito, 2009, pp. 27-72.

[8] Pérez, L.C.: "Las demandas de las personas con discapacidad como una cuestión de derechos humanos", en I. Campoy (ed.): *Los derechos de las personas con discapacidad: perspectivas sociales, políticas, jurídicas y filosóficas*. Dykinson, Madrid, 2004, pp. 253-262, p. 254.

participación en la sociedad, sino más bien las barreras debidas a la actitud y al entorno en esa sociedad"[9].

7.1. La educación de las personas con discapacidad

Entre los derechos de las personas con discapacidad, el más relevante, como señala Kelly, es el de la educación: "el derecho a la educación es el derecho más importante para los niños con discapacidad y, al mismo tiempo, el que con más frecuencia se les deniega"[10]. Pese a ser un elemento esencial, la educación no siempre ha favorecido la inclusión y el ejercicio de los derechos de las personas con discapacidad, así se han construido sistemas paralelos de educación. Por una parte, "la escuela común, normal, diseñada y organizada según un marco cronológico, curricular, didáctico para la normalidad sienta, en consecuencia, las bases de una supuesta anormalidad"; y por otra, "la escuela especial [...] se hizo cargo de esa anormalidad, construyendo *identidades especiales* que [...] a sabiendas de que no existen, se empeñan en hacerlas existir"[11]. Debemos superar el sistema paralelo de educación considerando que todo alumno es parte de un único sistema educativo. La simple integración, o colocación física del alumno con discapacidad en la escuela común, no asegura, en cambio, una adecuada atención a la diversidad sin discriminación y en igualdad de oportunidades. En este sentido, hay que remarcar las diferencias existentes entre integración e inclusión; así la integración estaría caracterizada por

---

[9] Muñoz, V.: *op. cit.*, 2007, p. 14.

[10] Kelly, U.: "La discapacidad y los niños: la Convención sobre los Derechos del Niño", en Guinn, G. y Degener, T.: *Derechos humanos y discapacidad. Uso actual y posibilidades futuras de los instrumentos de derechos humanos de las Naciones Unidas en el contexto de la discapacidad.* Naciones Unidas, Ginebra y New York, 2002, pp. 131-154.

[11] Dubrovsky, S.: *Educación común, educación especial: un encuentro posible y necesario,* s/f. http://porlainclusionmercosur.educ.ar/mat_educativos/dubrovsky.pdf, p. 3.

pedir concesiones a los sistemas, conseguir una inserción parcial y condicionada, mediante la adaptación de las personas con discapacidad a las necesidades de los modelos que ya existen en la sociedad, que hace solamente ajustes por defender el derecho de las personas con discapacidad, mientras que en la inclusión, la inserción es total e incondicionada y exige rupturas en los sistemas. La sociedad busca la forma de adaptarse para atender las necesidades de *todas* las personas, tengan o no discapacidad, y defiende el derecho de *todas* las personas, con y sin discapacidad[12].

Los niños y niñas con discapacidad siguen siendo víctimas de un planteamiento que favorece su segregación y marginación del sistema educativo. Así, por ejemplo, solo el 2% de los niños con discapacidad de los países en desarrollo tienen acceso a un sistema educativo. Aun recibiendo educación, esta suele ser en centros "especiales" segregados, en los cuales muchas veces no disfrutan de la misma gama de actividades académicas y lúdicas que los niños y niñas de escuelas generales, y no se atienden las necesidades de cada alumno de forma amplia o dedicada[13]. El objetivo común de la educación ha de ser que todo el alumnado aprenda y despliegue al máximo su potencial. Para ello "el sistema educativo debe garantizar una oferta educativa que respete todas las variables individuales evitando cualquier tipo de discriminación"[14]. En este sentido, es imprescindible el ejercicio del derecho a la educación de las personas con discapacidad y, más concretamente, el derecho a la educación inclusiva.

La educación inclusiva es un elemento indispensable del derecho a la educación de las personas con discapacidad, pues trata de evitar la exclusión de todos los educandos, incluidos aquellos con discapacidad[15]. El documento de la última Conferencia

---

[12] Porras, R.: *op. cit.*, 2009, p. 40.
[13] Kelly, U. *op. cit.*, 2002, p. 136.
[14] Dubrovsky, S.: *op. cit.*, s/f, p. 9.
[15] Muñoz, V.: *op. cit.*, 2007.

Internacional de Educación[16] define la educación inclusiva como la que "tiene por objeto eliminar la exclusión social como consecuencia de actitudes y respuestas a la diversidad en términos de raza, clase social, origen étnico, religión, género y aptitudes. En cuanto tal, parte de la convicción que la educación es un derecho humano fundamental y el cimiento de una sociedad más justa. En ese sentido, es una manera de asegurar que la Educación para Todos signifique realmente todos"[17].

El derecho a la educación inclusiva no solo de las personas con discapacidad, sino de todas las personas, ha tenido un largo recorrido en los instrumentos internacionales de derechos humanos; desde las primeras menciones al derecho a la educación de las que se podía interpretar el reconocimiento del derecho a la educación inclusiva, a la mención y reconocimiento expreso de esta.

En 1948, se reconoce el derecho a la educación en el plano internacional con la aprobación de la Declaración Universal de los Derechos Humanos por parte de la Asamblea de las Naciones Unidas. Once años después, el 20 de noviembre de 1959, esa misma Asamblea aprobó la Declaración de los Derechos del Niño. En lo que se refiere a la educación, especifica que esta debe implicar el "desarrollo físico, mental o moral" (Principio 9), añadiendo el objetivo de aportarle "una cultura general que le permita desarrollar sus aptitudes y su juicio crítico, su sentido de la

---

[16] Oficina Internacional de Educación: *La educación inclusiva: el camino hacia el futuro*. Oficina Internacional de Educación, Ginebra, 2008. http://www.ibe. unesco.org/fileadmin/user_upload/Policy_Dialogue/48th_ICE/CONFINTED_48-3_Spanish.pdf, p. 6.

[17] En su informe sobre el derecho a la educación de las personas con discapacidad, el Relator Especial sobre el Derecho a la Educación, Vernor Muñoz (*op. cit.*, 2007), enumera una serie de tratados internacionales en los que se recoge el derechos a la educación inclusiva: implícitamente en el párrafo 1 del artículo 13 del Pacto Internacional de Derechos Económicos, Sociales y Culturales, en los artículos 29 y 23 de la Convención sobre los Derechos del Niño, y, expresamente, en la Declaración de Salamanca y marco de acción para las necesidades educativas especiales y en la Convención sobre los derechos de las personas con discapacidad.

responsabilidad moral y social" y los valores de "comprensión, tolerancia, amistad entre los pueblos, paz, fraternidad universal y con plena conciencia de que debe consagrar sus energías y aptitudes al servicio de sus semejantes" (Principio 25). En lo que respecta a los niños con discapacidad, dicha Declaración recoge la primera expresión de sus derechos en su Principio 5: "El niño física o mentalmente impedido o que sufra algún impedimento social debe recibir el tratamiento, la educación y el cuidado especiales que requiera su caso particular".

En 1960, se da un paso más con la aprobación por la Conferencia General de la UNESCO de la Convención Relativa a la Lucha contra las Discriminaciones en la Esfera de la Enseñanza, en la que se incorpora la accesibilidad al derecho a la educación. La aprobación en 1966 del Pacto Internacional de los Derechos Económicos, Sociales y Culturales nos acerca aún más a la concepción que hoy se tiene del derecho a la educación inclusiva. Sin llegar a mencionarla específicamente, en el artículo 13 reconoce el derecho de todos a una enseñanza primaria gratuita y obligatoria, y, progresivamente, a la educación secundaria y superior. Además, en las observaciones generales sobre este artículo aprobadas por el Consejo Económico y Social en 1999 se subraya que este derecho es un medio indispensable para realizar otros derechos y define también las características de la educación: disponibilidad, accesibilidad, aceptabilidad y adaptabilidad. En 1989, la Asamblea General de la ONU aprueba la Convención sobre los Derechos del Niño en la que se vuelve a reiterar el reconocimiento del derecho a la educación. Lo novedoso reside en que dedica un artículo a los niños con discapacidad.

La aprobación en 1990 por la Conferencia Mundial sobre Educación para Todos de la Declaración Mundial sobre Educación para Todos, supone un hito en el reconocimiento de la Educación para Todos como derecho. Además de señalar la importancia de la educación básica en el desarrollo humano y el derecho de todos los niños y niñas de recibirla, hace una mención especial a las personas con discapacidad: "las necesidades básicas de aprendizaje de las personas impedidas precisa especial atención. Es necesario tomar medidas para garantizar a esas personas, en sus diversas categorías, la igualdad de acceso a la educación como parte integrante del sistema educativo"[18]. En 1993, se da un paso más y la Asamblea General de la ONU aprueba las Normas Uniformes sobre la Igualdad de Oportunidades para las Personas con Discapacidad. En ellas se subrayan las obligaciones de los Estados con respecto a la educación de las personas con discapacidad: "los Estados deben reconocer el principio de la igualdad de oportunidades de educación en los niveles primario, secundario y superior para los niños, los jóvenes y los adultos con discapacidad en entornos integrados, y deben velar por que la educación de las personas con discapacidad constituya una parte integrante del sistema de enseñanza". En 1994, se renueva el compromiso con la Educación Para Todos, marcando un nuevo hito para la educación inclusiva con la aprobación de la Declaración de Salamanca en la Conferencia Mundial sobre Necesidades Educativas Especiales: Acceso y Calidad. En ella se reconoce la "necesidad y urgencia de impartir enseñanza a todos los niños, jóvenes y adultos con necesidades educativas especiales dentro del sistema común de educación"[19]. En 2000, el Foro Mundial sobre Educación valora los diez años de recorrido desde la aprobación de la Declaración Mundial sobre Educación para Todos y reconce avances, pero también los compromisos incumplidos. Se adquieren nuevos compromisos y se reitera la necesidad de centrarse en el acceso a la educación y la inclusión de los alumnos y alumnas de entornos desaventajados y marginados (entre los que podríamos situar a aquellos con alguna discapacidad)[20].

---

18 UNESCO: *Marco de Acción de Dakar. Educación para Todos: cumplir nuestros compromisos.* UNESCO, París, 2000, pp. 75-76.

19 UNESCO: *Conferencia Mundial sobre Necesidades Educativas Especiales: Acceso y Calidad.* UNESCO, París, 1994, en http://unesdoc.unesco.org/images/0011/001107/110753so.pdf, p. 9.

20 UNESCO: *op. cit.*, 2000.

En 2006, el Comité de los Derechos del Niño aprueba la Observación General número 9, titulada "Los derechos de los niños con discapacidad", en la que considera que "la educación inclusiva debe ser el objetivo de la educación de los niños con discapacidad"[21] e indica que los Estados deberían prever la creación de escuelas con instalaciones adecuadas y apoyo individual para esas personas. Por último, ese mismo año, la Asamblea General de la ONU aprueba la Convención sobre los Derechos de las Personas con Discapacidad y su Protocolo Facultativo.

A continuación, presentamos un análisis de diferentes instrumentos internacionales desde la perspectiva del derecho a la educación de las personas con discapacidad, a saber: la Convención Interamericana para la Eliminación de todas las Formas de Discriminación contra las Personas con Discapacidad, la Convención sobre los Derechos de las Personas con Discapacidad y la Convención sobre los Derechos del Niño. Para finalizar, haremos un análisis de la implementación del derecho a la educación de las niñas y niños con discapacidad en América Latina, fundamentado en los informes presentados por los Estados partes de la Convención sobre los Derechos del Niño y las observaciones realizadas por el Comité de los Derechos del Niño al respecto.

7.2. Las personas con discapacidad en el plano internacional

Al mismo tiempo que fue cambiando el modo de entender la discapacidad, también fue evolucionando la perspectiva en su abordaje en el plano internacional. Superando enfoques médicos o asistenciales, se ha avanzado en la conceptualización de la discapacidad con una perspectiva de derechos humanos y de igualdad

---

[21] Comité de los Derechos del Niño: *Observación General N° 9. Los derechos de los niños con discapacidad, aprobada por el Comité de los Derechos del Niño, en su cuadragésimo tercer período de sesiones.* CRC/C/GC/9, de 27/2/2007, párrafo 66.

de oportunidades[22]. Pese a que los derechos de las personas con discapacidad están reconocidos en diversos documentos internacionales, lo realmente importante es garantizar el ejercicio de esos derechos en condiciones de igualdad; para ello se debe erradicar toda forma de discriminación directa o indirecta. Es necesario eliminar todas las barreras existentes para el disfrute de los derechos humanos, ya sea mediante la igualdad material o formal, la no discriminación o la acción positiva.

En el ordenamiento jurídico internacional se ha transitado de una situación de negación de derechos, en la que la persona con discapacidad es objeto de asistencia, a otra en la que esos derechos se reconocen y la persona con discapacidad es sujeto de derechos humanos. Este reconocimiento de derechos de las personas con discapacidad se ha hecho mediante la interpretación de instrumentos de carácter general, o bien por el establecimiento de instrumentos o cláusulas específicas. En torno a la interpretación de instrumentos de carácter general, De Lorenzo afirma que "los tratados internacionales de derechos humanos pretenden establecer estándares internacionales, aplicables a todos los seres humanos o a grupos específicos [...]. Por tanto, los tratados de derechos humanos pueden ser empleados también para evaluar la situación específica de los derechos estipulados de modo general [...] cuando se trate de su reconocimiento o ejercicio por parte de las personas con discapacidad"[23].

Todos esos tratados internacionales de derechos humanos (Declaración Universal de los Derechos Humanos; Pacto Internacional de Derechos Económicos, Sociales y Culturales; Pacto Internacional de Derechos Civiles y Políticos) protegen los derechos de las personas con discapacidad y su no discriminación; pero esto no garantiza la integración social de estas personas, por lo que es necesaria la intervención mediante la acción

---

22 Fernández, A.: "Las respuestas a las necesidades de las personas con discapacidad al amparo del actual ordenamiento jurídico", en Campoy, I. (ed.): *op. cit.*, 2004, pp. 223-232.

23 De Lorenzo, R.: *op. cit.*, 2007, p. 182.

o discriminación positiva[24]. Además de la interpretación de los instrumentos de carácter general, se está dando un nuevo proceso en la evolución de los derechos fundamentales: la especificación de los derechos para colectivos que se encuentran en una situación de desventaja social. Estos instrumentos específicos, más que para reconocer nuevos derechos diferenciados, se articulan para garantizar el efectivo ejercicio de los derechos fundamentales a esos colectivos[25].

Todos estos instrumentos se inspiran en "valores que ya están incorporados a nuestras normas y reglas, pero no siempre a nuestros esquemas mentales y a nuestras conductas"[26], pues, como ya hemos señalado, además de reconocer en diversos instrumentos internacionales los derechos de las personas con discapacidad, lo realmente importante es garantizar su ejercicio. En ese sentido, "la educación es un elemento esencial para favorecer la integración social de las personas con discapacidad"[27].

7.2.1. La Convención Interamericana para la Eliminación de todas las Formas de Discriminación contra las Personas con Discapacidad

Los Estados de América Latina han demostrado un doble compromiso con los derechos de las personas con discapacidad, por lo menos en lo referente a derecho internacional. Además de haber ratificado los distintos instrumentos en los que se recogen, directa o indirectamente, los derechos de las personas con discapacidad y el derecho de estas a la educación, dichos Estados aprobaron una convención propia sobre discapacidad siete años antes de que se aprobara en la Asamblea General de la ONU la Convención sobre los Derechos de las Personas con Discapacidad.

---

[24] Durán, A.: "Los derechos y la dignidad de las personas con discapacidad: una cuestión de derechos humanos", en Campoy, I. (ed.): *op. cit.*, 2004, pp. 29-33.

[25] Campoy, I. (ed.): *op. cit.*, 2004.

[26] De Lorenzo, R. : *op. cit.*, 2007, p. 44.

[27] Íd., p. 74.

La Convención Interamericana para la Eliminación de todas las Formas de Discriminación contra las Personas con Discapacidad fue adoptada en Ciudad de Guatemala el 7 de junio de 1999 durante el 29° período ordinario de sesiones de la Asamblea General de la Organización de Estados Americanos, y entró en vigor el 14 de septiembre de 2001. Con la aprobación de esta Convención, el Sistema Interamericano de Derechos Humanos se convirtió en el primer sistema del mundo en adoptar un tratado internacional dedicado específicamente a los derechos de las personas con discapacidad.

Al inicio de la Convención, los Estados partes reafirman que "las personas con discapacidad tienen los mismos derechos humanos y libertades fundamentales que otras personas; y que estos derechos [...] dimanan de la dignidad y la igualdad que son inherentes a todo ser humano". Asimismo, se comprometen a "eliminar la discriminación, en todas sus formas y manifestaciones, contra las personas con discapacidad". Los objetivos de la Convención vienen recogidos en el artículo 2 y son "la prevención y eliminación de todas las formas de discriminación contra las personas con discapacidad y propiciar su plena integración en la sociedad". Para ello, los Estados partes se comprometen a tomar una serie de medidas que no se especifican concretamente. En el texto de la Convención se hacen varias referencias a la educación, así en el artículo 3 los Estados se comprometen a tomar, entre otras, las medidas de carácter educativo "necesarias para eliminar la discriminación contra las personas con discapacidad y propiciar su plena integración en la sociedad". También se comprometen a tomar medidas para eliminar la discriminación y promover la integración en la prestación de la educación y para facilitar el acceso a esta. Cabe destacar que una de las áreas de trabajo prioritarias que se mencionan en el citado artículo es la educación.

Si bien se alude una y otra vez a la palabra "integración", no se hace ninguna mención expresa al derecho a la educación de las personas con discapacidad, ni a la inclusión educativa, ni en general a la inclusión social. Aun así, podemos considerar un avance en la materia la asunción de esta Convención, lo que pone de manifiesto el interés creciente por los derechos de las personas con discapacidad en la región. Todos los países de América Latina han firmado y ratificado esta Convención, excepto Honduras y Cuba. Ningún Estado hizo reserva alguna a la Convención Interamericana y todos los Estados partes la firmaron el 8 de junio de 1999. El primer país en ratificarla fue Costa Rica, el 8 de diciembre de 1999, y el último fue República Dominicana el 28 de diciembre de 2006.

Tabla 1. Fecha de firma, ratificación y puesta en depósito de la Convención Interamericana para la Eliminación de todas las Formas de Discriminación contra las Personas con Discapacidad por los países de América Latina.

	Firma	Ratificación	Depósito
Argentina	8/6/1999	28/9/2000	10/1/2001
Bolivia	8/6/1999	27/2/2003	30/5/2003
Brasil	8/6/1999	17/7/2001	15/8/2001
Chile	8/6/1999	4/12/2001	26/2/2002
Colombia	8/6/1999	4/12/2003	11/2/2004
Costa Rica	8/6/1999	8/12/1999	08/2/2000
Cuba	No es miembro de la OEA		
Ecuador	8/6/1999	1/3/2004	18/2/2004
El Salvador	8/6/1999	15/1/2002	8/3/2002
Guatemala	8/6/1999	8/8/2002	28/1/2003
Honduras	--	--	--
México	8/6/1999	6/12/2000	25/1/2001
Nicaragua	8/6/1999	15/7/2002	25/11/2002
Panamá	8/6/1999	24/1/2001	16/2/2001
Paraguay	8/6/1999	28/6/2002	22/10/2002
Perú	8/6/1999	10/7/2001	30/8/2001
República Dominicana	8/6/1999	28/12/2006	5/2/2007
Uruguay	8/6/1999	24/5/2001	20/7/2001
Venezuela	8/6/1999	6/6/2006	28/9/2006

Al margen de este tratado internacional, los diferentes países de la región han recogido en sus constituciones, además del derecho a la educación, alguna mención expresa a este derecho con relación a las personas con discapacidad. En el estudio realizado por Cortina[28] se señala la existencia de "bastante disparidad" en la forma de tratar este tema, ya que en general se encuentra subsumido en el marco del derecho a la educación y su mención a la no discriminación. Los casos de Perú y Brasil se destacan por su mejor reconocimiento de este derecho a la educación de personas con discapacidad. El resto de los países lo hacen en forma más ambigua.

7.2.2. La Convención sobre los Derechos de las Personas con Discapacidad

El 13 de diciembre de 2006, la Asamblea General de la ONU aprobó por consenso la Convención sobre los Derechos de las Personas con Discapacidad y su Protocolo Facultativo, las cuales entraron en vigor el 3 de mayo de 2008. La Convención fue fruto de trabajo, debate y consulta desde que, en diciembre de 2001, México propusiera a la Asamblea General de la ONU el establecimiento de un Comité Especial encargado de preparar una convención internacional amplia e integrada para proteger y promover los derechos y la dignidad de las personas con discapacidad. En él participaron de diferentes maneras gobiernos, ONG, instituciones nacionales de derechos humanos, organizaciones de la sociedad civil, expertos en la materia, etcétera.

Esta nueva Convención garantiza el ejercicio, en igualdad de condiciones, de todos los derechos humanos y, aunque no reconoce ningún derecho nuevo, deja regulado que todas las personas con discapacidad deben tener acceso a los mismos derechos que disfrutan el resto de los seres humanos. El propósito que marcan los Estados partes con esta Convención es "promover y asegurar el goce pleno y en igualdad de condiciones de todos los derechos humanos y libertades fundamentales por todas las personas con discapacidad, y promover el respeto de su dignidad in-

---

[28] Cortina, M. J.: "Breve estudio comparativo sobre marcos nacionales e inclusión educativa de personas con discapacidad", en Samaniego, P. (dir.): *op. cit.*, 2009, pp. 73-114.

herente" y se comprometen a ello. La Convención centra la mirada tanto en la persona con discapacidad como en su entorno y en la sociedad en general, reconociendo que la discapacidad "es un concepto que evoluciona y que resulta de la interacción entre las personas con deficiencia y las barreras a la actitud y al entorno que evitan su participación […] en la sociedad, en igualdad de condiciones con las demás". En ese sentido, se hacen varias alusiones a lo largo de la Convención a la accesibilidad y a la eliminación de barreras de todo tipo, que impiden el ejercicio práctico de los derechos humanos. La accesibilidad, la no discriminación, la inclusión y la igualdad de oportunidades forman parte, entre otros, de los principios generales de la Convención, recogidos en el artículo 3.

La Convención dedica su artículo 24 a la educación de las personas con discapacidad y dice textualmente que "los Estados partes reconocen el derecho de las personas con discapacidad a la educación. Con miras a hacer efectivo este derecho sin discriminación y sobre la base de la igualdad de oportunidades, los Estados partes asegurarán un sistema de educación inclusivo a todos los niveles así como la enseñanza a lo largo de la vida". Este objetivo, supone, como se señala en este artículo, el reconocimiento del derecho a la educación de este colectivo y se afirma que para hacerlo efectivo los Estados partes deberán asegurar un sistema educativo inclusivo. En el mismo artículo se enuncian una serie de medidas de cara a hacer efectivo este derecho: contra la exclusión, para favorecer la accesibilidad, para la realización de ajustes razonables, sobre medidas de apoyo, sobre lenguaje y modos de comunicación, sobre educación primaria, secundaria y superior, etc. Asimismo, se pide a los Estados partes que adopten las medidas pertinentes de cara a brindar "a las personas con discapacidad la posibilidad de aprender habilidades para la vida y desarrollo social, a fin de propiciar su participación plena y en igualdad de condiciones en la educación y como miembros de la comunidad".

Mediante la Convención se crea un Comité de las Personas con Discapacidad, al que los Estados partes deberán presentar informes cada cuatro años, que incluyen las medidas y acciones llevadas a cabo para implementar los derechos de las personas con discapacidad, dirigidas al cumplimiento de la citada Convención.

Todos los Estados de América Latina, excepto Venezuela, firmaron la Convención entre marzo y agosto de 2007. El Salvador formuló una reserva en el momento de la firma, expresando que adhería a la Convención en la medida en que sus disposiciones se entendían sin perjuicio o violación de lo que sostenía cualquiera de los preceptos, principios y normas consagrados en su Constitución. Las ratificaciones llegaron a lo largo de 2007, 2008 y 2009 con la excepción de Colombia, Costa Rica y Venezuela, que siguen sin hacerlo. Asimismo, el Protocolo Facultativo fue firmado desde marzo de 2007 por todos los Estados partes, excepto Colombia, Cuba, Uruguay y Venezuela que todavía no lo han hecho. Dicho Protocolo ha sido ratificado por Argentina, Bolivia, Brasil, Chile, Ecuador, El Salvador, Guatemala, Honduras, México, Nicaragua, Panamá, Paraguay, Perú y República Dominicana desde agosto de 2007[29].

Tabla 2. Fechsa de firma, ratificación de la Convención sobre Derechos de las Personas con Discapacidad y su Protocolo Facultativo por los países de América Latina.

	Convención sobre los Derechos de las Personas con Discapacidad		Protocolo Facultativo	
	Firma	Ratificación	Firma	Ratificación
Argentina	30/3/2007	2/9/2008	30/3/2007	2/9/2008
Bolivia	13/8/2007	16/11/2009	13/8/2007	16/11/2009
Brasil	30/3/2007	1/8/2008	30/3/2007	1/8/2008
Colombia	30/3/2007	--	--	--
Costa Rica	30/3/2008	--	30/3/2008	--
Cuba	26/4/2007	6/9/2007	--	--
Chile	30/3/2007	29/7/2008	30/3/2007	29/7/2008

[29] Secretaría de la Convención sobre los Derechos de las Personas con Discapacidad, http://www.un.org/spanish/disabilities/countries.asp?id=578.

Ecuador	30/3/2007	3/4/2008	30/3/2007	3/4/2008
El Salvador	30/3/2007	14/12/2007	30/3/2007	14/12/2007
Guatemala	30/3/2007	7/4/2009	30/3/2007	7/4/2009
Honduras	30/3/2007	14/4/2008	23/8/2007	16/8/2010
México	30/3/2007	17/12/2007	30/3/2007	17/12/2007
Nicaragua	30/3/2007	7/12/2007	21/10/2008	2/2/2010
Panamá	30/3/2007	7/8/2007	30/3/2007	7/8/2007
Paraguay	30/3/2007	3/9/2008	30/3/2007	3/9/2008
Perú	30/7/2007	30/1/2008	30/3/2007	30/1/2008
República Dominicana	30/3/2007	18/8/2009	30/3/2007	18/8/2009
Uruguay	03/4/2007	11/2/2009	--	--
Venezuela	--	--	--	--

7.2.3. La Convención sobre los Derechos del Niño y los códigos de la niñez

Como sabemos, la Convención sobre los Derechos del Niño es anterior en el tiempo a los dos tratados que hemos reseñado en los dos apartados anteriores. No obstante, nos referimos a ella por ser el marco desde el que vamos a analizar las observaciones del Comité de los Derechos del Niño en América Latina. La Convención fue adoptada por la Asamblea General de la ONU en su resolución 44/25 del 20 de noviembre de 1989, y entró en vigor el 2 de septiembre de 1990. De los 54 artículos de la Convención son tres los que, de una manera u otra, influyen en el derecho a la educación de los niños y las niñas con discapacidad. Por una parte, los artículos 28 (sobre el derecho a la educación) y 29 (objetivos de la educación)[30] y, por otra, el artículo 23 (derechos del niño y niña con discapacidad), que señala la obligación de los Estados partes de reconocer el derecho a disfrutar de una vida plena y participativa, a recibir cuidados y atención a sus necesidades especiales, a facilitar el acceso efectivo a la educación y otros servicios sociales, culturales y espirituales para lograr su integración social y, finalmente, promover la cooperación internacional para mejorar las experiencias en este ámbito, teniendo en cuenta las necesidades

---

[30] Ver Capítulo 3 de esta misma obra.

de los países en desarrollo. Además, su artículo 2 (sobre la no discriminación) pide que los Estados partes garanticen a todo niño o niña con discapacidad el disfrute de todos los derechos recogidos en la Convención.

Un informe de febrero de 1996 del Comité de los Derechos del Niño para la Subcomisión de Prevención de Discriminaciones y Protección a Minorías señala la preocupación del Comité por el hecho de que haya niños y niñas con discapacidad que no tenían suficiente acceso a la educación, visto el escaso número de matriculados en las escuelas. Así, el Comité pide que se tomen medidas para la adecuada integración y participación activa de estos niños y niñas en la sociedad[31].

Para hacer frente al incumplimiento del derecho a la educación de las niñas y niños con discapacidad, el Comité de los Derechos del Niño aboga por la consecución de sistemas educativos integradores y una educación inclusiva, según la Observación General número 9 de 2006. Para ello, el Comité entiende que es necesario "que se adopten todas las medidas necesarias para integrar a los niños con discapacidad en el sistema general de educación"; siendo "la educación de las personas con discapacidad [...] parte integrante de la planificación nacional de la enseñanza, la elaboración de planes de estudio y la organización escolar"[32]. Citando los compromisos suscritos durante la Cumbre Mundial sobre Desarrollo Social de Copenhague (1995), se hace hincapié en "la igualdad de oportunidades de educación en todos los niveles para los niños, los jóvenes y los adultos con discapacidad, en condiciones de integración y teniendo plenamente en cuenta las diferencias y situaciones individuales"[33].

El artículo 28 de la Convención reconoce el derecho de todo niño y niña a la educación, subrayando que este derecho debe ejercerse en condiciones de igualdad de oportunidades, te-

---

[31] Hodgkin, R. y Newell, P.: *Manual de aplicación de la Convención sobre los Derechos del Niño.* UNICEF, Ginebra, 2004.

[32] Íd., p. 357.

[33] Íd., p. 358.

niendo en cuenta la discriminación que padecen numerosos niños y niñas, entre ellos aquellos con alguna discapacidad. El Comité de los Derechos del Niño identifica varios colectivos de niños y niñas que sufren discriminación en la educación; entre los que se citan aquellos con discapacidad. Al respecto, se dice lo siguiente: "todo niño impedido, sea cual fuere la gravedad de su discapacidad, tiene derecho a una educación que maximice su potencial [...] además, la educación del niño impedido debe tener como objetivo su integración social [...] esto significa que, en lo que cabe, debe recibir enseñanza en escuelas ordinarias, junto con niños sin discapacidad"[34]. En dicho artículo se reconoce también el derecho a la educación gratuita, obligatoria y accesible (obligatorio para la enseñanza primaria y de aplicación progresiva en la secundaria y superior).

Por último, el artículo 29 de la Convención establece los objetivos de la educación, es decir, hacia dónde deberá estar encaminada. En relación con el derecho a la educación de las personas con discapacidad, destaca el objetivo de "desarrollar la personalidad, las aptitudes y la capacidad mental y física del niño hasta el máximo de sus posibilidades" (artículo 29, párrafo 1.a). Tal y como se reconoce en el Manual de Aplicación de la Convención, este objetivo "depende en gran parte de la generalización de la educación, sobre la base de la igualdad de oportunidades"[35] también para los alumnos y alumnas con alguna discapacidad. Este texto cita como otro aspecto de vital importancia para la consecución de dicho objetivo "la adopción de medidas especiales para la educación del niño impedido o con dificultades de aprendizaje"[36]. El Comité recuerda, haciendo alusión a la Observación General número 1 de 2001, que "el objetivo principal de la educación es el desarrollo de la personalidad de cada niño, de sus dotes naturales y capacidad, reconociendo el hecho de que cada niño tiene

---

34 Íd., p. 451.
35 Íd., p. 474.
36 Íd., p. 474.

características, intereses y capacidades únicas y también necesidades de aprendizaje propias"[37]. El sistema escolar es el que se tiene que adaptar a estas, y no al contrario.

En el caso de América Latina todos los países firmaron y ratificaron la Convención sobre los Derechos del Niño en un período muy corto. En lo que respecta a la educación de las personas con discapacidad, cabe destacar que ningún Estado hizo reserva alguna de los artículos relacionados con discapacidad y educación (artículos 23, 28 y 29 de la Convención). Por lo tanto, parece haber una cierta sintonía entre los Estados partes en este ámbito; por lo menos a la hora de ratificar dicho tratado.

Por otra parte, los códigos de la niñez[38] se han configurado como una especie de Convención en miniatura, razón por la cual estos textos legales también recogen los derechos de las personas con discapacidad. La primera cuestión llamativa es que existen varios códigos que utilizan un lenguaje "políticamente no correcto" cuando se refieren a este colectivo. Son los casos de Honduras o Perú, que hablan permanentemente de "niños discapacitados", o el de Panamá, que ni siquiera utiliza la discapacidad como un adjetivo, sino "discapacitado", y pasa a definir los tipos de discapacidad posibles; finalmente, Venezuela alude a "los niños y adolescentes con necesidades especiales"; Uruguay, en cambio, se refiere a los niños con "capacidad diferente". No obstante, la tendencia general es mantener que se trata de atender las necesidades educativas y sociales de los niños, niñas y adolescentes con discapacidad, dentro de los marcos internacionales y las constituciones propias de cada país, donde rigen los principios de no discriminación, dignidad, igualdad y calidad de vida.

En general, los códigos reconocen el derecho a recibir cuidados y atención especial en condiciones de igualdad. Se acepta que este tratamiento tiene que correr a cargo del

---

[37] Íd., p. 475.
[38] Ver Capítulo 4 de esta misma obra.

Estado, aunque algunos códigos matizan este tema, indicando que "los padres que asuman la atención integral de un hijo discapacitado recibirán una prestación social del Estado", como lo hace Colombia. En un sentido más estricto, Honduras explicita que "la atención de los niños discapacitados le corresponde prioritariamente a la familia y complementaria y subsidiariamente al Estado", indicando los deberes del Estado que tiene que "asegurar el acceso efectivo" a la educación. No obstante, predomina en todos los códigos la obligación del Estado de garantizar los derechos reconocidos a las personas con discapacidad, como ocurre en los casos de Colombia, Ecuador, El Salvador, Guatemala, Honduras, México, Nicaragua, Perú y Venezuela que, de manera explícita, hacen mención a esta obligación. Otros, en cambio, hacen una referencia más general, como sucede con los códigos de Bolivia, Costa Rica, Panamá, Paraguay y Uruguay.

Con respecto al derecho a la educación existen planteamientos diferentes en los países, unos hacen una mención explícita a la inclusión, otros a la integración y, finalmente, a la educación especial. En este sentido, Ecuador apuesta por el derecho a una educación inclusiva en el sistema educativo, según su nivel de discapacidad, con la perspectiva de un desarrollo integral de la personalidad. Colombia y Honduras tienen un planteamiento más integrador, aunque con derecho a la educación gratuita en entidades especializadas. Pero, en general, la mayoría de los países se refieren a la atención con una perspectiva de una "educación especial" adecuada, como ocurre en Colombia, El Salvador, Guatemala, México (que promueve el fomento de "centros educativos especiales"), Paraguay o Venezuela. En cambio, Costa Rica insiste en la educación especial tanto para las personas con un "potencial intelectual superior al normal o con algún grado de discapacidad", al igual que los hace Uruguay para los niños y adolescentes con capacidad diferente. En algunos casos, además de plantear el objetivo de la integración social se refuerza el acceso al trabajo, como ocurre en El Salvador, cuyo objetivo es lograr la integración laboral, o

Guatemala, que menciona expresamente que "al adolescente con discapacidad se le asegura trabajo protegido".

7.3. Derechos de las personas con discapacidad y educación

En el último apartado, hemos mencionado que son tres los artículos de la Convención que, de una manera o de otra, tienen que ver con el derecho a la educación de las personas con discapacidad: 23 (el niño con discapacidad), 28 (la educación) y 29 (objetivos de la educación); además del artículo 2 (la no discriminación) y sus principios generales. A continuación, presentamos el análisis de las políticas implementadas y medidas tomadas por los Estados partes para hacer efectivos esos derechos. Para ello hemos tomado como base los informes periódicos que los Estados envían al Comité de los Derechos del Niño y las observaciones finales formuladas por este. Por cuestiones de espacio, nos limitaremos a exponer, a grandes rasgos, la evolución que se ha vivido en los países latinoamericanos con respecto al derecho a la educación de las personas con discapacidad. Con este objetivo, hemos analizado los informes clasificando la información en base a las menciones sobre el derecho a la no discriminación, los derechos de los niños, niñas y adolescentes con discapacidad y al derecho a la educación.

Antes de presentar nuestro análisis, sería necesario tener en consideración la situación de marginalidad en la que todavía viven muchas personas con discapacidad en América Latina[39]. En este sentido, no podemos olvidar la relación existente entre pobreza y discapacidad, y el estigma social que muchos grupos han sufrido y sufren debido a diferentes tipos de discapacidad. También es de re-

---

[39] Groce, N. E. y Gannotti, M.: "Marginados en la sociedad: los discapacitados en América Latina", en Yamin, A. E. (comp.): *Derechos económicos, sociales y culturales en América Latina. Del invento a la herramienta*. Plaza y Valdés/IDRC International Development Research Centre, México-Ottawa, 2006, pp. 361-381.

saltar que las mujeres con discapacidad soportan una doble discriminación, al igual que ocurre con los pueblos originarios. La institucionalización tampoco ha resuelto las situaciones de estas personas que, frecuentemente, son objeto de maltrato. A ello tendríamos que sumar que muchos países no reconocen derechos civiles a las personas con discapacidad, si bien la reciente aprobación de la Convención sobre Derechos de las Personas con Discapacidad puede paliar las situaciones de discriminación en las que viven estas personas en la región. En sentido positivo, hay que señalar que, en algunos casos, se está observando, en el ámbito de la educación, la apuesta por una educación inclusiva.

En el marco de este capítulo, donde recogemos las observaciones del Comité de los Derechos del Niño en el último decenio en tres ámbitos señalados, no podemos ignorar que este análisis debe quedar enmarcado en la situación actual de las personas con discapacidad y la educación en América Latina. En este sentido, es de subrayar el trabajo dirigido por Samaniego[40], que recoge los indicadores de contexto, sociales, educativos y familiares para conocer la situación de los niños, niñas y adolescentes con discapacidad en cada uno de los países de América Latina. Es de señalar que Argentina, Uruguay y Chile son los países con mejores indicadores educativos vinculados con los aspectos sociales, si bien este progreso no alcanza a la población más pobre. La situación del resto de los países varía según los indicadores utilizados, también otros casos de la región caminan por la senda de la inclusión educativa (Argentina, Brasil, Chile, Colombia, Costa Rica, Ecuador, México, Panamá, Paraguay, Perú y República Dominicana), aunque la cobertura no sea total ni se cuente con los recursos necesarios. Asimismo, son destacables las propuestas llevadas a cabo en este ámbito.

---

[40] Samaniego, P.: "Discapacidad y educación en Latinoamérica", en Samaniego, P. (dir.): *op. cit.*, 2009, pp. 171-322.

7.3.1. No discriminación

Por lo que respecta a la no discriminación de la infancia con capacidades diferentes o discapacidad podemos apreciar una evolución positiva en el reconocimiento legal de este principio en todos los informes. No obstante, en la práctica, dicha evolución no es, en general, tan significativa. El reconocimiento constitucional genérico de la no discriminación se ha ido especificando en diferentes códigos, leyes y decretos y se menciona cada vez más a la infancia con discapacidad como colectivo específico[41]. Sin embargo el Comité, vista la insuficiencia de las medidas adoptadas, no ha dejado de recomendar en sus observaciones a los Estados partes la toma de medidas y aplicación de estrategias para erradicar la discriminación contra los niños, niñas y adolescentes con discapacidad. A continuación señalamos, país por país, la información aportada y las recomendaciones del Comité[42].

---

[41] Chile lo reconoce en el artículo 1 de la Constitución y en la Ley de Integración Social de las Personas con Discapacidad; Colombia en la Constitución y en el Código del Menor; Costa Rica en su Constitución; Cuba considera el respeto a la dignidad mandato legal de la más alta jerarquía legal; Ecuador en el artículo 23 de la Constitución y en el artículo 6 del Código de la Niñez; El Salvador en los artículos 3 y 36 de la Constitución, en el artículo 1 del Código del Menor, en los artículos 4, 7 y ss. de la Ley General de Educación, en el artículo 349 del Código de la familia y en la Ley de Equiparación de Oportunidades para las Personas con Discapacidad; Guatemala en el artículo 4 de la Constitución y en el artículo 10 de la sección II del Código de la Niñez y la Juventud; Honduras en su Constitución y en el Decreto 131 de 1991; México en el artículo 1 de su Constitución renovada de 2002 y en el artículo 4 de su ley reglamentaria; Nicaragua en la Constitución y en el Código de la Niñez y la Adolescencia; Panamá en los artículos 19 y 20 de la Constitución, y en los artículos 489 y 585 del Código de la Familia; Paraguay en los artículos 45 y 47 de la Constitución, y en el artículo 3 del Código del Menor; Perú en el artículo 2 de la Constitución, en el artículo 4 del Código del Niño y Adolescente, y en el Plan Nacional de Acción por la Infancia y Adolescencia (2002-2010); República Dominicana en su texto constitucional, en la Ley 14-94 y en la Ley 136-03; Uruguay en el artículo 8 de la Constitución y en el artículo 14 del Código de la Niñez y la Adolescencia; y, por último, Venezuela, en los artículos 19 y 21 de su nueva Constitución y en el artículo 3 de la Ley Orgánica para la Protección del Niño y el Adolescente. Argentina, Bolivia y Brasil siguen sin contemplarlo de manera específica. Ver Capítulo 4 de esta misma obra.

[42] La referencia completa al año de presentación del primero, segundo, tercer y cuarto informes puede consultarse en la Tabla 1 del Capítulo 2 de esta misma obra.

Argentina	No contempla explícitamente la discapacidad como motivo de discriminación en los datos ofrecidos en sus informes al Comité en lo referente al artículo 2 de la Convención.
Bolivia	El Comité muestra su preocupación por el predominio y la persistencia de la discriminación de los niños, niñas y adolescentes con alguna discapacidad, tanto en los casos del segundo, tercer y cuarto y último informe. Recomienda que se tomen medidas.
Brasil	Omite la discapacidad en lo referente a la no discriminación.
Colombia	Si bien aseguró haber prohibido la discriminación en su tercer y último informe, el Comité ha alertado por la continuidad de la discriminación hacia este colectivo y ha recomendado la toma de medidas.
Costa Rica	En su tercer informe ha sido motivo de preocupación la prevalencia de condiciones de desigualdad que discriminan el acceso de dicha población a diferentes servicios.
Chile	Es motivo de preocupación por parte del Comité debido a las mismas causas que Costa Rica. El Comité llega a afirmar, en lo referente al segundo informe, que el principio de la no discriminación no se aplica a los niños con discapacidad.
Ecuador	Es el propio Estado el que reconoce esa discriminación en sus informes (en el cuarto sigue reconociéndola, especialmente en el sistema educativo), a la vez que explica diferentes medidas para hacerle frente.
El Salvador	Hace gala de los avances producidos a nivel legislativo (excepto en el tercer y cuarto informe), pero en cada uno de ellos el Comité alerta sobre la persistencia de la discriminación y recomienda que se intensifiquen de las actividades para eliminarla.

Guatemala	El Comité afirma que no se aplica el principio de la no discriminación a este colectivo (observaciones al segundo informe).
Honduras	Después de tres informes, el Comité sigue alertando de la persistencia de la discriminación y recomienda la toma de medidas al respecto.
México	Recibe la misma alerta en su tercer informe sobre la persistencia de la discriminación, así como recomendaciones sobre la toma de medidas al respecto.
Nicaragua	En su primer, segundo y tercer informe el Comité observa la persistencia de la discriminación, así como la toma de medidas al respecto.
Panamá	Recibe parecidas recomendaciones que México y Nicaragua.
Paraguay	Es recriminado en las observaciones del Comité a su primer informe por no tener en cuenta este principio en las medidas legislativas. Dicho Estado llega a reconocer esta realidad en su tercer informe. Pese a ello, el Comité, en las observaciones a este, sigue señalando la discriminación que sufren los niños con discapacidad y recomienda la toma de medidas. Entre las medidas adoptadas en el último período destaca la ratificación de la Convención Interamericana para la Eliminación de todas las Formas de Discriminación contra las Personas con Discapacidad.
Perú	Si bien reivindica desde su primer informe la igualdad de derechos, en los informes da cuenta de una serie de medidas para aplicar ese principio; el comité muestra su preocupación por la persistencia de la discriminación y recomienda redoblar esfuerzos en este sentido.
República Dominicana	El Comité recomienda redoblar esfuerzos ante la persistencia de la discriminación.

Uruguay	El Comité recomienda redoblar esfuerzos ante la persistencia de la discriminación.
Venezuela	Si bien tampoco lo ha conseguido todo, llama la atención el segundo informe presentado ante el Comité. En las observaciones, este admite progresos significativos en la materia, aunque pide más información al respecto.

Parece que a nivel legislativo ha habido avances de significación. A partir del reconocimiento constitucional genérico de la no discriminación, este se ha ido especificando en diferentes códigos, leyes y decretos con cada vez más menciones de la infancia con discapacidad como colectivo específico. Aun así, informe tras informe se repiten los motivos de preocupación y las mismas recomendaciones y observaciones. Aunque se reconozcan algunos avances, sobre todo en lo referente al marco legislativo e institucional, la conclusión a la que tenemos que llegar es que el principio de la no discriminación sigue sin llevarse a la práctica para los niños, niñas y adolescentes con capacidades diferentes. En este sentido, la Campaña Latinoamericana por el Derecho a la Educación (CLADE), el Relator Especial de Naciones Unidas por el Derecho a la Educación y el Centro por la Justicia y el Derecho Internacional (CEJIL) denunciaron, en noviembre de 2009, ante la Comisión Interamericana de Derechos Humanos las violaciones al derecho a la educación que sufre este colectivo en temas como la discriminación, la falta de la necesaria adaptación de las escuelas y de material didáctico, así como la escasa preparación del profesorado. Se estima que en Bolivia más del 75% de los niños y niñas con discapacidad no reciben ningún tipo de educación, y en México la escolaridad de este colectivo es de solamente de 3,8 años[43]. Esta situación, salvando las distancias, es

---

[43] CLADE, CEJIL y Muñoz, V.: *Derecho a la educación de las personas con discapacidad en América Latina y el Caribe.* Informe para la Comisión Interamericana de Derechos Humanos, noviembre, 2009.

comparable con la de Europa, donde también se aprecia este tipo de discriminación[44].

7.3.2. Derechos de la infancia y adolescencia con discapacidad

En lo que respecta a los derechos de la infancia y adolescencia con discapacidad, los Estados han ido definiendo en los informes diferentes legislaciones, instituciones, programas, planes y estrategias de atención a este colectivo, de cara a hacer cumplir los derechos que les corresponden. Si bien todos los Estados reconocen el derecho a la educación de las personas con discapacidad y hablan de integración escolar y de la incorporación de la educación especial al sistema educativo general, solamente El Salvador, Panamá, Paraguay, Perú, República Dominicana y Venezuela (esta llama la atención por hacerlo en su texto constitucional), contemplan de manera específica la inclusión de estos niños, más allá de la simple integración. Por su parte, Cuba, en el único informe presentado ante el Comité de los Derechos del Niño, defiende el mantenimiento de la educación especial a la vez que fomenta su integración en la escuela ordinaria, justificándolo por ser una vía valida para la posterior integración social y productiva de este colectivo.

El Comité no hace ninguna objeción al respecto y alaba los esfuerzos del gobierno cubano. Esta postura reabre el debate sobre la idoneidad o no de la aplicación de la inclusión en todos los casos de discapacidad. Como bien ha señalado el Comité en más de una ocasión, siempre debe primar el interés superior del niño. Así las observaciones a los Estados partes han sido las siguientes:

---

[44] Dávila, P. y Naya, L. M.: "La infancia en Europa: una aproximación a partir de la Convención de los Derechos del Niño", en *Revista Española de Educación Comparada*, nº 9, UNED, Madrid, 2003, pp. 83-133.

Argentina	Vuelve a hacer una amplia exposición de su batería legislativa aunque sigue mereciendo la preocupación por parte del Comité. Este pide más información en las observaciones realizadas al segundo informe, petición que, en parte, se ve cumplida en el tercer informe del Estado. Aun así, en las observaciones al tercer y cuarto informe compilado, el Comité vuelve a mostrar preocupación por la discriminación que siguen sufriendo los niños con discapacidad en ámbitos como la educación, la salud o la vivienda, pidiendo al Estado parte que realice más esfuerzos.
Bolivia	Ofrece diferentes datos estadísticos y hace gala de la legislación referente a la temática. Aun así, el Comité solicita más información y muestra su preocupación por la falta de asistencia pública y de una política de integración para este colectivo (observaciones al tercer informe). En cuanto a las observaciones al cuarto informe, el Comité sigue instando a tomar una batería de medidas legislativas, financieras, sociales, etcétera.
Brasil	En el único informe que Brasil ha presentado, el Comité reconoce avances en la materia, aunque siga mostrando su preocupación por las condiciones de vida del colectivo, la falta de integración y los prejuicios existentes.
Colombia	Lleva un proceso parecido al chileno, en el que el Comité destaca una y otra vez la falta de recursos.
Costa Rica	El Comité reconoce avances tanto a nivel legislativo como en el de programas, si bien, en las observaciones sobre el tercer informe del Estado parte, muestra su preocupación por lo poco que se beneficia de estos progresos las poblaciones económicamente más desfavorecida y la rural. Recomienda seguir ampliando y reforzando políticas y programas al respecto.

Cuba	Llama la atención el carácter integral y comunitario de las políticas puestas en marcha para garantizar los derechos de niños, niñas y adolescentes con discapacidad. Así, el Comité, en sus observaciones, se hace eco de la importancia que el Estado concede a la prestación de atención a los discapacitados y las medidas prioritarias adoptadas al respecto.
Chile	El Estado va respondiendo a las observaciones del Comité, pero sin llegar a lo exigido. Así, a la recomendación de garantizar la protección de los niños, niñas y adolescentes con discapacidad, responde en el segundo informe con variada legislación, datos estadísticos e información sobre diferentes programas. Ante la valoración de insuficiente por parte del Comité (escasos proyectos, falta de recursos...), el Estado parte vuelve a dar información sobre sus políticas y programas; los cuales el Comité vuelve a valorar como exiguos.
Ecuador	Da cuenta de la creación de leyes, instituciones y programas o planes, así como de datos estadísticos sobre la materia en sus tres informes. Sin embargo, el Comité pide más información ampliada y sigue preocupado por la discriminación (observaciones del Comité al segundo informe del Estado parte). En las observaciones del Comité al cuarto informe reconoce las medidas adoptadas por el Estado, entre las que destacan las garantías constitucionales que se recogen en la nueva carta magna de 2008.
El Salvador	Recomendaciones muy similares a las recibidas por Ecuador. Cabe destacar la ratificación de la Convención sobre los Derechos de las Personas con Discapacidad y su Protocolo Facultativo (14 de diciembre de 2007).

Guatemala	Recomendaciones muy similares a las recibidas por Ecuador. El Comité insiste en la necesidad de la asignación de más recursos.
Honduras	El Comité pide dotación de mayores recursos. Después de tres informes y distintas leyes, códigos, políticas y planes, el Comité sigue preocupado por la situación y subraya la falta de infraestructura, personal, instituciones, políticas y programas gubernamentales en la materia.
México	El Comité insiste en la necesidad de recabar datos.
Nicaragua	Detalla diferentes medidas de cara a la puesta en práctica de los derechos de los niños, niñas y adolescentes con discapacidad, aunque el Comité, en las observaciones al tercer informe del Estado, sigue preocupado por la situación general de estos y recomienda tener en cuenta las Normas Uniformes[45].
Panamá	Pese a los datos e informaciones ofrecidas por el Estado en sus dos informes (sobre todo a nivel legislativo e institucional), el Comité pide más datos al respecto, haciendo hincapié en la integración escolar (observaciones al segundo informe) así como en la insuficiente asignación presupuestaria (observaciones al primer informe).
Paraguay	El Comité va más allá y señala la inexistencia de programas y servicios específicos para este sector de la infancia y adolescencia, y la escasez de recursos y personal, situación que sigue denunciando en las observaciones al tercer informe.

---

[45] Se refiere a las Normas Uniformes sobre la Igualdad de Oportunidades para las Personas con Discapacidad aprobadas por la Asamblea General de las Naciones Unidas en su cuadragésimo octavo período de sesiones, mediante Resolución 46/96, del 20 de diciembre de 1993 (publicada en el documento A/RES/48/96, de 4/3/94). En el apartado relativo a los derechos de los niños, niñas y adolescentes con discapacidad (en su mayor parte referido al artículo 23 de la Convención sobre los Derechos del Niño), el Comité recomienda a la mayoría de los Estados partes de la región que tengan en cuenta estas Normas Uniformes.

Perú

En las observaciones hechas por el Comité a los tres informes llama la atención la persistencia y la intensificación de la insuficiencia presupuestaria y las diferencias en el acceso a los servicios. Desde las observaciones realizadas al primer informe, el Comité se muestra preocupado por las severas medidas presupuestarias adoptadas por el ejecutivo dentro de la reorganización de la política económica del país y por la desventaja de los grupos vulnerables (entre ellos niños, niñas y adolescentes con discapacidad) en el acceso a los servicios. Esta preocupación se mantiene en lo referente al segundo informe, y ya en el tercero alerta sobre la disminución del presupuesto que en los anteriores informes causaba alarma.

República Dominicana

Da cuenta de la creación y puesta en marcha de varias instituciones y programas, y el Comité recomienda tener en cuenta la Observación número 9 y las Normas Uniformes.

Uruguay

Se le recomienda también tener en cuenta las Normas Uniformes, además de subrayar la falta de información y de recursos en las observaciones del Comité a los dos informes presentados por el Estado.

Venezuela

Su segundo informe es un paso cualitativo con respecto al anterior. Después de la amplia exposición por parte del Estado (legislación, políticas, instituciones, programas, datos estadísticos, etc.), el Comité destaca como positiva la numerosa legislación adoptada y sobre todo la Ley Orgánica para las Personas con Discapacidad o Necesidades Especiales (2007). Aun así, pide más datos y recomienda llevar a efecto las Normas Uniformes.

Como muestran los informes analizados, desde la aprobación de la Convención sobre los Derechos del Niño en 1989, se ha progresado, sobre todo, en el reconocimiento legal y práctico de los derechos de la infancia y adolescencia con discapacidad en América Latina. No obstante, el Comité ha ido repitiendo una serie de recomendaciones muy similares para todos los Estados en las diferentes observaciones a los informes: aumentar asignaciones presupuestarias, recopilar datos, realizar campañas de sensibilización, asignar recursos, promover la integración en el sistema escolar regular, etc., y, sobre todo, realizar más esfuerzos para el ejercicio práctico de los derechos y eliminar la discriminación. Al igual que en lo referente al principio de no discriminación se ha avanzado más en la construcción de un marco o andamiaje legal e institucional que en el reconocimiento práctico de los derechos de los niños, niñas y adolescentes con discapacidad, salvo algunas excepciones que no sin dificultades van dando pasos firmes en ese camino.

7.3.3. Derecho a la educación

El derecho a la educación es recogido por un amplio abanico de textos constitucionales, leyes, códigos, decretos y planes. El Comité ha llamado especialmente la atención a Argentina, Brasil, Chile, El Salvador, Honduras, México, Panamá y Paraguay por el gran número de niños, niñas y adolescentes con discapacidad que continúan sin escolarización en sus territorios o por su limitado acceso a la educación. En este apartado, nos referimos al derecho a la educación en relación con los niños, niñas y adolescentes con discapacidad.

Argentina	En los tres informes presentados da cuenta de sus avances en legislación, políticas, programas e información estadística sobre la temática. Aun así, y pese a reconocer avances en las observaciones al tercer y cuarto informes, el Comité muestra su preocupación por el limitado acceso a la educación de niños, niñas y adolescentes con discapacidad, y recomienda

la dotación de más recursos, así como la incorporación de los niños con discapacidad al sistema educativo.

Bolivia   En los informes se ven frustradas las intenciones del Estado en la materia, pese a haber reconocido desde su primer informe el derecho a la educación y reivindicado la educación obligatoria y el ciclo primario gratuito. El Comité alerta sobre la falta de información, la disparidad en el acceso y la no escolarización, las restricciones presupuestarias y las desigualdades económicas. Para el segundo informe el Comité hace una mención positiva de la Ley de Reforma Educativa, aunque vuelven a saltar las alarmas por las restricciones presupuestarias y las desigualdades económicas. En su tercer informe el Estado boliviano reivindica la universalización de la educación primaria gratuita, aunque el Comité, en sus observaciones, se lamenta de la falta de recursos y señala como grandes dificultades la pobreza y el conflicto socio-político-económico que vive el país. Para el cuarto informe, Bolivia cuenta con una nueva Constitución (2009), en la que reconoce el derecho a una educación sin ningún tipo de discriminación, aunque el Comité señala que esta persiste.

Brasil   Pese al reconocimiento constitucional (y en el Estatuto del Niño), de la gratuidad y obligatoriedad de la educación primaria, gratuidad de la secundaria e incorporación de la educación especial en la educación general, el Comité muestra su preocupación por la desigualdad en el acceso a la educación y la mala calidad de esta. Asimismo, recomienda una mayor inversión y velar por que la educación primaria sea gratuita.

Colombia En sus tres informes, menciona medidas legislativas, planes, programas y proyectos de cara a llevar a la práctica el derecho a la educación de la infancia y adolescencia con discapacidad. El Comité, no obstante, sigue preocupado por la marginación en el acceso a la educación (observaciones al primer informe) y por las insuficientes asignaciones presupuestarias (observaciones al tercer informe).

Costa Rica Presenta medidas de diferente ámbito para cumplir con este derecho. Las observaciones del Comité al primer y segundo informes son bastante severas: critica el reajuste económico en el país, la insuficiencia de recursos y las altas tasas de abandono, las discrepancias en el acceso a la educación y el descenso de la calidad de esta. No obstante, en el tercer informe toma nota de los progresos, aunque siga recomendando que continúen tomando medidas.

Cuba En el único informe presentado ante el Comité, Cuba da cuenta de sus logros en la total universalización de la educación primaria, la enseñanza gratuita en todos los niveles y el amplio sistema de becas, así como de los cuantiosos recursos destinados a la educación especial, del aumento de la cobertura, de la ampliación y diversificación de los servicios, de la organización de la educación temprana y de la atención en escuelas especiales y primarias. En sus observaciones, el Comité habla de avances históricos, aunque menciona también la falta de materiales y de servicios de calidad que tiene la isla.

Chile El Estado menciona en sus informes el reconocimiento legal y constitucional de este derecho, así como algún que otro programa para cumplir con él. En su segundo y tercer informes apuesta por la educación especial preferentemente en el sistema de educación regular, lo que constituye un paso cualitativo desde el primer informe. Pese a los posibles avances, al Comité le sigue preocupando el acceso insuficiente a la educación de los grupos vulnerables y recomienda el aumento de las asignaciones presupuestarias.

Ecuador	En el caso de Ecuador, por encima de los reconocimientos legislativos del derecho a la educación y de la incorporación de la filosofía de Escuela para Todos en el segundo informe, el Comité menciona en cada caso su preocupación por los ajustes presupuestarios y el bajo nivel de inversión. Pese a los avances en materia de inclusión, en las observaciones al cuarto informe el Comité sigue recomendando la toma de medidas.
Guatemala	A pesar de los progresos realizados, sobre todo a nivel legislativo e institucional, la cobertura escolar sigue siendo escasa (así lo muestra el propio Estado en su segundo informe), y el Comité sigue recomendando en sus observaciones el aumento de las asignaciones presupuestarias para educación.
Honduras	Por encima de los reconocimientos legales del derecho a la educación, de las medidas puestas en marcha y del incremento del presupuesto, el Comité alerta de la insuficiencia de las medidas para aplicar el artículo 28 de la Convención (observaciones al primer informe) y de la falta de atención a las necesidades de los niños con discapacidad (observaciones al segundo informe). En su tercer informe, el Estado aboga por la integración escolar de los niños que no presenten problemas de alta dificultad.
México	En su segundo informe da cuenta de diferentes programas, así como de la creación de instituciones para trabajar en la materia y de la promulgación de diversa legislación. El Comité muestra su preocupación por la disparidad en el acceso, y re-

	comienda aumentar las asignaciones presupuestarias y medidas para garantizar una educación gratuita y de calidad, también para los más vulnerables (observaciones al segundo y tercer informes).
Nicaragua	No ofrece muchos datos, si bien menciona un programa de educación especial que no especifica y reconoce problemas para la integración en aulas regulares; para lo que pone en marcha nuevas políticas y normativas (según afirma en el tercer informe).
Panamá	Pese a la puesta en marcha del Plan Nacional de Educación Inclusiva (segundo informe presentado), el Comité muestra su preocupación por la disparidad en el acceso a la educación y recomienda medidas para garantizar la aplicación del derecho a la educación también a los niños vulnerables (tanto en las observaciones realizadas al primero como al segundo de los informes).
Paraguay	Al igual que la mayoría de los Estados de la región, recoge una serie de medidas legislativas más formales que prácticas. Aun así, en su tercer informe, da cuenta de la creación de una Comisión Nacional de Educación Inclusiva, de la apuesta por la integración en escuelas comunes, de los diferentes modelos que se ofertan en educación especial y del Proyecto de Escuelas Inclusivas. Lamentablemente, no ofrece suficientes datos para poder comprobar el alcance de toda esta iniciativa y el Comité sigue recomendando la adopción de medidas.
Perú	El Comité se muestra también muy preocupado en esta materia, por la insuficiencia de los recursos y la disminución del presupuesto para educación, a pesar de las medidas legislativas, políticas e institucionales que el Estado ha implementado para cumplir con el derecho a la educación.

República Dominicana	Preocupación por la insuficiencia de la asignación presupuestaria y la repercusión de esta en el acceso y la calidad de la educación.
Uruguay	Preocupación por la insuficiencia de la asignación presupuestaria y la repercusión de esta en el acceso y la calidad de la educación.
Venezuela	Existe un antes y un después entre su primer y su segundo informe. Si ante el primero el Comité alertaba sobre las altas tasas de abandono escolar, de repetición y las desigualdades en el acceso a la educación, frente al segundo informe el Comité admite un importante aumento de los recursos y evidentes progresos en la materia, aunque recomienda seguir redoblando esfuerzos (sobre todo en matriculación, fortaleciendo programas de primera infancia, reduciendo las tasas de abandono y promoviendo la calidad).

Esta pormenorizada presentación de observaciones quiere dar cuenta de la lentitud del proceso de implementación del derecho a la educación de los niños, niñas y adolescentes con discapacidad, de ahí que hayamos recogido todos los informes. A veintiún años de la aprobación de la Convención sobre los Derechos del Niño, se siguen violando estos derechos. Si bien se han producido avances, por lo general, cuesta vislumbrar si estos han sido algo meramente formal y discursivo, o si han tenido repercusión en la práctica. Salta a la vista que la gran mayoría de los Estados de la región han hecho suyo el discurso del Comité y lo han traducido en reformas legislativas, en la creación de diferentes instituciones y en el diseño de innumerables políticas, planes y programas. No obstante, no llega a verse claro el impacto real de toda esta batería de medidas. Sería ir demasiado lejos negar los progresos que se han dado en la región, salvando las distancias entre unos Estados y otros. En la práctica, estos avances no han resultado suficientes, incluso han podido ser insuficientes o meramente anecdóticos en muchos casos. Desde la aprobación de los diferentes instrumentos internacionales para la protección de los derechos de las personas con discapacidad, este colectivo cuenta con el reconocimiento de sus derechos; y más aún, con una herramienta práctica imprescindible para reivindicar y exigir el cumplimiento práctico de estos derechos.

El peso de la lentitud no puede recaer solamente en las espaldas de gobiernos que, con mayor o menor acierto y compromiso, echaron a andar el camino hacia el ejercicio práctico del derecho a la educación de los niños, niñas y adolescentes con discapacidad. No podemos dejar de lado la situación política, económica y social que viven estos países. La deuda externa que acumulan la mayoría de los países latinoamericanos, las enormes desigualdades económicas y sociales y los conflictos políticos y armados que han vivido, y viven aún, muchos países de la región han condicionado la aplicación tanto del principio de la no discriminación, de los derechos de la infancia con discapacidad y del derecho a la educación, como señala el Comité en numerosas ocasiones. En general, el Comité recrimina la insuficiencia de asignación presupuestaria pública, tanto para la educación como para los niños, niñas y adolescentes con discapacidad.

Esto no exime de responsabilidad a los Estados. La mayoría de ellos han sido cómplices de esa situación, como bien señalan las críticas constantes del Comité a los ajustes económicos fomentados en la mayoría de los Estados latinoamericanos durante la época neoliberal de los años 90. La falta de inversión en educación y de recursos suficientes es una constante en el proceso de presentación de los informes de los Estados partes y en las observaciones del Comité hacia estos. No es casualidad que el Comité tenga que encender sus alarmas una y otra vez sobre esta cuestión. Muchas veces las buenas intenciones, los discursos políticamente correctos, y las legislaciones y políticas diseñadas con la vista puesta en el qué dirá el Comité chocan con una realidad en la que la pobreza estructural de los países de la región y la falta de voluntad y prioridad de la mayoría de los gobiernos limita el avance práctico en la materia.

Las conclusiones que cabría esperar de un estudio como el que hemos realizado son claras. Así, si bien a nivel normativo el progreso de los últimos años ha sido notorio en el ejercicio práctico del derecho a la educación de las personas con discapacidad, no ha habido, por lo general, grandes avances en la práctica. El reconocimiento legal de un derecho no tiene por qué traer necesariamente el ejercicio práctico de este, si no se diseñan y ponen en marcha políticas y estrategias comprometidas concretas, con la total determinación de transformar la realidad de vulneración de derechos que se vive en la región, con la excepción de algunos países. Los avances que se den en la esfera de la educación de las personas con discapacidad, deben ir acompañados de toda una transformación social, económica y política que revierta todas las deficiencias estructurales de fondo que impiden el ejercicio de los derechos de las personas con discapacidad. Además, no podemos olvidar que al ser los derechos humanos universales, indivisibles, interdependientes y estar interrelacionados es necesario el cumplimiento de todos para el goce de cualquiera de ellos. La brecha existente entre el discurso legal y la situación de los niños, niñas y adolescentes con discapacidad demanda atender la situación de exclusión en la que se encuentra la mayoría de las personas de este colectivo.

BIBLIOGRAFÍA

Ainscow, M. y Miles, S.: "Por una educación para todos que sea inclusiva: ¿Hacia dónde vamos ahora?". En *Perspectivas*, vol. 38, n° 1, Springer, Dordrecht, 2008.

Alston, Ph. y Gilmour-Walsh, B.: "The best interests of the child. Towards a Synthesis of Children's Rights and Cultural Values". En Verdugo, M. A. y Soler-Sala, V. (eds): *La Convención de los Derechos del Niño hacia el siglo XXI. Simposio Internacional celebrado en Salamanca con motivo del Cincuentenario de la creación de la UNICEF*, Ediciones de la Universidad de Salamanca, Salamanca, 1996.

Amadio, M.: "Inclusive Education in Latin America and the Caribbean: Exploratory analysis of the National Reports Presented at the 2008 International Conference of Education". En *Prospects*, vol. 39, n° 3, Springer, Dordrecht, 2009.

Azevedo de Aguiar, G., Barker, G., Nascimento, M. y Segundo, M.: *Early Childhood in Brazil: General Overview and Current Issues*, Fundación Bernard van Leer, The Hague, 2007. (Documentos de trabajo sobre desarrollo de la primera infancia, 44.)

Bardet, J. P.; Luc, J. N.; Robin-Romero, I. y Rollet, C. (dirs.): *Lorsque l'enfant grandit. Entre dépendance et autonomie*, Presses de l'Université de Paris-Sorbonne, Paris, 2003.

Barrios, A. G.: "El derecho humano a la educación en América Latina: entre avances y desafíos". En Yamin, A. E. (comp.): *Derechos económicos, sociales y culturales en América Latina. Del invento a la herramienta*, Plaza y Valdés/IDRC International Development Research Centre, México y Ottawa, 2006.

Becchi, E. y Julia, D. (eds.): *Histoire de l'enfance en Occident*, Seuil, Paris, 1998, 2 tomos.

Beiter, K. D.: *The Protection of the Right to Education by International Law*, Martinus Nijhoff Publishers, Lieden/Boston, 2006.

Beloff, M.: "Los nuevos sistemas de justicia juvenil en América Latina (1989-2006)". En *Justicia y Derechos del niño*, n° 8, UNICEF, Santiago de Chile, 2006.

Beloff, M.: "Fortalezas y debilidades del litigio estratégico para el fortalecimiento de los estándares internacionales y regionales de protección a la niñez en América Latina", 2008, accesible en http://www.observatoriojovenes.com.ar/almacen/file/Fortalezas%20y%20debilidades_%20Mary%20Beloff.pdf.

Berlinski, S., Galiani, S. y Gertler, P. J.: *The Effect of Pre-Primary Education on Primary School Performance,* Instituto de Estudios Fiscales, Londres, 2006 (Documento de trabajo, 06/04).

Blanco Guijarro, M. R.: "La educación de calidad para todos empieza en la primera infancia", *Enfoques Educacionales,* nº 7, Universidad de Chile, Santiago de Chile, 2005.

Burnett, N. (dir.): *Bases sólidas: atención y educación de la primera infancia. Informe de Seguimiento de la EPT en el Mundo 2007,* UNESCO, París, 2007.

Bustelo, E. S.: *El recreo de la infancia. Argumentos para otro comienzo.* Siglo XXI, Buenos Aires, 2007.

Calvo, M.: "Implementación de los Derechos del Niño". En Soroeta, J. (ed.): *Cursos de derechos humanos de Donostia-San Sebastián Vol. 4,* Servicio Editorial de la Universidad del País Vasco, Bilbao, 2003.

Campoy, I. (ed.): *Los derechos de las personas con discapacidad: perspectivas sociales, políticas, jurídicas y filosóficas.* Dykinson, Madrid, 2004, pp. 205-222

Carmona, M. R.: "La no discriminación como principio rector de la Convención sobre los Derechos del Niño". En Soroeta, J.: *Cursos de Derechos Humanos de Donostia-San Sebastián,* vol. 4, Servicio Editorial de la Universidad del País Vasco, Bilbao, 2003.

Carnoy, M.: "Rethinking the Comparative –and the International". En *Comparative Education Review* 50, University of Chicago Press, Chicago, November, 2006.

CEPAL: "Calidad de la Educación: las desigualdades más allá del acceso y la progresión Educativa". En *Panorama social de América Latina 2007,* CEPAL, Santiago de Chile, 2007.

CEPAL/UNESCO: *Invertir mejor para invertir más. Financiamiento y gestión de la educación en América Latina y el Caribe,* Santiago de Chile, Comisión Económica para América Latina y el Caribe y Organización de las Naciones Unidas para la Educación, la Ciencia y la Cultura, serie Seminarios y Conferencias, nº 43, Santiago de Chile, 2005.

Cillero, M.: "El interés superior del niño en el marco de la Convención Internacional sobre los Derechos del Niño". En *Justicia y Derechos del Niño,* nº 1, UNICEF, Santiago de Chile, 1999.

CLADE: *En busca de una Agenda Educativa Latinoamericana. Memoria del III Encuentro Latinoamericano de la Sociedad Civil para la Incidencia en Políticas*

Educativas, Porto Alegre, Brasil, enero de 2005, http://www.campana derechoeducacion.org/.

CLADE, CEJIL y Muñoz, V.: *Derecho a la educación de las personas con discapacidad en América Latina y el Caribe.* Informe para la Comisión Interamericana de Derechos Humanos, noviembre, 2009.

Cohen, E. y Franco, R.: "Los programas de transferencias con corresponsabilidad en América Latina: similitudes y diferencias". En Cohen, E. y Franco, R. (coords.): *Transferencias con corresponsabilidad. Una mirada latinoamericana,* FLACSO/México- SEDESOL, México, 2006.

Comité de los Derechos del Niño: *Observación General número 7 (2005). Realización de los derechos del niño en la primera infancia,* CRC/C/GC/7, 14 de noviembre de 2005.

_____ *Compilación de observaciones finales del Comité de los Derechos del Niño sobre países de América Latina y el Caribe (1993-2006),* UNICEF, Santiago de Chile, 2006 accesible en Internet en http://www.unicef.cl/unicef/public/archivos_documento/196/compilacion_1993_2006.pdf.

_____ *Observación General nº 9. Los derechos de los niños con discapacidad, aprobada por el Comité de los Derechos del Niño, en su cuadragésimo tercer período de sesiones.* CRC/C/GC/9, de 27/02/2007.

_____*Orientaciones generales para los informes periódicos. Aprobadas por el Comité en su 343ª sesión* (13° período de sesiones), celebrada el 11 de octubre de 1996. CRC/C/58. Ginebra, 2003.

Cortina, M. J.: "Breve estudio comparativo sobre marcos nacionales e inclusión educativa de personas con discapacidad". En Samaniego, P. (dir.): *Personas con discapacidad y acceso a servicios educativos en Latinoamérica,* Comité Español de Representantes de Personas con Discapacidad, Grupo Editorial Cinca, Madrid-Quito, 2009.

Cumbres y Conferencias Iberoamericanas. IX Conferencia Iberoamericana de Educación, La Habana, 1999, http://www.oei.es/ixcie.htm.

Cumbres y Conferencias Iberoamericanas. X Conferencia Iberoamericana de Educación, 3-4 de julio de 2000. En: http://www.oei.es/xcie.htm.

D'Alessandre, V.: *Adolescentes que no estudian ni trabajan en América Latina,* Cuaderno del Siteal, número 4. SITEAL, IIPE, UNESCO, OEI, Buenos Aires, 2010.

David, P.: "Reflexiones sobre el trabajo del Comité de las Naciones Unidas sobre los Derechos del Niño. La Convención sobre los Derechos del Niño: se reta a los gobiernos de Europa Occidental". En FUNCOE: *El futuro de la infancia en Europa. Actas del Seminario Europeo la Protección de los niños y niñas y de las familias: el papel de las ONG en la UE,* FUNCOE, Madrid, 1997.

Dávila, P.: "Los derechos de la infancia, UNICEF y la educación". En Naya, L. M. (comp.): *La educación a lo largo de la vida, una visión internacional,* Erein, San Sebastián, 2001.

Dávila, P. y Naya, L. M.: "La infancia en Europa: una aproximación a partir de la Convención de los Derechos del Niño". En *Revista Española de Educación Comparada*, nº 9, UNED, Madrid, 2003.

_____ "La evolución de los derechos de la infancia: una visión internacional". En *Encounters on Education*, nº 7, Faculty of Education, Queen's University, Kingston, 2006.

_____ "Los derechos de la infancia en el marco de la educación comparada". En *Revista de Educación*, nº 340, Ministerio de Educación, Madrid, 2006, pp. 1009-1038, accesible en http://www.revistaeducacion.mec.es/re340/re340_37.pdf.

_____ Educational Implications of the Convention on the Rights of the Child and its Implementation in Europe. En Alen, A. y otros (eds.): *The UN Children's Rights Convention: Theory Meets Practice*, Intersentia, Antwerpen, 2007.

_____ "The Rights of the Child and Education in Europe". En *Prospects*, vol. XXXVII, nº 3, Springer, Dordrecht, 2007, pp. 381-399.

_____ "Una historia de los derechos del niño o de la protección infantil". En Etxeberria, F.: *Educación y menores en riesgo*, Sello Editorial, Barcelona, 2009.

_____ "El derecho a la educación en Europa: una lectura desde los derechos del niño". En *Bordón. Revista de Pedagogía*, vol. 61, nº 1, Sociedad Española de Pedagogía, Madrid, 2009.

Dávila, P. y Naya, L. M. (eds.): *La Infancia en la Historia: espacios y representaciones*, Erein, San Sebastián, 2005 (2 tomos).

De Ferranti, D.; Perry, G. E.; Ferreira, F. H. G. y Walton, M.: *Inequality in Latin America and the Caribbean: Breaking with History?*, The World Bank, Washington, DC, 2003.

De Lorenzo, R.: "Propuestas sobre el futuro de las personas con discapacidad en el mundo". En Campoy, I. (ed.): *Los derechos de las personas con discapacidad: perspectivas sociales, políticas, jurídicas y filosóficas*, Dykinson, Madrid, 2004.

_____ *Discapacidad, sistemas de protección y trabajo social*, Alianza Editorial, Madrid, 2007.

Detrick, S.: *The United Nations Convention on the Right of the Child. A Guide to the "ravaux préparatoires"*, Martines Nijhoff Publishers, Dordrecht/Boston/London, 1992.

Dinechin, P.: *Le réinterprétation en droit interne des conventions internationales sur les droits de l'homme. Le cas de l'intégration de la Convention des droits de l'enfant dans les droits nationaux en Amérique Latine*, Tesis doctoral, Université Paris III, Paris, 2006.

Duarte, J.; Bos, M. S. y Moreno, M.: *Equidad y calidad de la educación básica en América Latina. Análisis multinivel de los resultados del Segundo Estudio Regional*

Comparativo y Explicativo (SERCE) en función del nivel socioeconómico de los estudiantes, Documento de Trabajo n° 4, División de Educación del Banco Interamericano de Desarrollo (BID). Washington, diciembre de 2009.

Dubrovsky, S.: *Educación común, educación especial: un encuentro posible y necesario*, s/f. http://porlainclusionmercosur.educ.ar/mat_educativos/dubrovsky.pdf.

Durán, A.: "Los derechos y la dignidad de las personas con discapacidad: una cuestión de derechos humanos". En Campoy, I. (ed.): *Los derechos de las personas con discapacidad: perspectivas sociales, políticas, jurídicas y filosóficas*, Dykinson, Madrid, 2004.

Elliot, J.: *Do the Americas Have a Common History?*, The John Carter Brown Library, Providence, Rhode Island, 1998.

Espinosa, M. A. y Ochaita, E.: "Necesidades y derechos de la infancia y adolescencia". En Corte, L. de la; Blanco, A. y Sabucedo, J. M. (eds.): *Psicología y Derechos Humanos*, Icaria-FUHEM, Madrid, 2004.

Eurydice: *Citizenship Education at School in Europe*, Eurydice, Brussels, 2005.

Fass, P. S.: *Encyclopedia of Children and Childhood in History and Society*, The Gale Group, Farmington Hill, 2004 (4 vols.).

_____ "Niños, Historia y Globalización". En *Revista de derechos de la Infancia*, n° 3-4, Universidad Diego Portales y UNICEF, Santiago de Chile, octubre de 2006.

Fernández, A.: "Las respuestas a las necesidades de las personas con discapacidad al amparo del actual ordenamiento jurídico". En Campoy, I. (ed.): *Los derechos de las personas con discapacidad: perspectivas sociales, políticas, jurídicas y filosóficas*, Dykinson, Madrid, 2004.

Field, S.; Kuczera, M. y Pont, B.: *En finir avec l'échec scolaire. Dix mesures pour une éducation équitable*, OCDE, Paris, 2007.

Fordham, P.: *L'ducation pour tous: une vision élargie*, UNESCO, Paris, 1994.

_____ "Améliorer le milieu d´apprentissage: éducation, santé et nutrition de la première enfance". En *L'éducation pour tous: une vision élargie*. UNESCO, Paris, 1994.

Foro Latinoamericano de Políticas Educativas (FLAPE): *Derecho a la educación y participación ciudadana: un desafío democrático pendiente* (30 de marzo de 2007). http://foro-latino.org/flape/boletines/declaraciones.htm.

Foro Mundial sobre la Educación: *Marco de Acción de Dakar - Educación para Todos: cumplir nuestros compromisos comunes*. UNESCO, París, 2000.

Gaitan, L.: *Sociología de la infancia. Nuevas perspectivas*, Editorial Síntesis, Madrid, 2006.

García Méndez, E.: "Child Rights in Latin America: From 'Irregular Situation' to Full Protection". En *Ensayo Innocenti*, n° 8, Innocenti Research Centre, Firenze, 1998, p. 1.

Garibo, A. P.: *Los derechos de los niños: Una fundamentación*, Ministerio de Trabajo y Asuntos Sociales, Madrid, 2004.

Gibbons, E. D.: "La Convención sobre los Derechos del Niño y la implementación de los derechos económicos, sociales y culturales en América Latina". En Yamin, A. Ely (comp.): *Derechos económicos, sociales y culturales en América Latina. Del invento a la herramienta*, Plaza y Valdés/IDRC International Development Research Centre, México-Ottawa, 2006.

Groce, N. E. y Gannotti, M.: "Marginados en la sociedad: los discapacitados en América Latina". En Yamin, A. Ely (comp.): *Derechos económicos, sociales y culturales en América Latina. Del invento a la herramienta*, Plaza y Valdés/IDRC International Development Research Centre, México-Ottawa, 2006.

Gutiérrez, C. y Urgilés, G.: "Historia y perspectiva de la educación especial en Latinoamérica". En Samaniego, P. (dir.): *Personas con discapacidad y acceso a servicios educativos en Latinoamérica*, Comité Español de Representantes de Personas con Discapacidad, Grupo Editorial Cinca, Madrid-Quito, 2009.

Gutiérrez, J. C.: *Memorias del Seminario Internacional los Derechos Humanos de los Niños, Niñas y Adolescentes*, Monterrey, México, 2006.

Guy, D.: "The Pan American Child Congresses, 1916 to 1942, Child Reform and Welfare State in Latin America". En *Journal of Family History*, vol. 23, n° 3, Sage, Thousand Oaks, july, 1998.

Haggis, S. M: *L'éducation pour tous: les objectifs et le contexte*. UNESCO, Paris, 1993.

Halinen, I. y Jarvinen, R.: "En pos de la educación inclusiva: el caso de Finlandia". En *Perspectivas*, vol. 38, n° 1, Springer, Dordrecht, 2008.

Hallak, J.: *Globalización, derechos humanos y educación*, Instituto Internacional de Planeamiento de la Educación/UNESCO, París, 2001.

Hart, R.: *Children's Participation: From Tokenism to Citizenship*, Innocenti Essays, Firenze, n° 4, 1992.

_____ "Interpreting the Participation Article of the United Nations Convention on the Rights of the Child". En Verdugo, M. A. y Soler-Sala, V. (eds.): *La Convención de los Derechos del Niño hacia el siglo XXI. Simposio Internacional celebrado en Salamanca con motivo del Cincuentenario de la creación de la UNICEF*, Ediciones de la Universidad de Salamanca, Salamanca, 1996.

Henaire, J. y Truchot, V.: "Les indicateurs du droit à l'éducation : le défi d'une mise en œuvre". En CIFEDHOP : *Défis éducatifs et droits de l'homme*, CIFEDHOP, Genève, 2003.

Hierro, L. L.: "Los derechos humanos del niño". En Marzal, A.: *Los derechos humanos del niño, de los trabajadores, de las minorías y complejidad del sujeto*, Bosch-Esade, Barcelona, 1999.

High Commissioner for Human Rights: *Legislative History of the Convention on the Rights of the Child*, United Nations, New York, Geneva, 2007.

Hodgkin, R. y Newell, P.: *Manual de aplicación de la Convención sobre Derechos del Niño*, UNICEF, Ginebra, 2004,

IIPE-UNESCO Buenos Aires y OEI: *Primera infancia en América Latina: La situación actual y las respuestas desde el Estado. Informe sobre tendencias sociales y educativas en América Latina 2009*, Instituto Internacional de Planeamiento de la Educación de la UNESCO en Buenos Aires (IIPE-UNESCO) y Organización de Estados Iberoamericanos para la Educación, la Ciencia y la Cultura (OEI), Buenos Aires-Madrid, 2009.

Innocenti-UNICEF: *Medidas generales de implementación de la Convención sobre los Derechos del Niño. El proceso en Europa y Asia Central*, Centro Innocenti, Firenze, 2006.

Instituto Colombiano de Bienestar Familiar: *El Derecho del Bienestar Familiar*, Avance Jurídico Casa Editorial, Bogotá, 2009.

Instituto Interamericano de Derechos Humanos: *Informe Interamericano de la Educación en Derechos Humanos*, Instituto Interamericano de Derechos Humanos, San José de Costa Rica, 2009.

Instituto Interamericano del Niño: *Los derechos del niño*, Instituto Interamericano del Niño, Montevideo, 1961.

Itzcovich, G.: *Escolarización de niños y adolescentes: acceso universal y permanencia selectiva*, SITEAL, Buenos Aires 2009.

Jesualdo: *El niño y la educación en América Latina*, Unión del Magisterio de Montevideo, Montevideo, 1966.

Kelly, U.: "La discapacidad y los niños: la Convención sobre los Derechos del Niño". En Guinn, G. & Degener, T., *Derechos Humanos y discapacidad. Uso actual y posibilidades futuras de los instrumentos de derechos humanos de las Naciones Unidas en el contexto de la discapacidad*, Naciones Unidas, Ginebra y Nueva York, 2002.

Lamb, M. E.: "Socio-Emotional Development and Early Schooling: Experimental Research". En *Prospects*, vol. 34, n° 4, Springer, Dordrecht, 2004.

Landes, D. S.: *The Wealth and Poverty of Nations. Why Some Are So Rich and Some So Poor*, W.W. Norton & Company, New York, 1998.

Lansdown, G.: "Progress in implementing the convention on the rights of the child: Factors helping and hindering that process". En *Prospects*, vol. 29, n° 4, Springer, Dordrecht, 1999.

Latapí, P.: "El derecho a la educación: su alcance, exigibilidad y relevancia para la política educativa, *Revista Mexicana de Investigación Educativa*, enero-marzo, vol. 14, Consejo Mexicano de Investigación Educativa, México, 2009.

Lauzurika, A., Dávila, P. y Naya, L. M.: "El derecho a la educación de las personas con discapacidad: una aproximación desde América Latina en los últimos quince años". En Berruezo, M. R. y Conejero, S. (eds.): *El largo camino ha-*

cia una educación inclusiva: la educación especial y social del siglo XIX *a nuestros días*, Universidad Pública de Navarra, Pamplona, 2009.

Lee, Y.: "Dieciocho años después – un logro visible". En CRIN, *Child Rights Information Network*, n° 21, London, 2007, p. 8, accesible en http://www.crin. org/docs/Spanish_Final.pdf.

Lohmann, I. y Mayer, C.: "Lessons From the History of Education for a 'Century of the Child at Risk'". En *Paedagogica Historica*, vol. 45, ns. 1-2, February-April, Routledge, London, 2009.

Lopatka, A.: "Intervención en el debate sobre el interés prevalente del niño". En Verdugo, M. A. y Soler-Sala, V. (eds.): *La Convención de los Derechos del Niño hacia el siglo* XXI. *Simposio Internacional celebrado en Salamanca con motivo del Cincuentenario de la creación de la* UNICEF, Ediciones de la Universidad de Salamanca, Salamanca, 1996.

Lopes, A.; Mendes De Faria Filho, L. y Fernandes, R. (organizadores): *Para a compreensão histórica da infância*, Auténtica, Belo Horizonte, 2007.

López, N.: *Las nuevas leyes de educación en América Latina: una lectura a la luz del panorama social de la Región*, IIPE-UNESCO, Campaña Latinoamericana por el Derecho a la Educación, Buenos Aires, 2007.

López, P.: "Educación en Derechos Humanos: suspenso". En Naya, L. M. (ed.): *La educación y los derechos humanos*, Erein, San Sebastián, 2005.

López, N. y Corbetta, S.: "Hacia una nueva generación de políticas. Una invitación a revisar viejas tensiones en el campo de las políticas sociales y educativas". En López, N. (comp.): *De relaciones, actores y territorios. Hacia nuevas políticas para la educación en América Latina*, UNESCO-IIPE Sede Regional Buenos Aires, Buenos Aires, 2009.

Machinea, J. L.; Bárcena, A. y León, A. (coords.): *Objetivos de Desarrollo del Milenio: una mirada desde América Latina y el Caribe*, Capítulo III, "La educación como eje del desarrollo humano", CEPAL, Santiago de Chile, 2005.

Magendzo, A. (ed.): *Pensamiento e Ideas Fuerza de la Educación en Derechos Humanos en Iberoamérica*, Ediciones SM/OEI, Santiago de Chile, 2009.

Mason, S. P.: "Children's Rights in Education". En *Prospects*, vol. 29, n° 4, Springer, Dordrecht, 1999.

Merlchiorre, A.: *At What age?... are the School-Children Employed, Married and Taken to Court?* The Right to Education Project, 2004, accesible en Internet en http://unesdoc.unesco.org/images/0014/001427/142738e.pdf.

Moerman, J.: "Identificación de algunos obstáculos a la aplicación de la Convención sobre los derechos del niño". En Verdugo, M. A. y Soler-Sala, V. (eds.): *La Convención de los Derechos del Niño hacia el siglo* XXI. *Simposio Internacional celebrado en Salamanca con motivo del Cincuentenario de la creación de la* UNICEF, Ediciones de la Universidad de Salamanca, Salamanca, 1996.

Monestier, M.: *Los niños esclavos. El infierno de trescientos millones de niños*, Alianza Editorial, Madrid, 1999.

Moro, A. C.: "Diritti del minore e nozione di interesse". En *Cittadini in crescita*, vol. 2-3, Istituto degli Innocenti, Firenze, 2000.

Muñoz, V.: *El derecho a la educación de las niñas. Informe del relator especial sobre el derecho a la educación, D. V. Muñoz Villalobos*. Comisión de Derechos Humanos. E/CN.4/2006/45.

_____ "Un mundo donde caben muchos: apuntes para la educación del siglo XXI". En Naya, L. M. y Dávila, P. (ed.): *El derecho a la educación en un mundo globalizado*, Erein, San Sebastián, 2006.

_____ *El derecho a la educación de las personas con discapacidades. Informe del Relator Especial sobre el derecho a la educación, Vernor Muñoz*. Aplicación de la resolución 60/251 de la Asamblea General, de 15 de marzo de 2006, A/HRC/4/29, 2007

_____ *El derecho a la educación de las personas privadas de libertad. Informe del Relator Especial sobre el Derecho a la Educación, D. V. Muñoz Villalobos*. Comisión de Derechos Humanos. A/HRC/11/8, 2009.

Myers, R. G.: *La educación preescolar en América Latina. El estado de la práctica*. PREAL, Santiago de Chile, 1995.

Naciones Unidas: *Manual de preparación de informes sobre los derechos humanos*. Naciones Unidas, Ginebra, 1998.

Nathan, M.: *El Instituto Interamericano del Niño, la Niña y el Adolescente. Pasado y presente*. Documento presentado al XX Congreso Panamericano del Niño, la Niña y el Adolescente, Lima (Perú), 2009.

Naya, L. M. (ed.): *La educación y los derechos humanos*, Erein, San Sebastián, 2005.

Naya, L. M. y Dávila, P. (eds.): *El derecho a la educación en un mundo globalizado*. Erein, San Sebastián, 2006 (2 tomos).

Nunes, E. S. N.: "Os primeiros congresos panamericanos del niño (1916, 1919, 1922, 1924) e a participação do Brasil". En VV.AA.: *XIX Encontro Regional de História: Poder, Violência e Exclusão*. São Paulo, 8 a 12 de septiembre de 2008. Publicación en CD-ROM.

Ochaita, E. y Espinosa, A.: *Hacia una teoría de las necesidades infantiles y adolescentes. Necesidades y derechos en el marco de la Convención de Naciones Unidas sobre los Derechos de los Niños*, McGraw Hill, Madrid, 2004.

OEA: *Compromiso Hemisférico por la Educación de la Primera Infancia*. V Reunión de Ministros de Educación, 15 y 16 de noviembre de 2007, OEA/SER.K/V. CIDI/RME/doc.10/07, Cartagena de Indias, Colombia, Washington, 16 de noviembre de 2007, http://www.sedi.oas.org/dec/Vministerial/.

OEA/Inter-American Council for Integral Development (CIDI): *Cuarta Reunión de Ministros de Educación. Scarborough, República de Trinidad y Tobago, 10 a 12 de agosto de 2005*, OEA/SER. K/V.7.1, CIDI/RME/doc. 4/05.

Oficina Internacional Católica de la Infancia: *Situación de los derechos del niño en América Latina.* 2008, http://www.biceal.org.

Oficina Internacional de Educación: *La educación inclusiva: el camino hacia el futuro,* Oficina Internacional de Educación, Ginebra, 2008, accesible en http://www.ibe.unesco.org/fileadmin/user_upload/Policy_Dialogue/48th_ICE/CONFINTED_48-3_Spanish.pdf.

Opertti, R.: "Open File: Curriculum change and competency-based approaches: a worldwide perspective". *Prospects.* Guest Editor: R. Opertti, vol. 37, n° 2, Springer, Dordrecht, 2007.

_____ "La educación inclusiva, perspectiva internacional y retos de futuro". En Berruezo, R.: *El largo camino hacia una educación inclusiva. Aportaciones desde la historia de la educación,* Volumen III. Universidad Pública de Navarra, Pamplona, 2009.

Opertti, R. y Belalcazar, C.: "Tendencias de la educación inclusiva a nivel regional e interregional: temas y desafíos. En *Perspectivas,* vol. 38, n°1, Springer, Dordrecht, 2008.

Organización de Estados Americanos: *Metas Educativas 2021. La educación que queremos para la generación de los Bicentenarios. Documento para debate. Primera versión,* OEI, Madrid, 2008.

Organization of American States. Inter-American Council for Integral Development (CIDI) (2005): *Declaración de Scarborough y compromisos para la acción,* accesible en http://www.oest.oas.org/ivministerial/espanol/ cpo_documentos.asp.

Padilla, A.; Soler, A.; Arredondo, M. L. y Moctezuma, L. M. (coords.): *La infancia en los siglos XIX y XX. Discursos e imágenes, espacios y prácticas,* Casa Juan Pablos, Universidad Autónoma del Estado de Morelos, México, 2008.

Paxson, C. y Schady, N.: *Cognitive Development Among Young Children in Ecuador: The Roles of Wealth, Health and Parenting* (Documento de trabajo de investigación sobre políticas, 3605). Banco Mundial, Washington, DC, 2005.

Peralta, M. E. y Fujimoto, G.: *La atención integral de la primera infancia en América Latina: Ejes centrales y los desafíos para el siglo XXI.* OEA, Washington, 1998.

Pérez, L. C.: "Las demandas de las personas con discapacidad como una cuestión de derechos humanos". En Campoy, I. (ed.): *Los derechos de las personas con discapacidad: perspectivas sociales, políticas, jurídicas y filosóficas,* Dykinson, Madrid , 2004.

Pérez Díaz, V.: *Sueño y razón de América Latina,* Taurus, Madrid, 2005.

Pérez Murcia, L.: "La exigibilidad del derecho a la educación a partir del diseño y la ejecución de las políticas públicas educativa". En *Estudios Socio-Jurídicos,* n° 9, Universidad del Rosario, Bogotá, 2007.

Pilotti, F.: *Globalización y Convención sobre los Derechos del Niño: el contexto del texto,* OEA, Washington, 2000.

Pinheiro, S.: *Balance a la luz de los 20 años de la Convención sobre los Derechos del Niño. Retos y desafíos*. Documento presentado al XX Congreso Panamericano del Niño, la Niña y el Adolescente, 2009, Lima (Perú).

Popkewitz, T. S.: *El cosmopolitismo y la era de la reforma escolar. La ciencia, la educación y la construcción de la sociedad mediante la construcción de la infancia*, Morata, Madrid, 2009.

Porras, R.: "Marco conceptual". En Samaniego, P. (dir.): *Personas con discapacidad y acceso a servicios educativos en Latinoamérica*, Comité Español de Representantes de Personas con Discapacidad, Grupo Editorial Cinca, Madrid-Quito, 2009.

Porter, L.: "Políticas de subjetividad para la igualdad de oportunidades educativas. Un diálogo entre Juan Carlos Tedesco y Luis Porter". En *Revista Electrónica de Investigación Educativa*, vol. 8, n° 1, Instituto de Investigación y Desarrollo Educativo, Ensenada, 2006.

Programa de las Naciones Unidas para el Desarrollo Oficina Regional para América Latina y el Caribe (RBLAC) y Oficina del Alto Comisionado de las Naciones Unidas para los Derechos Humanos, Representación Regional para América Latina y el Caribe: *Compilación de observaciones finales del Comité de Derechos Económicos, Sociales y Culturales sobre países en América Latina y el Caribe (1989-2004)*, Alto Comisionado de las Naciones Unidas para los Derechos Humanos y Representación Regional para América Latina y el Caribe, Programa de las Naciones Unidas para el Desarrollo, Santiago de Chile, 2004.

Rambla, X. *et al.*: "La educación inclusiva frente a las desigualdades sociales: un estado de la cuestión y algunas reflexiones geográficas". En *Perspectivas*, vol. 38, n° 1, Springer, Dordrecht, 2008.

Ravetllat, I.: "El Comité de los Derechos del Niño". En Vilagrasa, C. y Ravetllat, I.: *El desarrollo de la Convención sobre los Derechos del Niño en España*, Bosch, Barcelona, 2006.

REDLAMYC: *Estudio de balance regional sobre la implementación de la Convención sobre los Derechos del Niño en América Latina y el Caribe. Impacto y retos a 20 años de su aprobación*. Red Latinoamericana y Caribeña por la Defensa de los Derechos de los Niños, Niñas y Adolescentes (REDLAMYC), y Save the Children-Suecia, Montevideo, 2009.

Rodríguez Pascual, I.: *Para una sociología de la infancia: aspectos teóricos y metodológicos*, Centro de Estudios Sociológicos, Madrid, 2007.

Rodríguez, P. y Mannareli, M. E. (coords.): *Historia de la infancia en América Latina*, Universidad Externado de Colombia, Bogotá, 2007.

Rollet, C.: "La santé et la protection de l'enfant vues à travers les congrès internationaux (1880-1920)". En *Annales de Démographie Historique*, num. 1, 2001.

Romero, S.: "Un siglo de legislación sobre infancia en América Latina. Un cuadro cronológico". En Rodríguez, P. y Mannarelli, M. E. *Historia de la Infancia en América Latina*, Universidad del Externado, Bogotá, 2007.

Samaniego, P.: "Discapacidad y educación en Latinoamérica". En Samaniego, P. (dir): *Personas con discapacidad y acceso a servicios educativos en Latinoamérica*, Comité Español de Representantes de Personas con Discapacidad, Grupo Editorial Cinca, Madrid-Quito, 2009.

Santos, M.: "A la altura del desafío". En *CRIN*, n° 21, Child Rights Information Network, London, 2007, pp. 6-7, accesible en http://www.crin.org/docs/Spanish_Final.pdf.

——————— *Las políticas públicas en los sistemas de protección integral, incluyendo los sistemas locales. Retos y desafíos*. Documento presentado al XX Congreso Panamericano del Niño, la Niña y el Adolescente, Lima (Perú), 2009.

Schady, N.: *Early Childhood Development in Latin America and the Caribbean*. World Bank Policy Research Working Paper 3869, Washington, DC, 2006.

Schleicher, A.: "Securing quality and equity in education: Lessons from PISA". En *Prospects*, vol. 39, n° 3, Springer, Dordrecht, 2009.

Sección Española de Amnistía Internacional: *Educación en Derechos Humanos: asignatura suspensa. Informe sobre la formación en las Escuelas de Magisterio y Facultades de Pedagogía y Ciencias de la Educación para la Educación en materia de Derechos Humanos*, Amnistía Internacional, Madrid, 2003.

Sen, A.: *Inequality re-examined*, Clarendon Press, Oxford, 1992.

Siemienski, G.: *Education Rights of Minorities: the Hague Recommendations. Working Paper Submitted by Mr. Guillaume Siemienski. Commission on Human Rights*. E/CN.4/Sub.2/AC.5/1997/WP.3;

SITEAL: *Informe sobre tendencias sociales y educativas en América Latina 2006*, IIPE-UNESCO/OEI, Buenos Aires, 2007.

——————— *Primera infancia en América Latina. La situación actual y las respuestas desde el Estado*, OEI /IIPE/UNESCO, Buenos Aires, Madrid, 2009a.

——————— *Sistema de información sobre la primera infancia. Estado*, OEI, Madrid, 2009b.

——————— "La asistencia escolar en la actualidad. Trayectorias educativas en 8 países de América Latina". En *Atlas de las desigualdades educativas en América Latina*, IIPE, UNESCO, OEI, Buenos Aires, 2010.

Therborn, G.: "Los derechos de los niños desde la constitución del concepto moderno de menor: un estudio comparado de los países occidentales". En Moreno, L.: *Intercambio social y desarrollo del bienestar*, Consejo Superior de Investigaciones Científicas, Madrid, 1993.

Tiana, A.: "La historia de la educación en la actualidad: viejos y nuevos campos de estudio". En Ferraz, M.: *Repensar la historia de la educación: nuevos desafíos, nuevas propuestas*, Biblioteca Nueva, Madrid, 2005.

Tomaševski, K.: *Informe anual de la relatora especial sobre el derecho a la Educación. Presentado de conformidad con la resolución 1999/25 de la Comisión de Derechos Humanos.* E/CN.4/2000/6.

_____ *The Right to Education. Report Submitted by the Special Rapporteur, Katarina Tomaševski. Commission on Human Rights.* E/CN.4/2004/45.

_____ *El asalto a la educación,* Intermon Oxfam, Barcelona, 2004.

_____ "El derecho a la educación, panorama internacional de un derecho irrenunciable". En Naya, L. M. (ed.): *La educación y los derechos humanos,* Erein, San Sebastián, 2005.

_____ "Dulces palabras, amargos hechos: el panorama global de la educación". En Naya, L. M. y Dávila, P. (eds.): *El derecho a la educación en un mundo globalizado,* Erein, San Sebastián, 2006.

_____ *Human Rights Obligations in Education. The 4-As Scheme,* Wolf Legal Publishers, Nijmegen, 2006.

_____ *The State of the Right to Education Worldwide. Free or Fee: 2006 Global Report,* 2006 http://www.katarinatomasevski.com.

Trinidad, P.: "El 'Talón de Aquiles' de la Convención de los Derechos del Niño: una aproximación a las Declaraciones y Reservas formuladas por los Estados partes". En Soroeta, J. (ed.): *Cursos de Derechos Humanos de Donostia-San Sebastián.* Volumen IV, 2003, 387-412.

Umayahara, M.: "En búsqueda de la equidad y calidad de la educación de la primera infancia en América Latina", *Revista Latinoamericana de Ciencias Sociales,* Centro de Estudios Avanzados en Niñez y Juventud Cinde - Universidad de Manizales, Manizales, 2004, accesible en http://biblioteca virtual.clacso.org.ar/ar/libros/colombia/cinde/revis2/mamiumayahara.pdf.

UNESCO Institute for Statistics: *Global Education Digest 2009. Comparing Education Statistics Across the World.* UNESCO-UIS, Montreal, 2009.

UNESCO: *Conferencia Mundial sobre necesidades educativas especiales: acceso y calidad,* UNESCO, París, 1994, accesible en http://unesdoc.unesco.org/ images/0011/001107/110753so.pdf.

_____ *Marco de Acción de Dakar. Educación para todos: cumplir nuestros compromisos,* UNESCO, París, 2000.

_____ *Early Childhood Care and Education in E-9 Countries: Status and Outlook,* ED-2004/WS/5, UNESCO, Paris, 2003.

_____ *Rapport mondial de suivi sur l'EPT 2007. Un bon depart. Éducation et protection de la petite enfance.* UNESCO, Paris, 2007.

_____ *Segunda reunión intergubernamental del Proyecto Regional de Educación para América Latina y el Caribe, realizada en la ciudad de Buenos Aires los días 29 y 30 de marzo de 2007,* ED 2007 /PRELAC II/REF.1.

_____ *Situación educativa de América Latina y el Caribe: Garantizando la educación de calidad para todos,* UNESCO-OREALC, Santiago de Chile, 2007.

_____ *Informe de seguimiento de la* EPT *en el mundo 2007. Panorama regional América Latina y el Caribe,* 2007, ED/2007/EFA/MRT/PI/LAC/1.

_____ *Compendio Mundial de la Educación,* Instituto de Estadística de la UNESCO, Montreal, 2009.

UNICEF: *Estado Mundial de la Infancia 1992,* UNICEF, Ginebra, 1992.

_____ "Cincuenta años en pro de la infancia". En *Estado Mundial de la Infancia 1996,* UNICEF, Ginebra, 1996.

_____ *La Convención sobre los Derechos del Niño. 10° Aniversario,* UNICEF, Ginebra, 1999.

_____ *Los derechos humanos de los niños y las mujeres,* UNICEF, Ginebra, 1999.

_____ *Estado Mundial de la Infancia 2003,* UNICEF, Ginebra, 2002.

_____ *Estado Mundial de la Infancia 2005,* UNICEF, Ginebra, 2004.

_____ *Situación de los niños y niñas en Chile a quince años de la ratificación de la Convención sobre los Derechos del Niño, 1990-2005,* UNICEF, Santiago de Chile, 2005.

_____ *Estado Mundial de la Infancia 2010. Edición Especial Conmemoración de los 20 años de la Convención sobre los Derechos del Niño,* UNICEF, Ginebra,

UNESCO/OREALC: *Situación educativa de América Latina y el Caribe: 1980-2000.* UNESCO, Santiago, Chile, 2001.2009.

United Kingdom Department for Education and Skills: *National Conversation on Personalised Learning,* Department for Education and Science, London, 2004.

Vegas, E. y Petrow, J.: *Raising Student Learning in Latin America: The Challenge for the 21st Century,* Banco Mundial, Washington, DC, 2007.

Villalba, M.: "La educación de los niños anormales". En *Boletín del Instituto Internacional Americano de Protección a la Infancia,* Tomo V, n° 1, Montevideo, julio, 1931.

Villatoro, P.: *Hacia la ampliación del segundo objetivo del milenio. Una propuesta para América Latina y el Caribe,* CEPAL, serie Políticas sociales, n° 132, Santiago de Chile, 2007.

Waiser, M.: *Early Childhood Care and Development Programs in Latin America: How Much do They Cost?* The International Bank for Reconstruction and Development/The World Bank, LCSHD Washington, DC, Paper Series n° 19, 1999.

Watkins, K. [Director of the EFA Global Monitoring Report Team]: EFA *Global Monitoring Report 2009. Overcoming Inequality: Why Governance Matters,* UNESCO Publishing/Oxford University Press, Paris-Oxford, 2009.

World Bank, T*he Education For All-Fast Track Initiative Secretariat: Quality Education For All Children: Meeting the Challenge. Annual Report 2007,* Washington, 2007.

_____ *The Road to 2015: Reaching the Education Goals. Annual Report 2008,* World Bank, Washington, 2008.

ACERCA DE LOS AUTORES

Clementina Acedo en la actualidad es directora de la Oficina Internacional de Educación de la UNESCO. Anteriormente, fue directora del Instituto Internacional de Estudios de la Educación y profesora de Educación Internacional Comparada y de Filosofía de la Universidad de Pittsburgh. También se desempeñó como especialista de educación del Banco Mundial. En Venezuela, fue directora nacional del Programa de Desarrollo Social del PNUD e investigadora en el Instituto de Estudios Superiores de Administración (IESA), Caracas. Socióloga de la Universidad Católica Andrés Bello (Caracas), obtiene dos Maestrías y el doctorado en Educación Internacional Comparada en la Universidad de Stanford, California. Cuenta con amplia experiencia tanto en diseño e implementación de proyectos de cooperación con organizaciones internacionales como en investigación sobre política educativa enfocada en América Latina, Asia del Este, Europa del Este, África y el Medio Oriente. Ha realizado numerosas publicaciones sobre reforma educativa y curricular a nivel internacional, educación inclusiva, y temas de ética y equidad en el análisis comparativo de políticas públicas. Actualmente, es la editora principal de *Perspectivas, Revista Trimestral de Educación Comparada*. Correspondencia: Oficina Internacional de Educación. 15, route des Morillons; 1218, Le Grand-Saconnex. Ginebra. Suiza. Email: c.acedo@unesco.org.

Massimo Amadio es especialista en educación. Actualmente, coordina el programa "Gestión y Producción de Conocimientos", de la Oficina Internacional de Educación (OIE) de la UNESCO (Ginebra, Suiza), donde trabaja desde 1996. En la década del 80 participó en la ejecución de proyectos y programas en diversos países de América Latina, especialmente en los ámbitos de la formación docente, de la educación básica y de la educación intercultural bilingüe. En calidad de consultor y/o especialista, ha colaborado con varias organizaciones internacionales, agencias de cooperación bilateral y organizaciones no gubernamentales. Autor de numerosas publicaciones y artículos en revistas especializadas, es el editor de los Datos Mundiales de Educación, un banco de datos que reúne informaciones actualizadas sobre los sistemas educativos de más de 160 países. *Correspondencia:* Oficina Internacional de Educación. 15, route des Morillons; 1218, Le Grand-Saconnex. Ginebra. Suiza. Email: m.amadio@unesco.org.

Paulí Dávila es catedrático de Teoría e Historia de la Educación en la Universidad del País Vasco/Euskal Herriko Unibertsitatea, con sede en San Sebastián. Ha sido decano y vicedecano en la Facultad de Filosofía y Ciencias de la Educación, y, actualmente, es director del departamento e investigador principal del Grupo de Estudios Históricos y Comparados en Educación-Garaian. Fue presidente del XIII Coloquio de Historia de la Educación, acerca de la Historia de la Infancia. Su docencia, y una parte importante de sus investigaciones, se centran en la Historia de la Educación en el País Vasco. Sus publicaciones e investigaciones en los últimos años se refieren al estudio de los derechos de los niños y niñas, la implementación de ellos por parte de los países europeos y latinoamericanos, y el derecho a la educación, así como sobre las metodologías para el análisis de tales derechos. Es miembro de consejos de redacción de diversas revistas científicas sobre educación. *Correspondencia:* Universidad del País Vasco/Euskal Herriko Unibertsitatea, Departamento de Teoría e Historia de la Educación, Avenida de Tolosa, 70, 20018 Donostia-San Sebastián, España. E-mail: pauli.davila@ehu.es

Asier Lauzurika es becario predoctoral del Ministerio de Educación y Ciencia y miembro del Grupo de Estudios Históricos y Comparados en Educación Garaian. En este momento está realizando su tesis doctoral sobre el derecho a la educación de los pueblos originarios. Ha publicado diversos artículos sobre la Convención sobre los Derechos del Niño. *Correspondencia:* Universidad del País Vasco/Euskal Herriko Unibertsitatea. Facultad de Filosofía y Ciencias de la Educación. Universidad del País Vasco/Euskal Herriko Unibertsitatea, Departamento de Teoría e Historia de la Educación, Avenida de Tolosa, 70, 20018 Donostia-San Sebastián, España. Email: a_lauzu@hotmail.com.

Luis Miguel Lázaro es catedrático en el Área de Teoría e Historia de la Educación en la Universidad de Valencia. Docente e investigador en Educación Comparada e Historia de la Educación desde 1983, ámbitos en los que tiene numerosas publicaciones. Ha impartido cursos de doctorado, postgrado y desarrollado seminarios en el terreno de la Educación Comparada e Internacional en Universidades públicas de Europa y América Latina. En los últimos quince años, en la Universidad de Valencia, ha sido director del Servicio de Formación Permanente; decano de la Facultad de Filosofía y Ciencias de la Educación, y director del Departamento de Educación Comparada e Historia de la Educación. Es miembro del consejo asesor de las revistas *Educació i Història* (Barcelona), *Revista Española de Educación Comparada* (Madrid), *Revista Latinoamericana de Educación Comparada* (Buenos Aires) y *Orientaciones Pedagógicas* (Bogotá). En la actualidad, es presidente de la Sociedad Española de Educación Comparada. *Correspondencia:* Departamento de Educación Comparada e Historia de la Educación. Universidad de Valencia. Avenida Blasco Ibáñez, 30. 46010, Valencia. España. E-mail: Luis.Lazaro@uv.es.

Luis M. Naya es profesor titular del Departamento de Teoría e Historia de la Educación de la Universidad del País Vasco/Euskal Herriko Unibertsitatea, donde imparte Educación Comparada. Ha sido vicedecano de la facultad y secretario de la Sociedad Española de Educación Comparada, de 2002 a 2006, y fue presidente del X Congreso Nacional de Educación Comparada. Ha publicado y coordinado diversos libros y artículos, entre los que destacan *La educación y los derechos humanos* y *El derecho a la educación en un mundo globalizado*. Es miembro del Grupo de Estudios Históricos y Comparados en Educación Garaian, ha formado parte de los consejos de redacción de diversas revistas españolas y extranjeras, y es, asimismo, fundador de la lista de distribución Edu-Comp. *Correspondencia:* Universidad del País Vasco/Euskal Herriko Unibertsitatea, Departamento de Teoría e Historia de la Educación, Avenida de Tolosa, 70, 20018 Donostia-San Sebastián, España. Email: luisma.naya@ehu.es.

Renato Opertti coordina el Programa de Fortalecimiento de Capacidades Curriculares y de Diálogo Político de la Oficina Internacional de Educación (OIE) de la UNESCO (Ginebra, Suiza). Tiene a su cargo la iniciativa de OIE-UNESCO de una Comunidad de Práctica Mundial en Desarrollo Curricular. Tuvo una activa participación en la implementación y, actualmente, en el seguimiento de la 48a Reunión de la Conferencia Internacional de Educación (CIE 2008) titulada Educación Inclusiva: El camino hacia el futuro. Sociólogo egresado de la Universidad de la República Oriental del Uruguay, y máster en investigación educativa (IDRC/Canadá). Coordinó programas de reforma educativa en Uruguay (Administración Nacional de Educación Pública –ANEP–) y también ha sido consultor del BID, CEPAL, UNESCO, UNICEF y el Banco Mundial. Ha publicado numerosos estudios sobre política social, pobreza, educación y temas curriculares. *Correspondencia:* 15, route des Morillons, 1218, Le Grand-Saconnex, Ginebra, Suiza. Email: r.opertti@unesco.org.

Alejandro Tiana es licenciado y doctor en Filosofía y Letras (Pedagogía) por la Universidad Complutense de Madrid y catedrático de Teoría e Historia de la Educación en la Universidad Nacional de Educación a Distancia (UNED) de España, donde comenzó su carrera docente en 1980. En la actualidad, es director del Centro de Altos Estudios Universitarios de la Organización de Estados Iberoamericanos para la Educación, la Ciencia y la Cultura (OEI). Entre 2004 y 2008, desempeñó el cargo de Secretario General de Educación, en el Ministerio de Educación y Ciencia de España. Anteriormente, fue director del Centro de Investigación y Documentación Educativa (1989-1994), director del Instituto Nacional de Calidad y Evaluación (1994-1996) y vicerrector de Evaluación e Innovación de la UNED (1999-2003). Es autor o coautor de 18 libros y más de cien artículos o capítulos de libros sobre diversos temas relacionados con historia de los sistemas educativos contemporáneos, educación comparada o evaluación de los sistemas educativos. *Correspondencia:* OEI, Calle Bravo Murillo, 38, 28015, Madrid, España. E-mail: alejandro.tiana@oei.es.

Iñaki Zabaleta es profesor titular del Departamento de Teoría e Historia de la Educación de la Universidad del País Vasco/Euskal Herriko Unibertsitatea. Actualmente, desempeña la función de decano de la Facultad de Filosofía y Ciencias de la Educación de dicha casa de estudios. Ha sido director del Departamento de Teoría e Historia de la Educación, y es miembro del Grupo de Estudios Históricos y Comparados en Educación Garaian. Los núcleos centrales sobre los que ha desarrollado su investigación, en especial relacionada con la historia de la educación en el País Vasco, abarcan ámbitos diversos –escolarización, política educativa, alfabetización, etc.–, entre los que se incluyen los relativos a la infancia, temas sobre los que ha publicado varios libros y artículos de carácter científico. Durante los últimos años formó parte de un equipo investigador que ha participado en estudios sobre el derecho a la educación, tanto en Europa como en Latinoamérica. *Correspondencia:* Universidad del País Vasco/Euskal Herriko Unibertsitatea, Departamento de Teoría e Historia de la Educación, Avenida de Tolosa, 70, 20018 Donostia-San Sebastián, España. E-mail: i.zabaleta@ehu.es